朱安红 刘倩 主编

全国热带农业科学家精神教育基地系列图书

热土之子

——中国热带农业科学院专家访谈录

中国农业出版社

北京

编写人员名单

顾　　问：张以山

主　　编：朱安红　刘　倩

副 主 编：林红生　赵慧阳　林海鹏

编写人员：（按姓氏音序排列）

　　　　　黄慧雯　林海鹏　林红生　刘　倩　王　存

　　　　　张少帅　赵慧阳　郑　龙　周楷博　朱安红

学之大者，为国为民。为开创新中国的橡胶事业，一群热血青年，响应党的号召，从祖国的天南地北，来到海南的宝岛新村，在一片荒芜中，"草房上马"，开垦胶园搞科研，培育英才忙教学，创办产业铸辉煌。他们用双手开始了前所未有的热带农业科教事业，他们用热血，谱写了共和国金色的一页，他们用赤诚，为新中国历史写下了一曲壮丽的生命之歌。

1951年8月31日，中央人民政府政务院第100次政务会议，做出了"关于扩大培植橡胶树的决定""一定要建立自己的橡胶科研生产基地"等战略决策。揭开了中国大规模发展天然橡胶业的序幕，开启热带农业科学研究的征程。

经过70多年的发展，我国几乎从零开始，创造了北纬18°~24°大面积植胶的奇迹，并探索总结出一整套初加工技术体系，形成了独具特色的中国天然橡胶产业；创立我国唯一的从事热带作物高等学校和科研单位，全面发展热带农业科教事业，推动解决热区"三农"问题，实现大部分热带农产品品种多元、供给充足、丰年有余；进入新时代，积极扛起国家战略科技力量的责任与担当，整合国内外热带农业优势资源，牵头打造国家热带农业科学中心，建设全球热带农业中心，为世界热带农业转型升级提供中国智慧和中国经验。

70年多来，一代又一代热带农业科教工作者为国家使命而战，立足中国热区、面向世界热区，始终不渝地担负起带动热带农业科技创新、促进热带农业科技成果转化应用、培养优秀热带农业科技人才和支撑热带农业走出去的职责使命，为服务热区农业农村发展、国家战略物资安全有效供给和国家科技外交做出了重大贡献。

为纪念热带农业科教工作者们扎根宝岛，投身于热带农业事业，山野崛伟业，谱写热带农业壮丽篇章。他们无私奉献、艰苦奋斗、团结协作、勇于创新，宣传他们推动热带农业发展壮大做出突出贡献，把更多的科技工作者吸引凝聚到热带农业事业中来，为我国热带农业事业的新发展做出新的贡献，再铸新的新辉，中国热带农业科学院办公室收集、采访他们的感人事迹，辑录成册出版发行，名之为《热土之子——中国热带农业科学院专家访谈录》。

书中所载人物大都胸怀爱国之情，报国之志，服务国家，服务人民，他们的精神令人景仰，他们的事迹感人至深。可以从他们的热带农业科教活动中领悟真谛，丰富我们的思想源，也可从他们的人格品质中汲取力度，增强我们为热带农业科教事业工作的不竭动力。

张巡山

2022 年 6 月

热土凝芳华，奋斗分外美。

1954年，中国热带农业科学院（以下简称"中国热科院"）应国家战略而生，在广袤慷慨的热土上为国家安全、人民富裕、民族繁荣奋斗创新了68年，将中国热科院建成国内一流、世界知名的热带农业科学中心，建立起学科齐全、功能完备、特色鲜明的热带农业"领域+学科"的强大且极具生命活力的科技创新体系。

中国热科院今天的辉煌成就，离不开一代代热科院人数十年如一日地无私奉献与奋斗，尤其是中国热科院初创时的奠基者、拓荒者，他们为国家使命而来，其中很多人生命已然凋零、健在者也入苍苍暮年，却依旧是中国热科院发展征程上一颗颗闪耀的星辰，他们对祖国、对人民、对热土深沉的爱，对农业科技事业执着求真、大胆创新，仍给无数后来者光明与启迪。

他们的奋斗故事值得铭记、传承，是中国热科院"无私奉献、艰苦奋斗、团结协作、勇于创新"精神的贡献者和重要组成。

何康，原华南大学农学院、华南亚热带作物研究所的创建者、中国天然橡胶事业开创者和最早的领导者之一、热作科教事业的奠基者、原农业部部长，这颗中国热科院最耀眼的星辰，2021年7月3日08时01分陨落了，可他至今是中国热科院人心中最受尊敬的老院长。1952年，年仅29岁的何康，受命担任林业部特种林业司司长，研究天然橡胶树在中国的种植，1956年，他主动放弃特种林业司司长一职，要求到华南亚热带作物研究所（中国热科院的前身）当所长，两年后又组织创办了华南热带作物学院。

他带领中国热科院人白手起家，草房上马办大学、煤油灯下搞科研、挖野菜充饥，谱写出"儋州立业，宝岛生根"的感人至深的奋斗史。何康心中装着人民、装着国家、装着职工、装着农民，毫无私心杂念，是第一个获得"世界粮食奖"的中国人。他念念不忘海南、不忘热区、不忘热作，他缅怀曾经在热土奋斗的青春岁月，"我和黄宗道等很多科学家一起突破外国专家北纬15°以北的'植胶禁区'，成功地在我国北纬18°～24°地区大面积种植橡胶，还将它发展成一个巨大的产业，成为一个世界创举。我曾经是、现在和将来都是中国热科院的一分子，为此而感到骄傲和自豪！"

黄宗道，中国工程院院士，海南的第一位院士，也是目前橡胶科研和热作科研领域唯一一位院士，是我国热农作物，特别是橡胶界披荆斩棘的前驱者，一代宗师。他一生致力于推动橡胶在中国的高产种植，带领橡胶科研人员突破了国际上"植胶禁区"的断言，将我国橡胶树产量从1974年的99公斤，提高到1977年的200公斤，再到1984年的240公斤，迈入世界先进水平。他不仅热作科研成果等身，还领导华南热带作物科学研究院、华南热带作物学院，创造许多奇迹，是一位优秀的科研机构和高校管理者。临终前，黄宗道院士还在关心橡胶事业和热作科研事业的发展，写下饱含深情的临终建议，殷切叮嘱中国热科院人："两院的精神不能忘，热作的事业不能丢。"他的一生，是一部"浓缩了新中国橡胶事业50多年发展历程的最生动的教科书"。

第一个考察我国天然橡胶资源、最早从事天然橡胶科研工作的学者彭光钦，不仅是中国热科院创始者之一，更是我国橡胶事业发展史上绕不过去的一座丰碑，是他在国内率先开展橡胶科研，第一个大胆提出橡胶在我国可以北移至北纬18°～24°种植的科学家。他一生求真求实、坚持真理、忠于祖国，虽百折而不悔，虽千难而勇往，将科学和爱国进行到底，至死不渝。彭光钦是我国较早的留学生，他在国外的生物学界已小有所成，但为了国家和民族独立富强，他怀揣报国之心于1934年回国，在国难当头之际，毅然放弃自己在物理化学领域的研究成果，转身致力于橡胶研究，在国内寻找橡胶植物，并着手引种巴西橡胶树和印度橡胶树。彭光钦踏遍我国西南边陲的热土，一番详细考察后提出，我国亚热带地区如粤、桂、滇三省的南部，海南岛、澜沧江河谷等都可以种植，实现橡胶树北移，成为率先在中国开展橡胶树北移的科研工作者和践行者。

中国热科院耀眼的星辰中，还有我国著名森林学家、植物分类学家、植物地理生态学家，中国热作科教事业创始人之一的何敬真教授；我国第一代橡胶科研工作者、橡胶树选育种事业创始人之一、国家发明一等奖和国家科技进步一等奖获得者的刘松泉研究员；著名橡胶割胶生理专家、橡胶新割胶技术体系创始人与推动者许闻献研究员；把毕生都贡献给祖国橡胶事业、获得橡胶领域世界最高奖项——国际橡胶研究和发展委员会颁发的杰出研究金奖的橡胶夫妻郝秉中和吴继林；还有因为研究椰子树，正值 26 岁青春年华就摔伤致高位截瘫的张谄仙研究员，她克服身体残疾带来的种种困难，翻译了一部又一部重要的热作科研文献，为我国热作科研工作者提供参考……

星辰光芒在，热土仍厚重。

《热土之子》一书，记录他们的故事，就是希望一代代的后来者，能了解中国热科院艰苦卓绝的发展史，了解奠基者、开创者为热作科研、为热区的繁荣富强所做出的巨大贡献，让在艰辛岁月中凝聚出的"无私奉献、艰苦奋斗、团结协作、勇于创新"中国热科院精神永续传承下去。

愿中国热科院这颗沧桑的热作科研之树在中国热区乃至世界热区不断繁茂茁壮，叶浓根深，花丰果硕。

编　者

2022 年 5 月 15 日

目录

何康

何康（1923.02—2021.07），男，出生于河北大名，祖籍福建福州；教育家，农学家，农业管理专家，社会活动家；1936年毕业于金陵中学，1939年5月加入中国共产党，1946年毕业于广西大学农学院；历任原上海市军事管制委员会农林处处长、原华东军政委员会农林部副部长、原农业部热带作物司司长、原林业部特种林业司司长、原华南热带作物科学研究院和华南热带作物学院（以下简称"两院"）院长、广东省农垦总局副局长、原农林部副部长、原农牧渔业部部长、原农业部部长。

重要成果：创建了原华南热带作物科学研究所、原华南热带作物学院，是中国在热带北缘大规模发展橡胶和热带作物生产的奠基人；倡导改革，推进农业开发、商品粮基地建设与农业科教推广工作，为建设有中国特色的社会主义现代农业作出了突出贡献；1993年，获得"世界粮食奖"，是世界上唯一一获此奖项的行政官员。

何康：对这片热土永远爱得深沉

回眸我国天然橡胶事业和热作科研的发展历程，有一个人像一座丰碑，矗立在历程起点处，他就是何康，原华南亚热带作物研究所、华南热带作物学院的创建者，中国天然橡胶事业开创者和最早的领导者之一。从1952年调任林垦部特种林业司司长，临危受命到华南地区开启橡胶垦殖，到1978年调回北京，何康为祖国的橡胶事业和热作科研事业整整奋斗了26年。

他的一生，是传奇的一生，是功勋的一生，他沐浴过民族的战火硝烟，也为祖国的辉煌强盛立下汗马功勋。

2021年7月3日08时01分，何康在北京逝世。当天，海南阴雨连绵，这片他热爱过、奉献过的热土在为他垂泪。2021年7月4日，中国热带农业科学院（以下简称"中国热科院"）以《悲恸如山　追思似海——深情缅怀中国热带农业科学院重要创建人何康》为题发表了长篇悼念文章，回顾了自己的老院长丰功伟绩、卓越精彩的一生。

■ 出生革命家庭：做党的忠诚卫士

2021 年 7 月 1 日，中国共产党成立 100 周年。已有 82 年党龄的何康，这一生都在追随党。

他是一个永远有革命斗志的人，是党的忠诚卫士。

1923 年 2 月，何康出生于福建福州一个革命家庭，父亲何遂是辛亥革命元老。何遂 16 岁从军反清，19 岁加入中国同盟会，曾任国民军第三军参谋长、第四师师长、黄埔军校代理校长等。1913 年讨伐袁世凯失败后，何遂赴日本学习政治经济。第一次世界大战期间，他又历访德国、法国、英国诸战场观战。何遂一生以国家民族大义为己任，回国后，先后在多所军校任职，力主抗日、力主和平奋斗救中国，拥护国共合作，无私地支援八路军的抗日斗争，在解放战争期间也尽力完成了中国共产党嘱托的任务。中华人民共和国成立后，何遂曾先后担任中国共产党华东军政委员会委员，司法部部长、政法委员会副主任，是第一、二、三届全国人大代表。何遂与何康妻子缪希霞的父亲缪秋杰是至交好友，缪秋杰是国民政府盐务总局总办，何遂是立法院军事委员会委员长。两人支持革命事业，暗中为民族的革命与解放做了不少事情。皖南事变发生后，何遂与缪秋杰不顾当时政局险恶，筹措一笔现款，交给八路军重庆办事处，以表示对蒋介石消极抗日的不满。自然，两家人的孩子从小一块玩耍，建立了深厚的友情。

何遂革命的一生对他的孩子们影响很大。何康的哥哥何旭、何鹏于 1938 年加入了中国共产党，并且奔赴延安参加革命，他的两个妹妹后来也加入了中国共产党。在这样革命的家庭里成长，何康从小就有革命精神和志向，注定也会走上革命道路。

儒将何遂对中国传统文化情有独钟，何康自小就跟着父亲在各地辗转，何遂每到一地，都会去寻访当地的古迹或名人遗迹。在渭河边的古战场，何遂命何康寻找古时箭镞，他真的找到了一枚已经锈迹斑斑的青铜箭镞。父亲在一边慷慨激昂地背诵《左传》《战国策》，向何康讲述自己的感受、见解，让幼小的他"生发出对祖国广袤大地和悠久历史的热爱"。

九一八事变发生后，何康的两个哥哥积极投身于学生爱国抗日运动。他们带着何康散发抗日传单，教他唱抗日歌曲、进步歌曲。何康从小耳濡目染，也产生了坚定的进步思想。1936 年，年仅 13 岁的何康考入福建马尾海军军官学校轮机班学习，入学仅一年半，七七事变引爆抗日战争，日军空袭福建马尾军港，学校再也安放不下一张安静的课桌。热血沸腾的何康和当时许多学生一样，想去延安参加革命，或者勇敢地投身抗战第一线。他和志同道合的校友一起，奔向武汉。后来，何康在武汉参加了共产党人张光年（《黄河大合唱》词作者）组织的抗敌演出队——"抗宣七队"，到处演出、宣传抗日。在《放下你的鞭子》剧目里，何康扮演为游击队送情报的少年。这支演出队里，有不少共产党员艺术家，何康和他们一起吃住、演出，有了加入共产党的念头。因为年纪小，身体又羸弱，演出队离开武昌赴延安时，何康被留在了武汉。何遂对他说："抗战是长期之事，非短期可胜。有志少年，正当砥砺读书，学有所成，日后才可真正报效国家。"一席话打消了何康上前线的念头，他随家迁入重庆，考入南渝中学就读。1939 年 5 月，16 岁的何康如愿秘密加入中国共产党，发誓要为共产主义奋斗终身，并担任南渝中学党支部委员。当年年底，赴延安的两位哥哥回到重庆，兄弟三人组成秘密党小组，直接听从在重庆参与国共谈判的叶剑英指挥，主要工作是通过何遂争取国民党高层的"中间派"，巩固和扩大抗日民族统一战线，并为中国共产党提供情报。直到这时，何康才知道，两位毕业于黄埔军校的哥哥早已是中国共产党。

1940 年，中学尚未毕业的何康考入成都光华大学经济学系，但他看到四野民不聊生的惨状，下定决心，要改学农业，将来靠农业知识去改变农民的命运，改变中国的命运。1943 年，经董必武同意，何康进入广西大学农学院农艺专业就读，这一决定在后来让何康的革命理想与中国热带农业科技紧密相连。

1946 年，何康大学毕业后，即在党的领导下从事党的地下工作，并创办"上海瑞明企业公司"作为掩护，为解放区提供药品等各种急需物品。上海瑞明企业公司的财务主任便是缪秋杰的女儿缪希霞，他们二人均是地下党员，渐渐发展成亲密无间、志趣相投的革命伴侣。

中华人民共和国成立后，26 岁的何康被任命为原华东军政委员会农林部副部长，分管科技教育与生产。在热火朝天的建设洪流中，他感受到了在广大的农村、农民中蕴藏着发展生产的极大潜力。1952 年，不到 30 岁的何康调任林垦部特种林业司司长，开启了他在中国热区率领广大热作科研工作者草房办大学、荒野植橡胶的艰苦卓绝的伟大历程。

■ 主持特种林业司：国家的负重者

现在特别流行一句话："哪有什么岁月静好，不过是有人替你负重前行。"

何康便是祖国危急关头的负重者之一。

20世纪50年代，中华人民共和国刚成立不久，朝鲜战争爆发，中国随之进行了家喻户晓的抗美援朝战争。西方国家联合对中国实行封锁禁运，切断了我国急需的橡胶等战略物资来源，意图通过这种卑劣手段打败中国。

作为军需物资的天然橡胶，当时不仅在我国甚至在整个社会主义阵营国家都严重匮乏，中国和苏联两国遂签订了联合发展天然橡胶的协议，决定在我国华南热带地区建立天然橡胶生产基地，由苏联提供资金和技术支持，中国提供土地和劳动力，计划三年内种植800万亩* 天然橡胶树，为此，特意成立了华南垦殖局。特种林业司便是在那个特殊年代应运而生，专门负责生产橡胶的管理机构，特种林业便是为了保密而指代的橡胶树。1952年，中央从部队抽调两个师一个团，加上农民工，组织20万胶工，浩浩荡荡开往全国热区，建立国营橡胶农场垦荒植胶，同年6月，年轻的何康接到调令担任特种林业司司长，临危受命担此国运重任，可见党和国家对他的肯定与信任。

1952年9月，中苏两国签订《关于橡胶技术合作协议》，由于任务紧迫和缺乏经验，提出"先大陆后海南，先草原后森林，先平原后丘陵"的植胶方针。党和国家一边组织大部队垦荒植胶，一边以广西桐油研究所和重庆工业试验所橡胶组为基础，筹建华南特种林业研究所，从全国各地科研机构、高等院校调集1 000多名教授、专家、学者和初出茅庐的青年学子，研究橡胶生产。

"我们从广东阳江开始一路设站，当时交通工具特别少，20万大军浩浩荡荡开赴海南种橡胶，苏联捐助的100辆汽车根本不够用，几乎是一路步行到海南的。"到了晚年，何康回忆当年战天斗地的植胶大场景，依旧热血沸腾。

但现实很残酷，我国并不具备发展天然橡胶的有利条件。自从有天然橡胶人工栽培史以来，世界植胶国都在赤道以南10°到以北15°之间的低海拔、低纬度热带地区种植橡胶。国外权威橡胶专家断言，"北纬15°以北，是大面积种植橡胶不可逾越的禁区"，而我国海南岛的陆地南端也已经在北纬18°左右。要种植橡胶，必须克服寒潮、台风、种质缺乏和土地相对贫瘠等不利条件，突破传统橡胶种植区域的限制……可以说，这个使命重大且艰巨，但一向具有革命斗士精神的何康没有被困难吓倒，而是勇敢地成为国家使命的负重者。

当时，橡胶在中国种植很少，学农的何康最初并不了解这种来自亚马孙热带雨林的高大植物。当他第一次听到橡胶这个名词时，还以为是可以吃的热带水果——香蕉，闹了个小笑话。走马上任的第三天，何康便奔赴海南、云南、

---

* 亩为非法定计量单位，1亩＝1/15公顷——编者注

广东等地，开展了长达 3 个多月的细致深入的调查研究，了解天然橡胶的生长习性及寻找更多适合种植橡胶的地方。他必须亲自掌握第一手的实地材料，这样才不会瞎参谋、乱指挥。何康有两个心愿：一是找出最适合橡胶成长的环境，二是培育出耐寒抗风的优良橡胶品种。为了深入了解橡胶，何康带领专家们翻遍了能接触到的一切外文图书，最后找到一本由印度尼西亚植物生理学家所著的《三叶橡胶研究三十年》，立即组织大批专家参与翻译校对，这本书成了中国橡胶研究起步阶段的启蒙教材。

1953 年，朝鲜战争结束，中国、朝鲜、美国签署停战协定。后来，苏联撕毁协议，撤走专家，而且苏联专家在过去的技术指导中，不顾中国实际，导致我国橡胶事业走了不少弯路。但橡胶还得种植，还得生产，何康依旧马不停蹄地调研考察，向中央提供决策依据。1954 年年初，何康又到云南同植物学家蔡希陶一起，骑马翻山越岭，耗时 40 多天考察了河口、西双版纳、德宏、盈江等地区各种类型的胶园，选定在西双版纳的景宏建立特种林业试验站，先行试种橡胶，为以后发展做准备。同年，何康获得两份资料，一份是东南亚国家植胶科技动态，一份是美国政府对世界橡胶业的全面研究报告。两份资料警醒何康，强国的橡胶事业必须走自主科学发展之路。为此，他主持特种林业司期间，把推动科研工作摆到了显著的位置。

他遍访东南亚和印巴次大陆国家，每到一地，都将所访问地方的气候条件和我国云南、海南的气候条件进行比较，希望引进最适宜我国种植的橡胶品种。同时，他注意从本土已有的老胶园中选择高产母树育种。"那个年代，天然橡胶非常少，突然大规模植胶，种苗供不应求。一粒种子一两黄金啊！海南儋州天然橡胶种植面积较大，是非常宝贵的种质资源库"，何老曾对笔者回忆道。那时候，胶工一个非常重要的任务就是捡橡胶种子，他们把胶林的杂草除净，一听到种子落地的声音，就跑去捡起来。

"不过，用种子培育橡胶苗，速度很慢，而且受季节性限制特别大。"1953 年，何康根据他所学的农业知识，提出用芽接苗的办法来培育橡胶苗，育苗速度果然大大增加。

1954 年 4 月，华南特种林业研究所在广州沙面成立，李嘉人兼任所长。黄宗道、刘松泉、彭光钦、尤其伟、陆大京、郑学勤、吕飞杰、王泽云、林德光、邓平阳等一大批我国橡胶学热作学领域功勋卓著的专家，陆续汇聚到研究所。他们没有想到，三年后，何康会从特种林业司司长的位置上，主动要求下调到研究所工作。

"先大陆后海南"的植胶方针，使寒害、风害成片冻死了在华南地区种植的橡胶，第一批大发展橡胶受到重挫。1954年，党中央从植胶失败中吸取教训，决定将橡胶发展重点从大陆移到海南，并总结出了植胶必须"依山靠林"四字真理，提出橡胶发展要遵循"提高质量，增加产量，改善经营，降低成本，巩固发展，稳步前进"的方针。1956年，国家进一步提出提高橡胶产量和质量，加强经营管理，开展多种经营，全面开创农垦事业。为此，时任农垦部部长的王震为使橡胶研究更好地与生产实际相结合，决定将华南亚热带作物研究所由广州全部迁往海南岛农村橡胶生产中心。

中央的决策无疑是尊重实际的，何康坐不住了，他下定决心一辈子从事橡胶工作，于是放弃特种林业司司长的职位，主动要求到华南亚热带作物研究所当所长。1957年，何康如愿接到调令，当时还有两个条件优越的工作供何康选择——一是我国驻印度尼西亚大使馆科技参赞；二是中国科学院综合考察委员会副主任。但是，多年主政特种林业司和热带作物司的何康，对橡胶和热作科研已有深入研究，他胸怀发展祖国橡胶、热作事业的远大理想和宏伟蓝图，果断放弃了这两个条件优越的工作，选择了即将搬迁至祖国最偏远南疆的热作研究所，再次选择为国家负重而行。

1957—1978年，何康一家从北京迁到广州，再从广州迁到儋州，一路向南。妻子缪希霞也是早年就参加革命的老党员，她毫无怨言，全力支持何康的工作，带着孩子和何康一起到海南，住茅草房、睡木板床。随着时代发展，热作"两院"的居住条件改善了，何康仍坚持让老专家、老教授先住好房，直至1978年他调离热作"两院"，一家五口20年一直住在普通干部居住的两居室平房里。何康全家齐心为国家的橡胶事业发展负重前行。

■ 到最热的地方去：热作科教奠基者

1958—1978年，何康在海南工作20年，为我国橡胶事业、热作科教事业的发展奠定了坚实的基础，为热区社会经济发展做出了卓越贡献。这是他一生最为浓墨重彩的华章，也是他口中所说的"最有趣的20年，最值得回忆的20年，也是我最为自豪、最为骄傲的一段岁月"。

1954年华南特种林业研究所成立后，被定为保密单位，不对外公开，隶属华南垦殖局领导，由华南垦殖局副局长李嘉人兼任所长，副所长有乐天宇、彭光钦、林西。1957年，为了橡胶科学，何康从"京官"的位置上"空降"广州，从司长变为所长，接替李嘉人，带着一家四口南迁。

研究所成立时，专家们认为科研机构离不开现代化水电设施、交通信息，最后将所址选定建在广州石牌。但是，作为以热带作物尤其是以橡胶为主要研究对象的科学机构，研究和试验工作确有很多不便。1957年10月，农垦部部长王震召集专家们座谈，再次动员南迁，提出要到更热的地方去，研究所搬迁势在必行。何康便提出酝酿已久的迁所海南儋州的想法："研究热带作物嘛，就要到最热的地方去。海南自然条件更有利于橡胶科学研究，我们搞农业科研的，不到生产基地去怎么行？"2011年11月，笔者有幸拜访过何老，他搬出一堆相册，翻出相册中一张年代久远，已经褪色的黑白相片，告诉笔者，那是他到海南儋州后，早期到胶林去做调查研究的相片。

1958年年初，何康派陆行正、缪希法、朱荣耀到海南勘察，对所址进行具体选址。经多方论证比较，选定那大城西12千米，距海口150千米的铺仔北一块2 500亩荒地，除周围有几个乡村和几片零星橡胶园外，全是荒山野岭，连地名都没有。为什么把所址选在这个地方呢？何老对此进行了解释：首先，儋州当时是海南植胶最多的地区，有丰富的种质资源，对科研有利；其次，儋州位于海南的西北部，台风频率小，风害较轻，在我国热带北缘垦区具有一定代表性；最后，当时的2 500亩荒地已有联昌试验站，有试验基地和简易办公用房与住房，可为研究所初迁时提供落脚之处。

各项准备工作就绪后，1958年3月3日所务会议研究决定：除成立橡胶北移研究组留在广州继续研究外，其余200多名职工及其家属离开繁华的广州，由何康所长和武树藩副所长带领，分水陆两路南迁到海南儋州。

研究所附近有个叫铺仔的汽车上落站，两者常常混用地名。1959年年初，为了把研究所地址和汽车上落站区分开来，便于对外联系与沟通，何康发扬民主，从干部职工中征集研究所地址的新名字，最后选中了时任人事处干部科副科长王永昌提出的"宝岛新村"这个名字。经上级主管部门批准后，海南岛的地图上就多了"宝岛新村"这个新地名，这里也逐渐发展成中国橡胶和热带作物最权威的科研基地，以及中国热带农业科技人员的"黄埔军校"。

迁所海南后，一切都从头干起，真正的白手起家。那是非常艰苦的年代，职工每人每月仅有19斤口粮，何康带领全所干部职工艰苦创业。没房子住，盖茅草房；没粮食吃，挖野菜吃木薯；没有电灯，便与煤油灯相伴；没有燃料，全所职工及其家属上山捡柴。他带领大家一方面开荒植胶，在生产一线从事科研，一方面依托华南亚热带作物科学研究所，创办了华南农学院海南分院（1959年，华南农学院海南分院更名为华南热带作物学院，后更名为华南热带农业大学；2007年，教育部同意海南大学与华南热带农业大学合并组建新的海南大学，同时撤销原两校建制。），这是我国第一所热带作物高等院校。

大家自制砖瓦建大学校舍、科研用房、职工宿舍，同时在夜里翻译外国橡胶种植资料、写教科书、办培训班……后来人才成果频出的华南热作"两院"，便是在当年的"茅草房大学""茅草房研究所"上创办起来的。何康一家四口则挤在一间 15 平方米的房子里，为了表示扎根海南的决心，夫妻俩在门上写了一副对联——儋州落户　宝岛生根。

"台风一来，茅草屋的屋顶都被掀翻了，茅草被大风刮得不见踪迹，我们还大笑着说要唱一首'茅屋为台风所破歌'"，何老回忆，刚搬迁到海南不久便遭遇了强台风。台风过后第二天，为了鼓励全所职工，抗日战争时期就在抗宣队当过宣传兵的何康，便拿出了压箱底的本领，宣布举办"扎根在儋州，创业在宝岛"歌舞晚会，门票免费，参加者每人奖一碗糖水木瓜汤！晚会上，何康和缪希霞一起给大家表演节目，缪希霞清唱"五家坡寒窑前王宝钏"，何康唱"一马离了西凉川"，让大家欢乐成一团。科研之余，丰富的娱乐活动成为热作"两院"优良传统之一，在艰苦创业中发扬革命浪漫主义精神，丰富精神生活，周末举行舞会或轻音乐会，何康和缪希霞带头起舞。每逢节假日都要组织文艺晚会，大学生、中小学生，幼儿园、机关全都上场，何康和缪希霞夫妻双双登台清唱京剧。贤惠勤勉的缪希霞带着两个孩子，成为何康坚实的后盾。

"没有橡胶，也就没有轮胎，汽车跑不了，飞机飞不了，很多机械的东西不能运行。可以说我们当年闯出了一条血路，证明谁也封锁不了我们。"回首当年白手起家的艰辛，何老感慨良多，声音铿锵有力，他在海南 20 年，创建热作"两院"，和黄宗道等很多科学家一起，突破外国专家北纬 15 度以北的"植胶禁区"，成功地在我国北纬 8°—24°地区大面积种植橡胶，还将它发展成一个巨大的产业，成为一个世界创举。

1960 年，周恩来总理到热作"两院"视察，他参观试验基地、品尝木薯点心。参观中，与陪同他的缪希霞亲切交谈："我多年没有听到你父亲的消息了，我们都是南开大学的老同学，回到北京一定找时间去看望他。"周总理看到何康家门上贴着的对联，风趣地对何康说："这副对联中你只是写'落户'，光'落户'是不够的，还要'立业'啊！立业、生根才较好；知识分子才更有用武之地！"后来，周总理还应何康请求，挥笔题写了"儋州立业　宝岛生根"八个大字，以及"华南热带作物学院"校徽。周总理的题词不仅在当时坚定了所院科教员工战胜困难、扎根海南热作生产中心的信心，而且至今仍然鼓舞着中国热科院人为热带作物科研、生产事业贡献力量。

至于条件那么艰苦，所处之地那么偏远，为什么还要坚持办大学？何康有他长远的考虑："当时我的考虑，要有一个科研院所，进行科学研究，同时，还要有一所农业大学，既培养农业干部，又培养科研后备力量。"这是何康处江湖之远，亦不忘忧国忧民的襟怀。何康也率领全院师生、科研人员在那大宝岛新村建起了一个三万多亩的热作基地。他为中国热作科研、教育、生产打下坚实基础，并储备了巨大的发展空间，贡献出了全部力量。

在热作科研方面，何康早在1952年从华东调任中央林垦部特种林业司时，就已意识到我国发展天然橡胶一定会面临不少科学技术问题需要解决，要有一支专业科研队伍。他到任前，从热林司调了几名高中级科技人员到研究所工作；到任之后，根据农垦部指示精神，建立以热作"两院"为中心的中国热带作物科研体系，又采取了一系列举措加强科研力量。他特别注重与全国垦区系统的大协作，建立与广东、广西、云南、福建四省（自治区）热作科研机构的联系与合作，对橡胶重大科研项目组织联合攻关、分工协作，提出"开展全国大协作，生产、科研、教学拧成一股绳"的主张。1965年，经农垦部和国家科学技术委员会批准，研究所扩建成为华南热带作物科学研究院。农垦部明确要求研究院承担对四省（自治区）热带作物科技指导任务。至此，我国初步构建起以热作"两院"为中心的热带作物科研体系。通过植胶区多年攻关与合作，我国天然橡胶种植打破了传统的种植禁区，如获得国家发明奖一等奖的"橡胶树在北纬18°～24°大面积种植技术"、获得国家科技进步奖一等奖的"橡胶树优良无性系的引种、选育和大面积推广应用"项目，都是研究院和海南、云南、广东三省农垦总局数以千计的科研人员和数以万计的职工协作攻关所取得的科研成果。

在热作高等教育方面，为了办好华南热带作物学院，何康依靠研究所的科研力量，很早就探索"产学研"一体化，将研究所原来按学科设置的研究室，改为以作物为对象的多学科综合研究机构，与学院相应的系、室相结合成为科教系。当时各个研究室正在建立自己的试验基地，所以把基地建设也归到一起，由科教系管理，提出"一统四包三结合"的工作方针，即在党委统一领导下，科教人员包科研、包教学、包生产、包推广，实行科研、教学、生产三结合。经过一段时间实践后，进一步制定出"一主二副三结合"的方针，明确研究所以科研为主，兼顾教学和生产；学院以教学为主，兼顾科研和生产任务；试验农场以生产为主，保证科学试验和教学实习任务的完成。何康还组织科研人员编写教科书，系统总结国内外橡胶、热作栽培经验，编写出《中国橡胶栽培学》《热带作物栽培学》，翻译《马来亚橡胶栽培手册》作为参考书，为以后热作"两院"发展打下扎实基础，为后来出成果、出人才创造了条件。20世纪80年代，国家开展成果鉴定实行成果奖励时，热作"两院"获得一大批国家、部、省级科研成果；恢复高考后第一批大学生中，涌现出了陈章良、郑小波等一批优秀人才。

在热作生产方面，1964年，中央决定开展以丰产为目标的农业样板田活动，在何康积极争取下，海南以橡胶为主的热带作物被列为全国十大样板之一。何康巧妙利用这个机会，编制海南热带资源综合开发利用科学研究计划任务书，包括椰子、油棕、剑麻、药用植物、香料饮料作物等，用样板田带动热作生产。另外，何康组织科研人员下楼出院，根据自己的专业分散到各个农场、公社蹲点建立专业样板，总结生产经验，进行试验和推广成果。其中，橡胶系主任黄宗道带领由育种、栽培、土化、割胶等专业科研人员组成的橡胶样板组到西庆农场蹲点，与工人实行"三同"（同吃、同住、同劳动），总结生产经验，推广科研成果，结合生产开展科学试验。黄宗道在与工人一同劳动中，总结了先进胶工邓尧的"三看"（看物候、看天气、看产胶）割胶经验，并在农垦共同总结出"管养割"的经验，使这些经验转化为有我国特色的胶园丰产综合技术措施之一。

■ 在热土布局科研：有远见的设计师

何康对热土爱得深沉。真正的爱，总是为之计深远的。在海南20年，他立足海南，服务全国热区。作为热作科教事业第一位设计师，何康非常有远见，高屋建瓴，将科研机构布局与生产实际结合起来，至今仍在发挥积极作用，还必将积极影响未来。

提及何康这位老领导，中国热科院93岁的老党员项斯桂竖起大拇指说，何康永远是他心中的老院长，"何康老院长，威信最大，是'两院'的灵魂人物。"何康以其强大的人格魅力，影响和团结了热作"两院"人，不仅带领大家在荒地草房里开创了热带农业科技事业的伟大基业，还为中国热作科技事业未来的发展谋篇布局。

1955年，何康到海南省万宁市兴隆镇考察时，时任国营兴隆华侨农场党委书记张奋和场长詹力之对何康说，农场种植的热带作物，如胡椒、咖啡等，产量很低，不能为归侨带来很好的经济效益。他们请何康帮助农场培训归侨热带作物种植技术，发展热作产业，改变生产落后的局面，从而改善归侨生活。何康回忆："兴隆地理条件很好，日照、光热、水源很丰富，而且有温泉，加上华侨带回的热带作物，在这里发展热带农业科研大有可为。""站址最后是我定下来的，就在当时兴隆唯一一条公路的入口处，农场给了很大支持，划拨大约 500 亩土地作为兴隆实验站（中国热科院香料饮料研究所前身）建设基础设施、试验基地之用。"

1957 年 4 月，9 名科研人员和 10 多名工人在首任站长田之宾的带领下，按照何康指示来到兴隆，开始了白手起家的创业历程。何康富有远见的宏大构想，拉开了兴隆试验站建设发展这幅半个多世纪的画卷。何康建设兴隆试验站的初心是"发展热作科技，首先立足于为人民服务，帮助热区人民解决热作生产中遇到的技术难题，提高产量，改善人民生活水平。"至今一直印刻在中国热科院香料饮料研究所人心中。

1958 年，研究所从广州迁到海南时，鉴于海南当时交通通信非常落后，信息十分闭塞，何康在广州布局，建设了广州实验站，在立足广州、架起总部与外界连接沟通桥梁的同时，为广东、珠三角、粤港澳大湾区等地区的农业发展提供了科技支撑，推动了区域经济发展。

在海南期间，何康带领热作"两院"全体员工，先后建立了海南热带植物园，采集保存了大量本岛热带珍稀濒危植物种质资源和世界热区的经济植物，至今存量已达 2 600 多种；建立了华南热带作物科学研究院文昌椰子试验站（中国热科院椰子研究所前身），对椰子产业发展进行研究。此外，他还抽调了一批科研骨干到湛江，将徐闻试验站（中国热科院南亚热带作物研究所前身）搬迁到湛江湖光岩，建立了约 470 公顷试验基地。

1958 年，研究所刚刚下迁那大，何康就根据海南区党委要求，派出微生物研究组的科研骨干，在海口创办细菌肥料工厂，满足海南行政区农业生产的需求。

研究所搬迁到那大联昌试验站后，第一要务是解决职工吃住问题，同时也要解决科研所需的大片试验基地问题。何康骑着单车在试验站附近到处寻找，有一天，他站在马佬山上环顾四周，突然眼前一亮，惊喜地发现西庆农场有一大片新开的胶园——这正是搞科研最理想的试验地啊！他急忙骑着单车带领橡胶科研人员奔赴胶园开展调研，并找到当时的队长金灼修，想察看胶园种植布局图。后来，他和金灼修时常讨论，有一次工作得太晚，两人便干脆同睡一床，讨论橡胶的科研、生产直到深夜。何康在综合听取多方意见后，要求金灼修一年内补齐胶园里所有橡胶树缺株，并用大田芽接的方式，布置千亩以上的无性系初级试比区和百亩以上的肥料试验区，为了加速繁殖国外引进的 100 多个优良橡胶品系，何康带领科技人员和联昌试验站的工人，在联昌大河苗圃进行数万株的大规模芽接。他和所有工作人员一起在工地吃午饭，中午不休息，一直忙到夜幕降临才收工。大家仅用半个月就完成了芽接任务，从此告别盆栽试验方式，实现了橡胶科研人员多年的大田试验梦想。

1960年7月，根据农垦部指示，何康率领多家热作科研单位组成的"云南热带作物科学技术工作队"到云南考察，考察历时一个半月，走遍了云南河口、西双版纳、德宏三个垦区，分析了各垦区的气象资料、土地资源，提出综合考察报告及橡胶、油棕、咖啡等专题报告，以及云南橡胶发展规划，并针对栽培中的问题提出系统意见与建议。1962年，综合多年考察成果，何康和黄宗道、彭光钦、许成文一起写出《关于发展我国天然橡胶生产的几点建议》，分析了我国第一批大发展橡胶遭受挫折的原因，提出以海南、云南南部为重点，优先发展一级宜林地，种植优良品种的芽接树等几条建议。这份报告改变了我国橡胶种植的战略布局和安排。很快，中央批准了报告，周总理办公室还特地找何康询问什么是芽接树及其增产效益等有关问题。邓子恢副总理看后批示："这是一个关于橡胶生产和制造的报告，把国内外橡胶生产的历史现状、橡胶的特性和生产管理、经营方针、橡胶制造与科学研究等都讲得很周详、很恰当，负责橡胶经营管理的干部不可不看。"

可见，何康虽任职热作"两院"，工作着眼点绝不局限于热作"两院"，而是着眼于全国热带作物科学技术的发展，要建立我国自己的完善的热带作物科研体系。他到海南之前，调动李一鲲、戴渊等专家到云南，1960年又派出30名热作科研人员到云南和广西，支援他们的科研机构，并先后安排福建、广西派来的40名科技人员到本所跟班学习，为他们培养热作科研人员，以加强这些省（自治区）的农业科技力量。橡胶发展初期，绝大多数农场职工和管理干部没有植胶经验，何康对此问题十分重视，他在积极筹建热作"两院"的同时，还在热区大力开展短期培训工作，培养合格橡胶工、热作技术员。例如，1958年8月，开办橡胶选育种培训班，6省（自治区）25个单位38人参加学习3个月；1963年10月，举办橡胶无性系形态鉴定进修班，各省（自治区）60人参加学习，掌握了形态鉴定的方法和要点；1964年1月，与海南农垦局联合在热作"两院"开办化学除莠训练班，海南、广东、云南、广西、福建5省（自治区）共有57人参加学习。这些接受过培训的技术员像星星之火，很快把橡胶种植管理技术和热作科研技术传遍热区，又带出一批批技术员广布热土。

为提高热作"两院"的外语水平，何康规定凡是科教人员，每天早上7点半至8点半都必须参加英语培训班学习，并指定了专门授课的英语教师，还制定实施了一整套严格的考核制度，持之以恒，效果良好，成绩显著，大大提高了热作"两院"科教人员英语水平。中国热科院老一辈科教人员之所以有较强的英语能力，不仅能查阅英语文献资料，出国考察访学时也能用英语交流、做学问，还取得了不起的科研成就，这些都得益于何康当年的长远谋划。

此外，从"热作两院"毕业的大学生广布到我国热带作物垦区，实现了何康建院之初"凡有热作处，皆有宝岛人"的愿望。他们当中，大多数人走上农垦生产各级领导岗位或成为科技骨干，他们对橡胶热带作物事业的发展和在改革开放、体制转变、调整生产结构中发挥了重要作用，为创立具有我国特色的以橡胶为主的热带作物科学技术体系做出了贡献。

1978年，何康调离热作"两院"，前往北京任职，但他仍然关注热作"两院"的发展，仍然忘不了他深沉爱着的这片热土。改革开放后，为热作科研能够永久可持续发展，何康提出将热作"两院"搬到海口，办成热带农业大学，而且提出可借鉴美国的做法，大学办科研机构。这既适应当时形势，有利于热作"两院"未来发展，也不违背不离开橡胶主要生产基地的前提，于是有了后来的中国热科院海口院区。

四川攀枝花，现在是有名的芒果产地，这也得益于何康多方奔走呼吁。调到原农业部任职后，何康曾多次到攀枝花考察、调研，他指出："攀西地区得天独厚的农业资源长期被人们所忽略，未能给予正确的评价和应有的重视。"1995年4月，何康首次提出在攀枝花"发展10万亩优质高档芒果基地，引进全国、全世界最好的品种到攀西，真正把攀西建成一流的芒果基地"。并主动为攀枝花、热作"两院"牵红线结良缘，今天攀枝花的芒果种植从过去零星不到1万亩发展到66万多亩，芒果产业年产值近30亿元。

在何康的长远设计和科学规划下，在他任期内，"热作两院"发展迅速，为中国橡胶事业、热区社会经济发展做出了巨大贡献，即便地处华夏之偏，仍吸引历届国家领导人和老一辈革命家关注它的发展，亲临热作"两院"参考和考察。

如今，中国热科院作为我国唯一从事热带农业科学研究的国家级综合性科研机构，在首任院长何康高屋建瓴布局的基础上，建立了学科齐全、功能完备、特色鲜明的热带农业"领域＋学科"科技创新体系；拥有海口院区、儋州院区、三亚院区、湛江院区和广州院区五个院区，三亚研究院、广州研究院、云南研究院、广西研究院、四川攀枝花研究院五个研究院，科研试验示范基地6.8万亩，部省级以上科技平台88个。

■ 关心人民和粮食：他是真诚的赤子

何康坦诚、纯洁、仁爱，怀有一颗赤子之心，他心中自始至终装着国家和人民。何康对海南的爱，是对国家热作事业情感的凝聚；他对热土的爱，又是他对国家、对民族、对人民深情大爱的凝聚。在热作"两院"，他的眼里是职工和热土地上的农民；调到原农业部任职后，他的目光投向整个中国大地，无论走到哪里都关注和强调粮食生产。

他心中装着职工。海南20年，他与科教职工同甘共苦，深受大家爱戴。每逢节假日，他都要到实验室、教室和试验基地，去看望科教人员和工人。健在的中国热科院老同志，每每谈及老领导何康，总是忍不住热泪盈眶。老职工杜发兴记得，有一年，他们一家人从宝岛新村乘卡车到海口，本想将驾驶室右座留给何康院长。但是，何康院长发现杜发兴一家人站在卡车货箱上，便坚持让其妻女坐到驾驶室右座，自己则和杜发兴在货箱上一直站着唠嗑到海口。何敬真教授出差时遭遇车祸严重受伤，为了省钱，他便住在北京的一家招待所中，并在楼道里熬药。何康听到这个消息，专门到招待所去看望何敬真，为了方便他治病，还在1984年想办法为何敬真解决了在北京的住房问题，改善了其居住和医治条件。何敬真的儿子何华玄说，他们全家都感念何康院长的帮助。就这样，何康和热作"两院"干部职工建立了深厚的感情，他关心大家，大家也护着他。在某个特殊的年代，何康被打成"走资派"。"我也没有受太大的罪，大家对我明斗暗保。有一些学生年纪轻，要打两下，有人就抱着我护着我"，回忆往事，何康非常动情。他说，有一天晚上批斗完回来，正在家里看书，夜里十二点时突然有人敲门，"开门一看，没有人，门口却放着一锅热气腾腾的鸡汤。"原来，是试验场工人跟研究人员商量以后，偷偷炖了一锅鸡汤给他补身子。

何康心中装着农民。看到热区的农民也在尝试种植天然橡胶，他很高兴，派出科技人员无偿提供良种橡胶芽条，帮助儋县（现儋州市）石屋大队芽接，加强胶园管理，传授割胶技术和制胶工艺，使石屋橡胶产量大大提高，集体经济增强，农民收入提高。石屋大队对中国热科院和何康的帮助一直念念不忘，每年春节，大队长都要到中国热科院拜年。离休后，何康还和中国热科院的几名老专家到四川攀枝花实地考察，把热带水果芒果引入该地区，大获成功。从原农业部部长职位上退下来后，何康仍旧关心中国"三农"（农业、农村、农民）事业发展。1993—1998年何康任全国人大常委会委员和财经委员会委员，期间，依然致力于促进与保护农业、畜牧业、渔业和乡镇企业的立法工作。

他心中装着人民。当上原农业部部长后，他最担心的是粮食安全问题，他曾说，不论何时何地，让他最放心不下的还是粮食问题。"粮食问题是最现实的问题。粮食少了老百姓就没饭吃，马上就会出问题。所以我当农业部部长时，为粮食安全睡不好觉，每次出访回国后也是马上询问粮食情况。我们千方百计要把粮食这个基础打好。"为此，何康提出："提高粮食单产，保障粮食安全，一靠政策、二靠投入、三靠科技，但最根本的还是要依靠科技来解决。"在任原农业部部长期间，他为解决中国粮食问题做出了重要贡献。1993年，何康获得"世界粮食奖"，成为第一个获得此奖的中国人和政府官员，他将20万美元奖金全部捐给中华农业科教基金会，用于奖励高等农业院校品学兼优的学生和农业科研项目。

他心中装着国家。何康毫无私心杂念，有科研成果乐于与兄弟单位分享。1959年，在国家科学技术委员会的倡导下，何康提出"开展全国大协作，生产、科研、教学拧成一股绳"的主张，最终建立起与广东、广西、云南、福建四省（自治区）热作科研机构的联系与合作关系，对橡胶等重大科研项目组织联合攻关，在我国初步构建起以中国热科院为中心的热带作物科研体系。1978年，何康调回北京任农林部副部长，同年7月出访美国。这次出访让他意识到中国农业发展与美国现代化农业生产的巨大差距。回国后，何康结合中国实际，提出了增加农业投资、发展社队企业、引进先进技术、健全科教机构等七方面建议。

2021年7月4日，何康走了，离开了这个世界。但中国热科院人忘不了自己的老院长，始终铭记何康老院长对这片热土的深深眷念之情，他经常鼓励中国热科院人："中国热带小，世界热带大！你们要好好努力！"在何康的帮助下，热作"两院"获得两次世界银行贷款，利用这两笔贷款，中国热科院先后建起测试中心大楼、图书馆、科技情报所、计算中心大楼，引进了当时具有世界先进水平的教学、科研设备，并订购了一批外文图书，不仅大大改善了科研、教学条件，更为出国留学生、访问学者提供了机会。退休后，何康不时带夫人回宝岛新村、回中国热科院走走看看，为它们一点一滴的变化、进步而欣喜。2018年，何康对中国热科院迁址海南60周年所做贡献给予充分肯定，并发来贺信，"60年来，中国热科院人始终不忘初心，牢记使命，砥砺前行，立足海南，服务中国热区，走向世界热区，为国家战略、热带农业产业升级、热区经济社会发展和中国农业'走出去'等做出了卓越贡献，在国内外产生了广泛而深远的影响，我作为曾经是、现在和将来都是中国热科院的一分子为此而感到骄傲和自豪！"

今后，中国热科院将继续传承以何康老院长为代表的老一辈热作人"无私奉献、艰苦奋斗、团结协作、勇于创新"的精神，坚持"开放办院、特色办院、高标准办院"的方针，立足中国热区、面向世界热区，加快将中国热科院建设成世界一流的热带农业科技创新中心。

何康老院长，您的光辉精神将永远指引中国热科院人不断前行！

黄宗道

黄宗道（1921.02—2003.04），男，汉族，中国共产党党员，我国著名橡胶专家和土壤、肥料学专家，中国工程院院士；1945年毕业于金陵大学农学院土壤农化系，毕业后留校任教；1949年后任金陵大学和南京农学院讲师，1953年任华南热带作物科学研究院土壤农化室副主任，此后历任华南热作"两院"橡胶系副主任、主任、副院长、院长，海南省科学技术协会主席，海南省人大常委会副主任，热带作物学会理事长，中国农学会副会长，原农业部科学技术委员会副主任，国际土壤学会会员，国际橡胶研究与发展委员会理事，中国热科院和原华南热带农业大学名誉院长、校长；1990年7月，他被国务院批准为享受政府特殊津贴的专家；1997年11月，他当选中国工程院院士。

重要成果：主持橡胶树北移综合课题，首次在我国开展和主持橡胶树营养的研究，提出橡胶树营养诊断指标、临界比值、采样方法和肥料施用计算方法；首次提出培肥改土、刺激割胶、营养诊断、产胶动态分析等作为橡胶高产综合技术的四项基本措施，使橡胶树年割胶刀数仅56刀，亩产干胶达到200千克，为提高我国橡胶树产量水平探索出新路子，研究成果达到国际先进水平；主持完成"华南热带作物现代化综合科学实验基地"建设；主持我国热带、南亚热带资源调查与区划的调查研究工作，提出按纬度自然特点的热带作物区划与布局和按海拔高度特点的热带作物布局的科学设想，这对合理开发海南热带资源，保持生态平衡和建立巩固的橡胶等热带作物生产基地具有战略指导意义。他荣获国家发明一等奖、全国农业区划委员会一等奖、全国十大优秀图书奖等奖励。

黄宗道：丹心耀热土的橡胶院士

中国工程院院士黄宗道，是橡胶科研和热作科研领域唯一一位院士。有人说，黄宗道院士是我国热农作物、特别是橡胶界披荆斩棘的前驱者、一代宗师，在国内外橡胶界威望崇高。

他一生，不仅在橡胶科研领域推动我国橡胶产量达到世界先进水平，还领导华南热作"两院"创造了许多奇迹，是一位优秀的管理者，他临终前还在关心橡胶事业的发展，写下饱含深情的临终建议。

2003 年，黄宗道院士因病逝世。黄宗道去世一年后，中国热科院为他举行了追思会，同时发行《丹心耀南疆——纪念黄宗道院士》画册，原农业部部长、热作"两院"老院长何康在画册首发式上，为黄宗道院士纪念林种下了第一株橡胶苗，并将画册赠送给黄宗道院士的夫人邓超雄女士，与她紧紧相拥，泪流满面地说："宗道没有走，宗道的精神也永远不会走。他的功绩和崇高品格将永远留在并肩奋斗的战友和热区人民心中！"

是的，黄宗道院士没有离开，中国热科院人至今牢记他的叮嘱："'两院'的精神不能忘，热作的事业不能丢。"

"宗道"一词，在《礼记·大传》和《孔子家语·曲礼子贡问》中的意思皆指"宗法的原则"。黄宗道，人如其名，是热作科研领域的里程碑，称得上一部"浓缩了中华人民共和国橡胶事业 50 多年发展历程的最生动的教科书"。

■ 立志学农　结缘橡胶

1921 年 2 月 3 日，黄宗道出生于湖北孝感。在那个积贫积弱又动荡不安的年代，黄宗道青少年时期的求学之路艰难曲折。由于受家庭和学校"农业是立国之本""民以食为天"等教育的影响，尤其是目睹国家遭受外敌入侵，在仓皇的战乱中逃亡的农民食不饱腹、衣不蔽体、背井离乡、家破人亡的凄惨情况，黄宗道深感发展农业的重要性，因此立志学农。

很幸运的是，黄宗道在少年时代结识了湖北沙市一个邓姓大家族，与邓家四公子友情深厚。邓家经营着一家规模颇大的药店，在最困难的时候，黄宗道不仅得到了许多来自邓家的资助，还与邓家女儿邓超雄成为相濡以沫的恋人、知己。

七七事变后，在南京的金陵大学频繁遭遇日军空袭，正常的教学计划被严重打乱，最后被迫内迁到成都办学。1938 年 10 月，武汉失守，邓家到重庆避难，黄宗道跟着邓超雄一起到了重庆，并于 1939 年考入金陵大学农艺系学习。由于战乱，邓家药店的生意大为受损，为了支持黄宗道的学业，曾经过得安逸的邓超雄高中毕业就参加工作了；1945 年 8 月，抗战胜利后，金陵大学迁回了南京。这时，邓超雄也以优异的成绩考上了金陵大学，与此同时黄宗道刚好毕业，这一回轮到他资助她上大学了。在动乱的年代，他们就这样互相支持着。1948 年年底，在南京解放的炮声中，患难与共的黄宗道与邓超雄结为夫妇。

黄宗道的导师是我国著名土壤学家、中华人民共和国土壤农化的奠基人之一，20世纪30年代的留美学者黄瑞采教授。黄瑞采教授一生爱国，曾投笔从戎，投身于孙中山领导的革命运动。大革命失败后，黄瑞采从失败中总结出，"科学救国"才是实务，从此一生致力于提高中国的农业科技。因此，黄瑞采总是叮嘱学生："中国是个贫穷落后的农业国，离不开农业科学，否则永远贫穷落后，受人欺凌。农业技术的基础是土壤学，一定要忠于土壤，一辈子别离开它，一旦离开土壤就失去了改造社会的力量，失去了人生的价值！"

黄宗道一直铭记导师的嘱咐，终身未敢忘记。1945年毕业时，拥有几十名学生的金陵大学农学院土壤农化系，真正完成学业的只有黄宗道等三人。黄宗道深爱着自己的祖国，他牢记导师的教诲，立志在祖国大地上开辟出一条"科学救国"的人生道路。毕业后，黄宗道留校，从事农艺学的教学与研究工作，1952年全国高等院校院系调整后，在南京农学院任讲师，邓超雄同在南京工作。

1953年年初，党组织经过严格筛选和周密考察，交给黄宗道和他的同事刘松泉一项重大的历史使命：到南方去，和从全国各地调集而来的农林专家一道，研究国家重要战略物资——巴西橡胶树，大力发展我国的天然橡胶事业。那一年，黄宗道大女儿黄浩然才3岁，儿子黄定国刚出生不久，小家庭温馨幸福、舒适安宁。黄宗道告诉妻子要离开南京，去一个很遥远很艰苦的地方重新创业。

邓超雄不解地问："为什么？"黄宗道还不能向妻子透露具体使命，只是坚定地回答她："为了祖国的强大，为了民族的振兴，也为了迎接命运的挑战，创造属于国家，属于子孙后代的辉煌事业！"

了解丈夫、同样身怀报国之志的邓超雄热烈回应："好！只要是国家需要，我们责无旁贷！"

1953年4月，黄宗道夫妻俩带着孩子和简易行装，踌躇满志地踏上征程。到达广州后，他们加入当时位于广州沙面英国领事馆旧址的特种林业研究所筹备会，同期到来的还有来自天南地北的其他农业科技人员。时任华南垦殖局局长、中共中央华南分局第一书记叶剑英元帅，以及农垦部特种林业司司长何康，接见了这支从全国各地调集来的神秘科研队伍。黄宗道这时才见到了特意把他从高校挑选到橡胶科研战线来的何康，叶剑英还给大家作了报告。

黄宗道等听了叶剑英的报告后，热血沸腾，积极行动，他被授命组建以土壤农化、植物标本分析为主攻方向的第二研究室。没有实验器材，他就到科研单位去借；借不到就自己想办法，因陋就简、土法上马。

■ 调查橡胶宜林地

1952 年 9 月，中苏两国签署中华人民共和国中央人民政府、苏维埃社会主义共和国联盟政府关于帮助中华人民共和国植胶、割胶、制胶及售与苏联橡胶的协定，规定在三年内种植 800 万亩天然橡胶树。任务紧急，刻不容缓。叶剑英指挥部队进军热带雨林开垦荒地野林，平整土地。同时，带领科研人员拿着地图爬山越岭，在雨林带中勘察地形，开展土壤、气候等自然资源调查，四处寻找适宜种植天然橡胶树的土地。

黄宗道来到特种林业研究所后，接受的第一个重要任务便是参加"橡胶宜林地调查"：通过掌握橡胶树的生活习性和生态环境，在华南地区五万多平方千米范围内，寻找橡胶树的宜林地，使之成为中国发展橡胶事业的突破口。

那时，国内能找到有关橡胶树的资料很少，黄宗道英文较好，他和同事翻遍外文书籍，终于找到印度尼西亚专家写的《三叶橡胶研究三十年》，何康立即组织大批专家翻译。这本译著成为中国橡胶研究起步阶段的启蒙教材。通过这本书大家了解了橡胶的生理习性，世界橡胶研究先驱卓越奉献和橡胶选育种的成功经验也极大地鼓舞着中国第一代橡胶研究者的斗志。但是，他们也被兜头浇了一盆冷水，这本书断言：橡胶树只能在大约赤道南或北 10°以内种植，超越这一地区，则是植胶禁区。我国华南地区均位于北纬 18°～24°，自然条件并不适宜种植橡胶树，这一地区种植橡胶树尚无成功先例，需要我国农业科学家去突破。

黄宗道又将妻儿安顿在广州的一家小旅馆，像长征时期的红军战士一样，打起背包，肩背干粮、水壶、标本箱，和调查队出发了。宜胶地勘察往往选择华南地区尚未开垦的山林，这里多瘴气、毒虫猛兽，调查既无交通工具，又无通信手段，甚至很多地方连路都没有，任务艰苦而危险，各调查队相约半年内完成调查任务后在广州聚首。

黄宗道和来自全国各地第一代橡胶科技工作者一起，顶着烈日，冒着风雨，披星戴月跋涉在山高路险的密林之中，跑遍了海南、云南、广东、广西、福建等省（自治区）的荒山野岭，为寻找橡胶宜林地而辛勤工作。他们每天早出晚归，白天分头出去考察；晚上露宿野外或者简陋的茅草屋里，点上小油灯继续整理资料，半夜还得担心有山猪、蛇、蜈蚣等的侵害。

就在这样艰苦恶劣的环境与工作条件下，黄宗道与我国其他第一代橡胶科研人员共同完成了华南地区橡胶宜林地的考察工作，为发展中华人民共和国的天然橡胶事业迈出了第一步。

■ 拯救冻伤橡胶树

黄宗道所在的调查队来到广西龙州后，看到万名农垦大军披星戴月，育苗植胶，满山遍野红旗招展，既为农垦战士战天斗地的精神所鼓舞，也为未经科学试验就大规模植胶的后果而担忧。因为我国华南地区的气温、雨量和土壤条件与巴西橡胶树习性相差甚远，再加上土壤瘦瘠干旱、每年有几次强台风为害，越过这些障碍盲目蛮干必然会造成巨大损失。

但是，当时橡胶树宜林地的科学调查才刚起步，在苏联专家硬性指挥和建国初期火热的建设激情作用下，十几万农垦大军在科学调查还没结束，更没培育出适宜中国的耐寒抗风橡胶树新品种时，就已经在广西、雷州半岛和海南岛拉开种胶大会战，种下数百万亩胶苗。

后来的悲剧证实黄宗道的担忧是有道理的。1955年春，一场强寒潮使雷州半岛成活的胶苗几乎全军覆没，农垦战士们手捧冻死的胶苗悲痛不已。黄宗道和同伴们望着满山遍野横七竖八黑紫色的橡胶树，心都碎了。

在猝不及防的重大打击面前，人们期待着科学的裁决。党中央、国务院和华南垦殖局领导同志指示农垦战士和科研工作者：遇到挫折不要灰心，总结教训，找出原因，争取成功。黄宗道和同事们扶起枯黄的胶苗，苦苦思索拯救措施，黄宗道趴在胶树下轻轻扒开土壤，研究橡胶树根系的变化。他拔出好几棵毫无生气的橡胶幼树，扒开幼树根部土壤，反复观察分析，眼前一亮：树根没有冻死，有抢救的希望。如果采取覆盖保暖措施，浇水施肥，让橡胶树根重新抽芽发育，冻伤的橡胶树就会复活！

事后，黄宗道与同事们经过反复分析，并会同橡胶垦区农场总结经验，又迅速研究制订使冻胶成活的方案，及时提出采取"胶林良种化、林网化、梯田化、覆盖化"等科学措施。抢救方案报送华南垦殖局，时任局长叶剑英立即批准实施，很快缓解了风寒灾害对橡胶树的威胁。接着，黄宗道带领橡胶育种专家刻苦攻关，培育出橡胶树抗寒新品种，将世界橡胶树成活保证温度从5摄氏度以上下降到0摄氏度，在科研道路上赢得了又一个胜利。

20世纪60年代，云南、广东两省种植橡胶获得成功，海南岛第一代胶林流出乳白色琼酱！中国成为世界上第37个重要的产胶国，西方橡胶专家的预言破产了！黄宗道和我国第一代橡胶科研工作者功不可没。

■ 南迁海南　挚爱热土

1954年，担任华南热带作物研究所（中国热科院历史曾用名）土壤农化研究室副主任的黄宗道，带领本室科研人员对广东、广西垦区的土壤肥力、土壤水分状况进行调查，并在不同土壤类型上布置橡胶栽培的肥料试验，开展橡胶树营养诊断的研究，短短时间就有了不错的成绩，首次提出了橡胶营养诊断指标、临界比值、采样方法和肥料施用计算方法。

但是，在广州搞科研，离生产一线太远，无论是研究还是试验都有诸多不便。1958年，在王震和何康力主之下，华南亚热带作物研究所南迁到海南儋县那大一偏僻乡村，同年建立我国第一所培养热带作物科技人才的专业学校——华南农学院海南分院，黄宗道任副研究员、橡胶系主任。除继续从事橡胶科研工作外，黄宗道还参与学院教学工作，与其他科教人员一起，担当起我国热带作物科研与教学的双重重任。黄宗道和何康等一起编写了《中国橡胶栽培学》一书，为我们国家发展橡胶事业提供了宝贵的资料。

自从南迁到海南，黄宗道和妻子再也没有离开过这里，终其一生在这里工作、生活，最后再将自己的生命埋进这片热土。

1958年9月11日，黄宗道和妻子刚到海南不久，就遭遇了12级强台风。当时，宝岛新村基础建设刚起步，一家人住在临时搭建的茅草房里，漆黑的夜晚，狂风呼啸而来，掀翻了他们的屋顶，茅草也被狂风卷得无影无踪，黄宗道、邓超雄把儿女紧紧搂在怀里，一家四口被裹胁在狂风暴雨中，黄宗道撑起的雨伞；邓超雄摸出的一块油布全被台风刮飞。暴风雨打得他们睁不开眼，四人紧紧依偎着连夜搬家。第二天早上才发现，破旧的床板下爬满了躲雨的蜈蚣、蝎子和蛇。黄宗道鼓励邓超雄："既然来了，就要有吃苦的打算。生活上的艰苦算不了什么，祖国的事业最重要。"

尽管多年前的海南是中国最落后的地区之一，但黄宗道和邓超雄携手克服一个又一个困难，齐心协力开发建设这片坚实又充满光热的土地。他们在这片热土上取得了一个又一个丰硕成果，也越来越热爱这片被他们建设得日新月异的土地。

1997年，黄宗道当选为中国工程院院士。考虑到他年事已高，农业部计划为他在北京或深圳修建住房，供他安度晚年。黄宗道院士却谢绝了，说在海南工作生活了一辈子，他和邓超雄已经与这片热土融为一体，爱得深沉。何况自己一直从事橡胶等热带作物工作，住在海南更有利于发挥余热。1960年，周总理视察热作"两院"时，题写的"儋州立业　宝岛生根"，还有导师黄瑞采"一辈子忠于土壤"的嘱托，黄宗道一生铭记，他把全部心血都奉献了给热土和热作事业。

"抗日烽火情相识，解放战争结良缘。艰苦创业海南岛，从事热作四十年。耄耋之年身健壮，儿孙满堂喜开颜。功成名就党培养，事业有成谢同仁。"这首诗，是黄宗道 80 寿辰时邓超雄女士写给他的，既是夫妻情深，也是对他赤子一生的总结。

■ 突破植胶禁区获高产

经过几年的调查与试验研究，黄宗道与他的合作者陆续写出了多篇研究报告，提出了橡胶幼树在不同地区、不同年份施用氮、磷、钾的比例和广东、广西主要植胶地区不同土壤类型橡胶树的施肥制度；论述了橡胶树适宜的肥料种类、施肥方法和施肥时期。同时他还首次在我国主持开展了橡胶树营养诊断的研究，提出了橡胶营养诊断指标、临界比值、采样方法和肥料施用计算方法。

1963 年，黄宗道撰写的论文《橡胶树施肥制度的研究》，是对 10 年来我国有关橡胶树施肥制度科学研究的详尽总结，为确定在我国不同土壤类型上种植巴西橡胶树的科学施肥制度，克服植胶过程中施肥的盲目性，提高施肥效果提供了科学依据。除此之外，黄宗道还广泛搜集国外资料。在总结了 100 多篇东南亚植胶国家 50 多年来施肥试验的论文、报告后，编写出综述性论文《东南亚植胶营养问题研究的进展》，详细介绍了国外橡胶营养研究的进展情况，为我国橡胶树营养问题研究提供了借鉴。这些高产技术成果很快在生产上大面积推广应用，从而促进了我国橡胶树的高产稳产。

1964 年，黄宗道带领科研人员深入到海南岛国营西庆农场蹲点。他们发现在同一个农场里，有的工人割胶产量高，有的工人割胶产量却很低。这是什么原因呢？在与工人同吃同住同劳动的实践中，黄宗道与他的合作者从如何解决橡胶树产胶与排胶这一矛盾出发，分析总结出橡胶树排胶强度必须同产胶潜力相适应的采胶生理规律，并进一步发现其关键在于如何解决好产胶与排胶对营养需求的矛盾，最后提出了"管养割"相结合的科学割胶技术，即以抚管为基础，养树为手段，高产稳产为目的，按产胶动态分析方法进行科学割胶，既保护了橡胶树的健康，又挖掘了产胶潜力。"管养割"相结合这一技术经验，成为我国橡胶生产的基本经验，是我国科研工作者把科学理论同群众先进经验有机结合的典型。这一技术很快在生产上大面积推广应用，对我国橡胶生产起到了很好的推动作用，促进了橡胶树的高产稳产。

　　与国外植胶国相比，我国橡胶树割胶天数少了 1/3，在我国植胶区有风、寒、旱不利因素影响的情况下，橡胶产量能不能达到国外的高产水平、产胶潜力究竟有多大、现有的高产水平是否达到了极限是我国橡胶科技工作者，也是橡胶生产领导者和管理部门长期考虑的问题。

　　因此，要提高橡胶产量，必须探索出一套适应我国自然条件的橡胶生产综合技术。1975 年，华南热带作物研究院成立了一个专门研究小组，黄宗道任组长，进行了橡胶树高产措施和提高产胶能力的研究。黄宗道带领小组成员，分析、筛选过去的研究成果，最后综合运用了"橡胶树营养诊断指导施肥""产胶动态分析""乙烯利刺激割胶""等高挖穴、施肥、覆盖"等多项科研成果技术，进一步根据气温、物候、不同季节胶树的产胶潜力等来调节产胶、排胶与营养需求的矛盾。

　　经过 10 年研究，我国橡胶树产量终于提高到一个新水平。黄宗道试验地橡胶树干胶亩产量从 1974 年的 99 千克，提高到 1977 年的 200 千克，再到 1984 年的 240 千克，迈入世界先进水平。这项科研成果于 1985 年获得农业部科技进步一等奖，在海南多家国有农场示范推广种植 266.7 公顷，示范地连续 3～4 年增产，干胶亩产从原来的 80～90 千克提高到 110 多千克，增产 30％以上，取得显著的经济效益。

　　与此同时，这项科研成果也有力地打破了国外橡胶关于植胶禁区的论断，证明只要采取一些适合我国气候条件的特殊栽培措施，我国橡胶树的产量仍能达到世界先进水平。

　　在 1982 年全国科学技术奖励大会上，由黄宗道主持完成的"橡胶树在北纬 18°～24°大面积种植技术"获国家发明奖一等奖，他作为代表上台领奖。

　　1981—1985 年，黄宗道主持完成了"华南热带作物现代化综合科学实验基地"的建设，实验基地占地 81 公顷，基地建设内容包括胶园更新前强割、重风区胶园改造、中高丘陵区速生高产综合栽培措施、芽接树乙烯利复方刺激挖潜、标准胶生产连续化工艺和自动打包装置应用、胶园更新机械、热带经济林木及防护林树种的选择、胡椒高产栽培、胶籽油的综合利用等。这个实验基地建成为垦区第二代胶园的样板，获得了良好的经济和社会效益，并于 1986 年获农牧渔业部科技进步一等奖。

■ 率领团队赶超世界先进

　　新中国的建设之路很曲折，走了不少弯路。黄宗道这样的大科学家也避不开时代的牵连。

邓超雄作为"反动学术权威"的妻子也受到株连，但她不离不弃也不抱怨，用自己80多块钱的月薪养活三个孩子。

1972年，海南垦区橡胶园发生大面积条溃疡病，急需防治。黄宗道被紧急调回，恢复职位。他迅速组织植保专家直奔海南垦区，深入胶园调查，发现是工人使用错误的割胶方法所致，马上及时指挥纠正，培训胶工科学的割胶方法。随后，他又组织橡胶病虫害防治专家研究，采用药物治疗与预防措施综合运用的有效办法，花了三年时间，控制住了足以致橡胶树于死地的条溃疡病。

治愈橡胶条溃疡病后，黄宗道从国外科技动态上获悉，世界橡胶研究已进入生物工程阶段。植物细胞全能性理论、橡胶苗组织培养新方法显示出传统的遗传育种不可比拟的优越性。作为橡胶科研的学术带头人之一，黄宗道下决心率领这支队伍赶超世界先进水平。他和何康积极支持毕业不久的北京农业大学研究生王泽云建立组培实验室，鼓励郑学勤开展生物工程细胞培养等高水平的研究工作，支持刘松泉关于橡胶育种高产理论的研究。

王泽云曾在自己的一篇回忆文章中写道，"1973年年初，我从一本小册子上看到水稻、小麦花药培养诱导植株成功的消息，立即联想可不可以用橡胶的花药培养选育新品种呢？便激动地写好立题报告，送交给时任'两院'教研部副部长黄宗道审批。黄宗道看到报告后非常高兴，不仅很快批准了我的报告，还让我负责项目实施。"

1977年，我国橡胶花药培养获得成功；1979年，橡胶花药植株移栽大田成活，在世界上取得领先地位，同年橡胶多倍体诱变也获得成功，同样处于世界领先地位。这些成绩离不开黄宗道的重视关心与大力支持。

1981—1991年，黄宗道接任热作"两院"院长。在这10年中，他以一个领导者的卓越见识，制订了热作"两院"的发展规划，制定和实施了"立足海南　面向全国　走向世界"的发展战略，全面地开展各种热带作物研究。他以一个科学家的真知灼见，一直强调：生物技术一定要上去，生物技术上不去，中国就会落后，受制于人。

我国橡胶科研事业开拓者之一的郑学勤教授感慨地说："黄院士的思路很敏锐，他总能站在橡胶科研领域的最前沿，与时俱进。"为了建立国家实验室，黄宗道和郑学勤不知跑了多少地方，找了多少人，从中央到地方，反复陈述建立实验室的必要性。20世纪90年代初，黄宗道与郑学勤终于成功创建了热带作物生物技术国家重点实验室，使华南热作"两院"成为我国的"热带作物科学城"。

接着，黄宗道在橡胶科研的大道上继续奋进。他首先提出综合应用我国橡胶树栽培的先进技术，并亲自制订研究计划，组织领导垦区采用培肥改土、刺激割胶、营养诊断、产胶动态分析 4 项基本措施，使橡胶树年割胶刀数仅 56 刀，亩产干胶达 200 千克（生产上一般年割胶 120 刀，亩产干胶 70～80 千克）。我国植胶区纬度偏北、气温低，割胶天数比国外少 1/3，产量却能达到世界先进水平是一个创新，也是一个奇迹，令国际橡胶界对我国天然橡胶事业刮目相看。

据中国热科院 2003 年统计数据，该院天然橡胶行业获得国家级科技成果奖 39 项，部级科技成果奖 116 项，省级科技成果奖 122 项，这与黄宗道的研究和领导密不可分。

1991 年以后，黄宗道院士仍担任热作"两院"名誉院长，继续发挥余热，关心着祖国的橡胶事业。甚至直到临终前，黄宗道院士还在思考橡胶科研的前沿课题，建议当时的华南热带作物科学研究院把每株橡胶树当成一个"生物反应器"，让它合成人类需要的各种贵重药品，产生的经济效益将是现在的几倍、十几倍甚至上百倍。

■ 科学规划中国热土

世界热带地区大多保存着大片的原始雨林，涵养着地球最重要的淡水资源，生物多样性极其丰富，其开发和生态平衡是国内外学术界十分重视的问题。

我国热带地区的土地面积只有 5 万多平方千米，其中海南岛和西双版纳气候条件优越，是我国珍贵的热带宝地。因此，如何科学开发利用和保护这块有限的土地，不仅受到领导和生产部门的重视，也引起学术界的关注。尤其是在1980 年前后，我国学术界和生产管理部门对西双版纳及海南岛的开发利用与生态平衡问题出现了分歧，产生了激烈争论，已在橡胶科研与生产中心工作多年的橡胶专家黄宗道深感自己责任重大。

黄宗道曾主持我国华南热带地区自然资源的调查与区划工作。根据他多次考察与多年研究，以及国内外种植天然橡胶等热带作物的经验教训，黄宗道与合作者提出了必须按照自然区划的原则，经济利用这块宝地资源，认为凡在其他地区可以种植的作物，尽量不要在热带地区发展，要建立自然保护区，严禁砍伐森林，以维护热带雨林的生态环境，保护我国热带生物资源。

黄宗道对我国热带地区，尤其是对海南岛和西双版纳的开发利用与维护生态平衡问题提交了多篇学术报告，组织中国热带作物学会召开学术讨论会，邀请有关学会的专家学者参加讨论。1981年，国家农业委员会、国家科学技术委员会和中国科学技术协会主持组织全国16个学会，派出一批专家考察海南岛大农业建设和生态平衡问题。作为中国热带作物学会理事长，黄宗道带领本会有关专家积极参加和组织了这次考察活动。他撰写学术论文《海南岛橡胶栽培三十年》，参加这次学术问题讨论，在讨论中详尽地向考察组介绍海南发展以橡胶为主的热作事业的历史和取得的成就，阐明了为适应我国热带自然环境条件而确立的橡胶生产综合技术体系，以及其在保证我国橡胶高产稳产、维护生态平衡中所起的作用与在学术上的意义，不仅同各方专家交流了学术思想，而且促进考察组专家统一了对海南岛开发利用的认识。

为了保护脚下深爱的热土，做到在保护中开发，在开发中保护，黄宗道还先后撰写了《合理规划，充分利用我国热带作物地区的土地资源》等论文报告，为合理开发我国的热带作物地区，建立良性循环的环境条件，保持生态平衡和建立巩固的橡胶等热带作物生产基地做出了突出贡献。根据海南岛自然环境的特点和热带作物生长习性的要求，黄宗道提出了按海拔高度划分作物带的具体建议：海拔50米以下为椰子带、50～350米为橡胶林带、350～500米为热带大叶茶带、500米以上为热带珍稀用材林带。在天然橡胶布局方面，黄宗道与合作者共同提出在海南岛优先集中发展最适宜植胶的几个县，以充分发挥土地的生产潜力，用最少的资金、劳动力、土地取得最大的产量。这些规划与建议成为海南岛合理开发利用热带作物资源的重要依据。

■ 出色的橡胶外交大使

就像著名的"乒乓外交"推动中美关系化冰一样，黄宗道也是一位"橡胶大使"，他与国外专家交流我国先进的橡胶科研成果，增进了中国同世界植胶国的友谊。尤其是在1980年担任国际橡胶研究和发展委员会（简称IRRDB）理事后，黄宗道积极参加国际会议开展学术交流，并开辟橡胶品种交换渠道，为我国引进了许多橡胶高产品种和巴西原始雨林中的野生种，极大地丰富了我国的橡胶种质资源。

20世纪50—60年代是我国橡胶发展的起步阶段，黄宗道曾多次远赴印度、印度尼西亚、斯里兰卡、柬埔寨、越南等国考察橡胶生产及橡胶工业情况，取回我国需要的橡胶树良种、先进的生产经验和科研成果。他和何康一起去印度考察时，有些印度科研人员不了解中国，更不相信中国的科技水平，一位植物病理学家表现得非常轻侮，黄宗道和他进行了有理有节的斗争，并以自己深厚的专业水平和流利英语折服了他。

随着我国天然橡胶生产的发展，我国逐步成为世界天然橡胶重要生产国之一。尤其是1980年以来，我国橡胶生产迈入了世界先进水平，橡胶科研在国际上的地位和声望也不断提高，国际交流日增。

1980年，经国务院批准，黄宗道作为我国天然橡胶专家参加了IRRDB在马来西亚召开的国际橡胶会议，成为IRRDB理事会的中国成员。同年，黄宗道受农垦部和联合国粮食及农业组织派遣，带领赵灿文、郑学勤赴巴西考察天然橡胶，这是我国首次访问巴西橡胶树原产地亚马孙。此后，黄宗道多方联系，于1981年派郑学勤参加国际联合考察队，深入亚马孙河上游，考察野生橡胶并采集高产树芽条和种子作为新的种质资源。通过这一途径，我国引进了大批优秀的野生巴西橡胶树新种质资源，为橡胶新品种培育建立了种质库。

1983年，IRRDB首次在中国召开国际天然橡胶会议，黄宗道作为大会主席主持会议，在大会向国际橡胶界展示了我国橡胶生产情况与取得的科研成果，宣布中国植胶突破北纬16°的禁区，轰动世界。同年，黄宗道应法国橡胶研究所的邀请，再一次作为团长带团赴法国及法属橡胶研究机构考察，与法国橡胶研究所建立了品种交换、人员互访、学习进修等关系。1985年，黄宗道赴马来西亚和印度尼西亚参加国际橡胶研究和发展委员会年会，应邀在大会上宣读了学术论文《中国天然橡胶的发展》。

1989年，黄宗道赴美国参加国际农业讨论会，应邀在大会上宣读了论文《中国海南岛热带作物发展战略》。同年，联合国粮食及农业组织驻北京办事处主任德西尔瓦参观了海南橡胶园的高产品种PR107试验，这位联合国官员、原斯里兰卡橡胶专家对黄宗道说："斯里兰卡是世界上最老的植胶国之一，但至今橡胶产量不高。你们的经验值得各产胶国推广。"参观结束后，德西尔瓦主动为热作"两院"申请100万美元作为全国垦区的专项推广费。

1985年，新加坡副总理、我国沿海14个开放城市总顾问吴庆瑞考察海南时对黄宗道说："中国的橡胶生产和管理应该向马来西亚学习，马来西亚橡胶亩产已达80～100千克。"黄宗道微笑解释道，橡胶树在18℃以下不能割胶，中国的海南一年约有240天温度高于18℃，而马来西亚、印度尼西亚等国一年365天都可以割胶，割胶时间比中国最少长120天。但是中国经过长时间的橡胶科研攻关后，已经克服了橡胶生产的不利自然条件，试验产量已达亩产200千克。

"哦，你们有什么法宝?"吴庆瑞惊诧不已，每年经过新加坡转口贸易的橡胶占世界橡胶"年"产量的 1/3，吴庆瑞顿时对眼前这位中国橡胶专家肃然起敬，忍不住向黄宗道请教。

黄宗道向吴庆瑞发出邀请："如果您有时间，请实地看看我们的胶园。"

吴庆瑞高兴地回答："好，我回去后立即派专家来参观你们的奇迹，学习你们的经验！"

此后，吴庆瑞给国务院写信："海南省有个华南热带作物科学研究院，他们的研究成果不亚于世界上最有名的橡胶研究部门，我们对中国的橡胶研究水平及其所取得的成果由衷地钦佩！"

据统计，20 世纪 50—90 年代初，黄宗道参加国际考察与学术交流活动共计 19 次，到过 20 多个国家，为促进我国橡胶界与国际同行的交流合作做出了突出贡献。

■ 情深不舍的临终建议

一片丹心耀热土，九曲百折终不悔。黄宗道院士深沉地爱着热作事业，直到生命最后一刻，还在为热作事业的发展建言献策。

1972 年，黄宗道重新回到科研岗位后，国家补发了他数千元工资，他拿出一半作为党费上交。许多人疑惑不解，黄宗道平静地说："国家还很穷，人民生活也不富裕。但橡胶事业要发展，国家要富强，这些钱是我为国家尽一份心意吧！"

在他心目中，党和人民及橡胶事业高于一切！

黄宗道的司机张先生介绍，1998 年，黄宗道的眼睛动过大手术，看书写作用眼半小时就会非常疼痛，但他还是以惊人毅力，坚持亲笔写完 4 万字院士科普丛书《天堂的种子——热带作物》一书。为了这本书，年事已高的他还亲自到兴隆、吊罗山、尖峰岭等地方去搜集资料，拿着放大镜一遍一遍校对稿件，张先生心疼地劝他保重身体，黄宗道笑着说："小张呀，做事要尽心，才能放心。"

2002 年 12 月 13 日，黄宗道因病住院动手术后一直昏迷不醒，终因医治无效，于 2003 年 4 月 26 逝世，享年 82 岁。热作"两院"首任院长、与他一道开创和建设我国天然橡胶及热带作物科研事业的何康闻讯后悲痛万分，提笔写道："数十载风雨同舟亲如兄弟恸哭失君，半世纪宝岛生根叶茂果硕笑慰长留。"中国工程院原院长徐匡迪在唁电中赞他："一生矢志爱国，追求真理，献身科学的优秀品质是所有科技工作者学习的楷模。"

邓超雄说，50年热土征程，黄宗道把一生心血洒遍中国热土，他无时无刻不记挂着热作"两院"在前进道路上的困难和问题。因病住院前几天，黄宗道还写下了对热作"两院"未来发展的设想和建议，但时间不允许他再系统地思考整理出来。如今已成绝响，这份建议书一字一句饱含深情，闪耀着黄宗道院士的爱与心血，至今仍有积极借鉴意义，现将全文抄录如下：

我们必须突出一个"热"字，热带作物、热带资源、热带环保、热带果蔬加工、热带海洋等。各项工作都要围绕"热"字下工夫。在"热"字上找一、两项下大工夫，天然橡胶是我们最有发言权的，已经获得国家两个一等奖，说明我们在这方面的工作是有基础的，也是最有实力的，要瞄准天然橡胶世界研究的前沿。据报道，马来西亚橡胶研究院已经与澳大利亚墨尔本大学合作，将人体抗性蛋白基因植入橡胶体内并能表达，最近又能将人体抗性蛋白收集起来，这项技术已经申请到美国专利17年。生物技术的研究，我们原来是走在马来西亚前面的，而现在我们是落后了，要奋勇直追，认识差距和不足，我们就能赶上去，我相信，我们也有这个实力。将来我们若能将每株橡胶树当成一个"生物反应器"，让它合成人类需要的各种贵重药品，合成各种人类需要的东西，那不是很好吗？海南有1亿多株橡胶树，每株都是一个无污染的"生物化工厂"，都能生产我们所需要的贵重东西，它的经济效益不只是现在的几倍、十几倍甚至上百倍。这也许是个梦，但我相信这个梦是能实现的。

除橡胶这个战略物资外，目前要集中力量注意生物石油问题。我国的石油很紧张，2000年，我国进口原油6 800万吨，占全国石油加工量的36%，随着未来经济的快速发展和能源结构的调整，中国石油的需求还会增大。

据预测，中国原油需求2005年季2.43亿吨，2010年季2.96亿吨，2015年季3.6亿吨。中国又探明石油可采储量约62亿吨，其中已累计采出34.6亿吨，剩余24.7亿吨。按2001年自采原油1.6亿吨计算，只可供采17年。因此，寻找石油替代能源已成为我国一项十分紧迫的战略性任务。

热带石油植物资源很丰富（略）当前我认为一个是牛角瓜。海南西南及西部海滨沙地易栽培，油含量高，不争土地。另一个是油棕。现我国已引进马来西亚最高产油棕：一公顷可产油12吨。我国由于气候原因估计上产一半即六吨，也就是一亩地也有800市斤油，这是了不起的。可用组织培养法培育新苗，集中力量，估计三五年是可以解决的。

做研究工作，不要浮躁，不要急功近利。必须持之以恒、坚韧不拔才会有所成就。安静下心来，不要有急躁的功利主义情绪。也许要奋斗一生，要有这个思想准备。希望三五年内能出一个像样的成果，这不是不可能的。

在这份建议的最后，黄宗道真诚鼓励热作热作"两院"，要大胆解放思想，团结拼搏，力争在"十五"计划期间，把"两院"建设成一个水平较高，具有鲜明特色地方特色的大学与科学院，在科技创新与科技富强中发挥更大的作用。

黄宗道院士和第一代热作科研工作者开创的"无私奉献、艰苦奋斗、团结协作、勇于创新"的热作精神，如日月之光，必将永远照耀着中国的热土，并永远在中国热科院传承、发扬下去。

刘
松
泉

刘松泉（1921—1992），男，浙江平湖人，我国第一代橡胶科研工作者、橡胶树选育种事业创始人之一；1945 年毕业于江西国立中正大学农学院农艺系，后在南京大学农艺系任职；1953 年调华南热带作物科学研究院橡胶研究所，历任助理研究员、副研究员、研究员、副所长、所长，享受国家特殊津贴；曾任原农业部科学技术委员会委员、国际橡胶研究与发展委员会理事、中国热带作物学会理事、海南遗传学会理事、《热带作物学报》编委、中国驻斯里兰卡大使馆三等秘书。

重要成果：先后引进橡胶国外优良无性系 208 个，培育出国内优良无性系四个，产量超过国外高产品系 20％；从特高产橡胶树基部取芽繁殖幼态无性系成功，突破世界橡胶树育种难关，产量提高一倍；牵头的科技攻关项目"橡胶树在北纬 18°～24°大面积种植技术"获国家发明奖一等奖，作为第一完成人的"橡胶树优良无性系的引种、选育和大面积推广应用"获国家科技进步奖一等奖；著有《论巴西橡胶树的产胶遗传性》《世界橡胶选育种工作的回顾与展望》《巴西橡胶选育种工作的现状和发展前景》《热带北缘橡胶树栽培》等。

刘松泉：为中国橡胶事业奠基铺路

"春蚕到死丝方尽，蜡炬成灰泪始干。"中国数千年文明史，总有许多这样为国家和民族奉献一生、九死不悔的人，他们推动着中华民族奋勇向前，屹立于世界民族之林。中国热带农业科学院橡胶研究所研究员、国家发明奖一等奖和国家科技进步奖一等奖获得者刘松泉，便是这样一位了不起的科学家。

他在祖国百废待兴之际，从繁华的六朝古都南京举家迁到偏僻且贫穷落后的海南儋州联昌，白手起家、艰苦创业、大力发展祖国橡胶事业，以打破西方列强对我国的封锁，无私无悔地奉献自己的毕生智慧。1990 年 5 月 15 日，时任中共中央总书记江泽民视察中国热科院时说："刘松泉老教授，你的艰苦创业、献身科学的可贵精神，我听了很感动。你们第一代橡胶科研工作者劳苦功高，为国家做出了特殊的贡献。"

■ 战乱中求学矢志报国

1921 年，刘松泉出生于浙江平湖。他注定将面对一个风起云涌的革命大时代，因为这一年，中国共产党成立了，要带领中国人民反帝反封建反官僚资本主义，要在彼时战乱频仍、外强入侵、内忧不断的中国进行新民主主义革命。

刘松泉从小亲历目睹时局动荡不安，百姓苦不堪言，战争炮火声不断，国内难以放下一张安静的课桌的情况。他矢志求学以救国，冒着生命危险，辗转读书上学。1937 年，抗日战争爆发，年仅 16 岁的刘松泉独身冒死离开家乡到丽水求学。

1937 年 11 月 5 日，日军偷袭杭州湾，平湖是日军登陆点之一。史载当时有十万日军偷袭，其中一名日军将领便是臭名昭著的谷寿夫，平湖境内并无主力部队，只有几个连队和地方警保人员共数百人，既无重炮，也无像样工事，平湖军民顽强抵抗，终因力量悬殊很快沦陷。

家乡沦陷后，在外求学的刘松泉没了父母亲人的支持，经济来源断绝，他靠校友和学校的救济继续学业。1938 年 2 月，日军首次轰炸丽水，此后数年间，日军陆续出动飞机 423 架次，炸死群众上千人，炸毁房屋 12 237 间，还发动了大规模多种类的细菌战。刘松泉记得，1941 年 5 月的一天，日本 20 多架飞机疯狂轰炸丽水，仅半个小时就把丽水夷为平地。

每天都有飞机在刘松泉就读的学校上空盘旋和用机枪扫射。在这危急关头，为了学生安全，学校不得已提前发放高中毕业证书，刘松泉跟着逃难的人群仓皇出走，又弄丢了棉衣棉被，身上只有一件单薄的衣物，每天步行 40 千米。饿了啃干粮，渴了饮山泉水，夜晚只能钻进稻草堆里取暖过夜。

时局维艰却难坠少年刘松泉的青云之志，他后来逃难到江西并考上国立中正大学农学院农艺系，虽有助学金，但额度只够温饱。勤恳聪明的刘松泉想出一个办法——在校园内垦荒种菜维持生活。无钱买衣，他常年仅穿一件毛衣和一条短裤，赤脚穿木屐，度过 -3 ℃的寒冬。尽管如此，大学四年间因为战乱又逃难两次，终于捱到毕业。毕业后，刘松泉在同学父亲的帮助下成为一名老师，靠着微薄薪资勉强度日。

1946 年 8 月，刘松泉到上海国立幼师任教。在上海三年里，他目睹国民党屠杀共产党人的暴行，于 1948 年在白色恐怖下加入中国共产党。后来，在中国共产党的关怀下，到南京农学院执教。

除了少年时代为躲避日军炮火，到处辗转求学的经历外，还有一件事坚定了刘松泉的追求和信仰。解放上海的战役中，刘松泉看到解放军为了保护人民生命财产安全，宁愿自我牺牲，也不用大炮和重机枪轰扫，这让他毕生难忘，成为他后来一生为祖国重要战略物资——橡胶而开展科技攻关的源源不绝的精神源泉。

■ 肩负使命举家迁海南

中华人民共和国成立不久，抗美援朝战争爆发，美国下令封锁我国港口，禁止其他国家把天然橡胶卖给中国，妄图以断绝这种重要战略物资供应的卑劣伎俩打击中国。

为此，中央决定扩大培植橡胶树，集中力量在华南大力植胶，以粉碎美国等西方列强的封锁禁运。1951 年 11 月，华南垦殖局在广州成立，由叶剑英元帅兼任局长，统管华南五省（自治区）植胶事业。苦于无橡胶科研支撑，中央决定于 1954 年成立一个保密的科研机构——华南特种林业研究所。1952 年，国家号召高等农林院校派出讲师以上人员，为筹建研究所提供技术支持。

彼时，刘松泉是南京农学院农学系讲师，生活舒适稳定，又已结婚生子。当国家发出号召要求知识分子为国分忧时，刘松泉有过激烈的思想斗争，但过去的苦难经历、屈辱的亡国逃难生涯一一浮现眼前，作为一名共产党人，刘松泉深知自己责无旁贷。他说服爱人周长园，于 1953 年 4 月带领全家离开南京，到华南特种林业研究所工作。

华南特种林业研究所设在广州沙面原英国领事馆内，研究对象是巴西橡胶树，在这之前，刘松泉从未听说过橡胶树，只能从头认识、学习橡胶树相关知识和技术。为了让科研更贴近生产，研究所认为橡胶科研要走"实践、认识、再实践、再认识"的道路，决定从调查橡胶园着手开展科研。1953 年 7 月，全所人员包括老教授分几路出发到海南老胶园调查研究，那时的海南极其荒凉落后，交通、生活都极为不便，研究所规定：出差都要带蚊帐、油布、大雨伞等行李，以便在无人烟的荒郊野地露宿。刘松泉被安排到海南那大调查队伍中，同时他还肩负着一个特殊使命：接管海南垦殖分局建在那大联昌的橡胶研究站（接管后改为研究所直属的海南联昌试验站）。

刘松泉在一篇回忆录中写道：20 世纪 50 年代，海南岛内岛外的交通设施落后，没有飞机，从广州到海南，要先坐车到海安，再乘船到海口。广州到雷州半岛是泥路，汽车开过红土飞扬，大家坐在敞篷车内，走了三天，到海安港个个成了"红毛鬼"。从海安到海南要过琼州海峡，一天只有一班轮渡。为了赶时间，大家坐很小的机帆船出发，船小不抗风浪，航行中，海浪不断拍打船顶，船身左右摇晃、剧烈颠簸，人人都吐出黄水，航行五小时才到岸。

刘松泉一行人坐最原始的汽车——木炭车从海口去那大，走曲曲弯弯的泥路。木炭车里放几排长凳，用手摇鼓风机鼓风，然后泼上水、产生蒸汽才能发动机器前进。木炭车的动力很小，时速不到 30 千米，遇到上坡，司机要停下用三角木块垫住后轮，再反复大力摇几次鼓风机，气足了再爬坡。所以，从海口到那大他们足足走了 2 天。这样落后的海南，远远超出了刘松泉的想象。

更糟糕的是到了那大后，调查队伍才发现，那大县城贫穷落后得远不如内地农村，全是低矮茅草房，没有旅店，饭店也很少，吃住难以解决。刘松泉和同事干脆直接去联昌接管那大橡胶研究站，结果到研究站后才发现，研究站最好的楼房是一座炮楼，然后还有一间大草房，既是实验室又是集体宿舍，工作台、床铺都是用对半剖开的竹子在泥地上搭起来的，非常简陋。

这些困难吓不倒他们，刘松泉带领调查队伍在联昌住下，以此为站点，到海南大大小小的橡胶园去做调查，寻找高产橡胶树，年年都要在广州和儋州联昌之间往返，每年有八个月的时间在海南搞调查。

1957 年，华南热带作物研究所党支部号召共产党员带头到最艰苦的基层去工作，从而加强基层试验站的研究力量，当时已是副研究员的刘松泉被任命为第四届联昌试验站站长。经过一番考虑，刘松泉认为自己从 1953 年起，年年都要到联昌试验站工作，吃苦惯了，没有什么克服不了的困难，可妻儿为了他已经从南京到了广州，现在又要让她们跟自己一起到联昌那贫穷的乡下生活，很对不起她们，毕竟还关系到儿女受教育等问题。刘松泉准备做妻儿的思想工作，没想到她们都表示愿意和刘松泉并肩而行，大力支持祖国橡胶科研事业。

1957 年 4 月，刘松泉又举家南迁到海南儋州联昌，那年他最大的孩子刘康星 11 岁，最小的两岁，4 个孩子与母亲一路跟着刘松泉从繁华的六朝古都南京迁到广州沙面，再从广州迁到当时很偏远很贫穷的海南乡下，全家的牺牲和对他事业的支持太大太大了。

■ 在草房研究站搞科研

刘松泉初到联昌试验站时，那里几乎就是一个草房研究站，除了低矮的茅草屋和阜屋里竹子搭的工作台、床铺，一穷二白，他和同事们白手起家、艰苦创业。

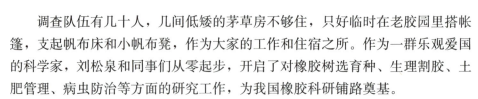
　　调查队伍有几十人，几间低矮的茅草房不够住，只好临时在老胶园里搭帐篷，支起帆布床和小帆布凳，作为大家的工作和住宿之所。作为一群乐观爱国的科学家，刘松泉和同事们从零起步，开启了对橡胶树选育种、生理割胶、土肥管理、病虫防治等方面的研究工作，为我国橡胶科研铺路奠基。

　　联昌试验站的四周被粗大的刺竹林包围，环境特别阴湿，老胶园中的杂草比人还高，中间藏着多种蛇类，如一二百斤重的大蟒蛇、追着人咬的滑鼠蛇、剧毒的竹叶青，尤其竹叶青通体青绿，经常缠绕在茅草丛上，很难分清蛇和草。

　　为了保护大家的健康，刘松泉向蛇医和草药医生学习，学会了用草药治疗被毒蛇和蜈蚣咬伤的有效办法。但是，在联昌试验站还有比毒蛇、蜈蚣更可怕的东西，那就是恶性疟疾。一个青壮年病后发两次高烧就会丧命。刘松泉和同事接管联昌试验站的前两月，就看到一位老工人因疟疾死亡。1954年，国家卫生部派专家到联昌试验站，协助防治疟疾，这种情形才逐渐改变。经过努力，在联昌周围4千米范围内，消灭了疟疾，联昌试验站也在大家的努力下，盖起砖瓦结构的实验室和少量宿舍。

　　刘松泉他们还面临着另一个巨大的困难，就是牙拉河阻隔了联昌试验站与外界的联系，遇上台风季节，牙拉河水上涨，联昌试验站对外交通几乎完全断绝，粮食不能及时供应到位，全站人这时只能用南瓜、甘薯、木薯、野苋菜等充饥。有一次，牙拉河水上涨多日不退，存粮吃完。为了运粮，刘松泉带着站里的年轻人来牙拉河边，在两岸两株大树上绑起钢丝绳，每人腰上绑上铁桶，手攀钢丝绳，下半身浸在河水内，一步一步攀到对岸，然后步行10多千米到那大，领到粮食后，雇车运到牙拉河边，又一手扶着装有大米的铁桶，一手划水把粮食送过河去，这样来回很多次才运完粮食。1955年，研究站找到日本人留下的旧铁轨，在牙拉河支流上架好两座桥，才解决了联昌试验站对外交通问题，生活、工作条件才略有改善。

　　1957年，刘松泉全家迁到联昌后，他也接任站长。他一到任就测绘了联昌试验站3 000亩地界图、接收西庆农场两个生产队，合并成立三队，归站领导，并开通了公路。当年，联昌试验站还建起一批宿舍和一座作为外国专家招待所的平房，创业小有所成。

　　1958年3月，华南热带作物研究所全部搬迁到那大。联昌试验站一下子增加了160多人，但当时联昌试验站是研究所的唯一基地，大家只能克服困难，挤着住下。一间15平方米的房间，中间拉一块帘布就要住上两家；有些人实在没有地方住，就住进茅草盖的小厨房里。当年，老天好像是要考验一下这批知识分子，不久便刮起一场 10 级以上的强台风，山洪暴发，大水冲进宿舍，家里的木箱、凳子都漂浮起来。站里开辟的三口鱼塘也受洪水冲击，堤坝全部崩塌，鱼儿在胶园中跳跃。台风过后，大家一起清理胶园和住所，晾晒衣物。随即不久，又接到上级下达的任务，要求联昌试验站在 500 亩老胶园采集 10 万千克橡胶种子，供农垦部门育苗。当时橡胶树的种子是十分珍贵的，人们曾把一粒种子比作一两黄金。党支部十分重视，动员职工各家大小一齐出动，都到胶园采种。于是，年轻的爬树采果，年老的砍平高草，小孩子就在地上拣新鲜种子。经过 10 天的昼夜奋战，终于圆满完成了上级安排的任务。

1958 年夏，华南农学院在宝岛新村开办海南分院，该校只派来七名教师，其他教师全部由华南亚热带作物研究所科研人员担任。为了适应新的形势，所党委提出"一统四包三结合"的方针，就是在党委统一领导下，研究人员包研究、包教学、包生产、包推广，科研、教学、生产三结合。科研人员既搞科研又当老师，和刚来的学生一起割茅草、编茅片、搭屋架、糊泥墙……几个月内就盖起一所茅房大学（即后来的华南热带作物学院）。当时学生一面上课，一面参与科研，还跟工人们学习芽接、授粉、割胶技术，培养动手能力。

刘松泉记得，从 1959 年开始，粮食供应更加困难。华南热带作物研究所每人每月的口粮定量为 19 斤，而且有时还得吃发霉的木薯干。吃不饱饿得慌：竹子开花了，有人就打竹米充饥；有人爬树采摘眼镜豆，浸水去毒后食用；有人拾非洲大蜗牛，用草去掉黏液后煮食……没有蔬菜供应，所里规定每人每天摘 3 斤野菜送到食堂，放到一口大锅内用清水煮熟后，再加把盐当蔬菜。

创业苦中有乐。虽然生活、工作条件差，但是为了鼓舞大家，何康所长要求每周六晚要举行交谊舞会和音乐会，因此全所充满昂扬向上的革命主义乐观精神，这一切鼓舞着刘松泉，给了他无穷动力。

■ 大规模引进 208 个橡胶良种

我国的橡胶种植，最初的方式是爱国华侨从东南亚国家带回橡胶种子和橡胶幼苗在云南和海南种植。1904 年，刀印生从新加坡引种橡胶苗到云南盈江种植成功；1906 年，何麟书在海南岛乐会县建成琼安胶园；1907 年，区慕颐、何子春从马来西亚引种胶苗建立侨兴胶园。这些存在半个世纪的老胶园把橡胶种子传播出去，到 1949 年海南岛共建立了 383 个小胶园。

但是，这些橡胶品种引种时较随意，种植多年，又加上胶园管理技术跟不上，品种退化，需要从中选择高产母树育种。1954 年，刘松泉带着一支选育种队伍，分片进入 300 多个小胶园挑选优良母树。当时，汽车只能到达大的市镇，到小胶园还得背上几十斤重的行李，每天步行二三十里路；饿了，吃随身带的甘薯、木薯、咸鱼片；渴了，喝凉开水、井水；困了，晚上找个破庙、祠堂，将地面扫一下，打开行李，铺上大油布，挂上蚊帐席地而卧。1954～1957 年，刘松泉和同事共选出 2 000 多株优良母树，为后来开展橡胶无性系繁殖储备了丰富的种质基因库。

这些还不能满足我国橡胶急需快速发展的需求，20 世纪 60 年代前期，刘松泉、谢邦正等还分别被派送到我国驻斯里兰卡和印度尼西亚大使馆，专门从事橡胶等热带作物的引种工作。刘松泉更是多次出访法国、马来西亚、巴西、泰国、斯里兰卡等国家，主要目的是引进橡胶优良品种和国外先进的橡胶种植管理技术。

1960—1962 年，刘松泉在我国驻斯里兰卡大使馆任商务秘书，当时正是国家经济困难时期，他的妻子因严重的营养不良导致全身浮肿。

刘松泉克服家庭困难，想尽一切办法从斯里兰卡引回优良品种 136 个，这是我国植胶史上四次大引种中的一次，短时间内满足了我国橡胶产业发展对良种的需求，对我国橡胶优良化和丰富我国橡胶遗传资源贡献卓越。

在中国被西方列强封堵拦截的严峻国际环境中，刘松泉能够引回 136 个橡胶优良品种，说明他不仅是一个出色的科学家，还是一个成功的外交家、活动家。

回国后，刘松泉一如既往地关注橡胶引种工作，只要有机会出国他都想办法引进新品种，前后共计引种 208 个。

为了把引进的良种尽快推广到生产中去，他领导育种组的科研人员一手抓种苗的快速繁殖，一手抓品种适宜性试验，将良种的年增量速度从 20 倍提高到 200 倍，并在全国垦区建立了 21 个适应性试验区。当时，国内指定由华南亚热带作物研究所统一领导布置华南四省的 21 个国外无性系适应性试验点，规定引回优良品种芽条增殖一年就要分送到各试验点种植。

由于原有的繁殖方法速度慢，跟不上形势，1962 年刘松泉回国后立即查找国外文献，发现马来西亚有一种用绿色芽片快速繁殖橡胶幼苗的方法，他立即翻译成中文并印成小册子送到各育种单位，同时指导工人进行芽接育苗，解决了我国橡胶事业发展初期对优良种苗的大规模需求，为我国在 20 世纪 60 年代中期实现橡胶良种化做出了不可磨灭的贡献。

■ 33 年选育出 6 个橡胶良种

橡胶树是常年生乔木，其选育种周期特别漫长，且其常规选育种工作只能在海南进行。

刘松泉自 1953 年开始橡胶选育种，每年都在联昌试验站高大的老胶树上进行人工授粉，树高二三十米，授粉架有三层楼那么高，高空授粉工作既艰苦又危险。橡胶雌雄花在不同时间成熟，到了授粉季节，刘松泉每天上午 7～9 点上树采雄花，将其放进有湿棉花垫底的小竹筒中，盖上盖子；10 点就带上水壶、干粮，把小竹筒套在脖子上，带把小镊子，爬到竹架上寻找含苞待放的雌花进行授粉。每天从清晨开始直到下午 2 点采粉、授粉工作才结束，中午饭也只能在授粉架或橡胶树上啃几条木薯，喝口冷开水。遇上雷雨季节，一声雷响，人还来不及下到地面，就被倾盆大雨淋得透湿。

经过长年研究观察，1957 年，刘松泉提出幼态发育研究课题。此后，他针对此课题锲而不舍坚持研究 33 年，终于在 1990 年完成阶段性研究，初步得出幼态无性系比其老态无性系高产 50%，生长快约 25% 的结论。这一阶段性成果为育种工作开辟了新途径，获农业部 1991 年科技进步奖二等奖、国家科学技术委员会 1992 年国家科技进步奖三等奖。

所谓的幼态发育，是指橡胶树干割胶低部位是发育阶段的幼态部分，而树冠高部位则属老态阶段，两者是不同发育阶段，产量不同，幼态的高产不能由老态无性系表达。经过多次实验，刘松泉证实无性系的产量和树冠割胶部位的产量呈极显著的相关关系。

为了验证这一理论，刘松泉另选 250 株高产树，注重树冠部位产量鉴定，再将高产胶树选出来繁殖无性系。幼态芽接能遗传母树的产量和其他性状，但是芽接成功率很低。他通过查阅国外文献了解到，只有 3 年生幼态树基部取芽而芽接成功的事例，对于年龄再大的树，因树皮太厚无法取芽。

为了突破这一技术难关，刘松泉和工人们一起商讨如何才能从 6 年生树取出休眠芽，大家反复研究、集思广益，直到 1974 年，终于设计出一种打芽器，成功地从 8 株 6 年生树基部取芽芽接，再从同一株树 4 米高的树干上取芽芽接，培育出 8 株树的低高部位芽芽接树。刘松泉称之为幼、老态芽接树。通过多年研究，刘松泉掌握了繁殖幼态无性系的方法，可以长期保持繁殖产量不变，平均产量比普通实生树高 28.6%，达到国外高产品种水平的有 28 个，高产品种选出率提高到 11.2%。1984 年，刘松泉在国际会议上宣布将从 6 年生橡胶树基部取芽芽接成功的研究结果时，立即引与会专家重视，许多国家纷纷要求刘松泉传授取芽方法。

于是，橡胶科研部门基于这一理论，以试区中选出 0.1％的高产无性系为亲本，进行杂交和无性系繁殖，经过数十年努力，将普通实生树株年产干胶 1 千克提高到 3～4 千克，最高产可达 6～8 千克。1962 年，在全国橡胶育种工作会议上，农垦部提出要在国内外优良无性系的基础上，交替进行有性杂交和无性繁殖，培育我国高产品种。全国使用优良国外无性系和国内抗风、抗寒性能强的无性系杂交育种，使全国橡胶产量从普通实生树株年产 1 千克提高到 3.2 千克。北部有寒害地区国外品种 GT1、IAN873，南部风害地区国外抗风高产品种 PR107，以及轻灾地区国外高产品种 RRIM600 成了当家品种。

人们常说十年磨一剑，刘松泉是 33 年磨一剑，他带领的育种课题组先后成功培育出"热研 88-13""PR107""热研 7-33-97""热研 2-14-39""热研 7-20-59""热研 44-9"等系列新品种，使我国橡胶产量提高 1～2 倍，为我国橡胶育种事业做出了突出贡献。

虽然我国橡胶选育种工作起步比国外晚 30 年，但是在刘松泉等老一辈橡胶科研工作者的努力下，差距逐渐拉近并实现超越：橡胶花药体细胞植株诱导、培育三倍体方法、苗期产量预测、幼态无性系培育等课题研究已走在世界前列。

■ "你为国家做了特殊的贡献！"

刘松泉一生钟情于橡胶事业，无论遭遇多少挫折与冤屈，无论成功还是失败，他都不忘初心、不改初衷。刘松泉在大学所学专业是园艺，改行搞橡胶育种后，通过刻苦学习，他很快就掌握了育种专业的相关知识；为了阅读国外文献资料，他通过自学熟练掌握了英语，在国际会议上能够用英语流利地宣读学术报告；为了更好地了解国外橡胶科技动态，60 多岁的他又自学了法语。甚至在 69 岁时，刘松泉仍然和中青年科技人员一道，头顶烈日，爬山越岭，深入橡胶林开展品种调查汇评，大力推动胶园更新、推广新良种。

刘松泉和所有老一辈热作科研工作者、热作垦区干部职工，奉献青春、热血，穷尽一生心血开创了祖国的热作事业。他们将我国的橡胶产业从 1949 年之前的 3.63 万亩、年产干胶 199 吨，发展到 1990 年的 902 万亩，列世界 41 个产胶国家的第四位，年产干胶 26 万吨，列世界第五位。他参与的科技攻关项目"橡胶树在北纬 18°～24°大面积种植技术"获国家发明奖一等奖、作为第一完成人的"橡胶树优良无性系的引种、选育和大面积推广应用"获国家科技进步奖一等奖。

半个多世纪以来，历任国家领导人都前往中国热科院视察，对刘松泉等老一辈热作科学家给予极高的评价和肯定。

1960 年 2 月 9 日，周恩来总理视察中国热科院，品尝木薯糕点、参观红专展览室，和全体干部师生在研究大楼前合影留念，刘松泉的大儿子刘康星就坐在总理左前侧。2 月 10 日，周恩来总理为热作"两院"书写院名，并亲笔题词"儋州立业　宝岛生根"，鼓励师生员工艰苦奋斗，坚持搞好橡胶和热作的科研教学工作。

1990 年 5 月 15 日，时任中共中央总书记江泽民视察了热作"两院"。刘松泉代表中国第一代橡胶树科研工作者向其汇报了中国热科院艰苦创业的历程和为橡胶事业做出的贡献。江泽民听后给予充分肯定和高度评价，认为应该将这些情况好好给青年一代讲一讲，江泽民说："刘松泉老教授，你的艰苦创业，献身科学的可贵精神，我听了很感动。你们第一代橡胶科研工作者劳苦功高，为国家做出了特殊的贡献。"

■ 为科研延续无私传承

作为一名在社会上知名度较高、又取得过很多成就的科学家，刘松泉甘愿为中青年的科技人员脱颖而出作人梯，好让橡胶科研队伍一代一代传承下去。

刘松泉对中青年科技人员一是信任，放手让他们去干、去闯、去摔打；二是严格要求，在 20 世纪 60 年代初期，他就对育种科技工作者言传身教，提出"四会"要求：会芽接，会人工授粉，会识别品种，会搞田间试验设计和材料的统计分析；三是热情关心帮助，有的科研人员生病了，刘松泉会主动上门诊病给药，甚至熬好药汤送到病人面前。有时因试验需要，刘松泉的助手中午不能回家，他就陪伴在旁，买来速食面，烧好开水。同事们在专业上有问题向他请教，他总是不厌其烦地给予帮助，甚至专门去查找文献。

刘松泉对身边的人总是平等相待，热心相助，从不论其地位的高低贵贱。在生产队劳动期间，他经常主动帮助工人解决生活困难，和工人打成一片。

20 世纪 80 年代中期，刘松泉从领导岗位上退下来后，仍多次向所领导提出建议，要重视对青年科研人员的外语培训，要求他们既要有扎实的理论知识又要有坚实的实际操作能力。

经刘松泉翻译收集的资料达几百万字，在他办公室的书架上整齐地放着几十本笔记本，记录着他查阅的大量国外文献资料和深入到生产第一线调查研究所记录的大量详细资料。即使病危在床，生命弥留之际，他心里还想着橡胶育种研究的课题，还想着如何将数十年的研究所得传承下去，他把几十年查阅文献及外出调查研究记录的 174 个笔记本、文献资料交回给橡胶研究所，好为后来的研究者提供科学参考和理论依据。

■ 生命最后的日子里

刘松泉有一副乐于助人的热心肠。他跟着老中医岳父学了中医，常帮人免费看病，来找他看病的人有领导、普通干部、工人和家属。为了方便病人，他在有限的工资中，每个月拿出几十元钱，在家里设立了小药房。有人来看病时，他将处方连同中药一起送给病人，不收取任何费用。

刘松泉生活十分简朴、一生廉洁，向来以低标准来要求自己和家人。生活用品是他平时因陋就简、修旧利废制作的。最简单的木制家具，用得破破烂烂还舍不得丢，坏了刘松泉就自己修好。他因此学会了做木工活、修理收音机、钟表、钢笔……就连装各种荣誉证书、珍贵相片的袋子，也是一个装过化肥的塑料袋改装的。1984 年世界银行专家林保罗先生要到刘松泉家中拜访，他不得已才买了一套木沙发，一直用到去世。他多次出访法国、马来西亚、巴西、泰国、斯里兰卡等多个国家，可他从不住豪华宾馆，从不上高级饭店，宁愿到我国驻外大使馆的招待所食宿。1980 年他到马来西亚参加亚太贸易发展会议，主人把他与其他外国专家一起安排在一家豪华大酒店，一天食宿费 250 美元。刘松泉婉言谢绝，仍然住到我国大使馆去，为国家节省 2 500 美元，回国后如数上缴。

他常说，"中国还没有到享受的时候，丢掉艰苦奋斗的传统很危险……"在科研工作中，刘松泉十分注意节约，他的课题组 1981 年成立，直到 1986 年才建立一个实验室，之前的试验工作都是借用别的课题组的实验室开展的，就为了省些经费来支持田间试验。有一次上班途中经过垃圾池，他见到一个10 毫升的玻璃量筒，筒底破裂，便捡回家将破裂处粘好送到课题试验室，这个量筒至今保存在试验室。

院里为了照顾高级专家和副处级以上的干部，规定每烧一瓶煤气可以补贴20 元。刘松泉却对妻子周长园说，多拾些木柴烧饭，少用点煤气。妻子以为刘松泉要把省下的煤气送给女儿家烧，便让女儿按月将父亲节余的煤气罐拿回去。刘松泉知道后，语重心长地对家人说，"这是国家对高级专家的关怀，我多烧柴少用煤气，是想为国家节省点钱，子女不能沾这个光。"

刘松泉去世后，妻子周长园在接受记者采访时，拎着一个盛过化肥的旧塑料袋，里面装着丈夫荣获的各级荣誉证书、奖状、奖章，还有与江泽民总书记等中央领导同志座谈的合影照片。周老太太感慨地说："老刘住院前想买只箱子，把这些珍贵的奖状、证书和他的论文、研究资料好好保存起来，住院后又不让我买箱子，说是要把这买箱子的钱省下来治病，尽量少花国家的钱。"

由于为祖国橡胶事业呕心沥血，加上饮食起居过于俭省，刘松泉生病了。1991 年 9 月，他抱病赴京参加全国农业会议；10 月，他继续抱病给入学新生和青年教师、科研人员做报告：介绍自己 40 年"宝岛生根 儋州立业"的创业历程，使年轻人找到了奋斗的目标和人生的意义。

可他的病日益严重，疼痛迅速扩展至全身，笔拿不住，书翻不开，字看不清，他还坚持让助手扶他进实验室工作。1991 年 11 月，刘松泉不得不暂时放下他的研究课题，到广州住院接受治疗。医生诊断为癌症晚期，只有两三个月的生命了。

从广州确诊回到海南后，刘松泉被安排在海南省人民医院康复中心，以尽量延长其生命。"不行，我要回'两院'去，我不需要在这里康复，哪怕躺在'两院'里，我还可以指导助手研究工作，还可以为橡胶所科研工作出出主意。"最终，刘松泉被送回热作"两院"，他满脸病容的脸庞上洋溢着笑容。

陪护在病床前的刘松泉外甥张权说，刘老在海南人民医院康复中心只住了一个星期就回来了。原因是他不愿国家为他花太多的钱。妻子周长园更理解丈夫的心：为国家省钱是一方面，另一方面他还拼命想为祖国的橡胶事业发挥更多更大的作用。

刘松泉在顽强地和病魔进行斗争时，仍然牢记自己是一名共产党员。1992 年 10 月份起，刘松泉开始享受政府特殊津贴，工资从 300 多元涨到 492.9 元。拿到第一个月的特殊津贴后，刘松泉便找到占赛荣，递上党费证和工资单，让他帮忙计算每月党费该上浮多少。占赛荣感动地推开刘松泉的手说："您还重病在身，增加党费的事不用着急。"

刘松泉一把攥住占赛荣的手，严肃而恳切地说："我首先是个共产党员，我这一辈子连生命都是共产党的！"

"刘老，我理解！"占赛荣眼含热泪地接过刘松泉那用过 44 年的党费证，他反复计算后得出这笔党费应是 7.8 元。刘松泉交了 10 元党费，高兴地走了。

1992 年春节，刘松泉重病无法行走，不得不再次入院，女儿刘康宁去医院看望父亲，刘松泉颤抖地从枕头下取出党费证，双手捧到女儿面前，让女儿把 2 月份的党费交给党组织，剧烈的疼痛使他脸上渗出豆大的汗珠。

1992 年 5 月 20 日，刘松泉病逝。他一生主持和参加编写、翻译出版的科技著作、手册共有六本，发表学术论文与科学报告 20 多篇，取得了 18 项科研成果，有两项分获国家发明奖一等奖、国家科技进步奖一等奖。他的一生是为我国橡胶育种事业奋斗的一生，是我国橡胶科研事业的奠基人之一，他为橡胶育种事业做出的卓越贡献，将永远载入中国橡胶科技事业史册。

吕飞杰

吕飞杰（1943.11—），男，汉族，福建厦门人，中国共产党党员，农产品加工学专家，博士生导师；从事化工、高分子物理的教学和科研工作；1964年毕业于华南热带作物学院作物产品加工系，1982年赴美国马萨诸塞大学高分子物理系进修；归国后，历任原华南热带作物学院、华南热带作物研究院讲师、教授、副院长、常务副院长、院长、党委书记；中国农业科学院院长、党组书记；原国务院扶贫开发领导小组副组长兼办公室主任，党组书记；中国热带作物协会理事长，中国农村专业技术协会理事长。中国共产党第十五次全国代表大会代表、候补中央委员，第十届全国政协委员。

重要成果：参加研究的颗粒橡胶加工新工艺获全国科学大会奖；发表论著10篇，代表性论著有《聚偏氟乙烯在电场作用下微观结构变化》《天然橡胶结构分析》等；1986年，国家科学技术委员会授予其"有突出贡献的中青年专家"称号。

吕飞杰：致力脱贫的热作"两院"老少年

"心爱的'两院'，归来我仍然是少年，你是我永远的家。"很难想象，这句饱含深情又颇具浪漫情怀的话，出自一位70多岁的老人之口，他就是吕飞杰，一位从原华南热带作物学院毕业，又在华南热带作物研究院从事科研工作、领导工作的"老少年"，是中国热科院建院55周年突出贡献奖获得者之一。

他一生为农，情系天下，为农民的需求奔走疾呼；他胸襟宽阔，不计名利，为农业科技事业奉献汗水和智慧，诠释出一名中国农业科技工作者的职责和担当。如今，吕飞杰已过古稀之年，依旧在为农业科技推广而忙碌，依旧在为科技兴农而努力，仿佛真是有用不完力气的一位"少年"，谈起他为科技扶贫、扶贫开发所做的不凡贡献，他始终谦逊地表示"那都是些平凡的事"。

■ 永远的热作"两院"少年

成立于1958年的华南热带作物研究院、华南热带作物大学，曾是中国最早的热作科研机构和培养热作科技人才的高校，并称热作"两院"。虽然，随着 2007 年华南热带农业大学与海南大学合并，热作"两院"作为一个整体已成为历史，但它仍是很多热作科研工作者心里一份不舍的牵挂或者说难以割舍的情结。因为他们在这里度过了自己青葱的少年时代和奋斗的中青年时代。

吕飞杰便是其中一员，无论他后来成为中国农业科学院院长，还是原国务院扶贫开发领导小组副组长，在他心中，自己还是热作"两院"那个充满梦想、勤学不辍、痴迷热作科研的少年。2018 年，吕飞杰参加当年的同学、老师、同事在云南举办的教师节聚会，在聚会上他毫不掩饰自己的热作"两院"情结，热泪盈眶地说："心爱的'两院'，归来我仍然是少年，你是我永远的家。"

见过吕飞杰的人都知道，他幽默善谈，豁达洒脱，思辨敏捷，精力充沛，的确始终有一份"少年"心性。从 1960 年考入华南热带作物学院，至 1994 年调离中国热科院，他在这片炽热的土地上，工作生活了 34 年，从青葱少年长成奋进的中年人。

1943 年 11 月，吕飞杰在福建厦门出生。出身书香门第，又加天赋聪颖，吕飞杰小小年纪就入学读书，后来他又随父亲迁往广州，在那里度过中学时代，后考入华南热带作物学院。据了解，大学期间，吕飞杰品学兼优，他善于学习、热爱运动，是班级里的活跃分子和颇有号召力的学生干部。

1964 年，吕飞杰因学生时代的优异表现，被安排留在热作"两院"工作，既从事教育又从事热作产品的加工科研。可惜的是，没过几年，在 20 世纪60 年代中期，吕飞杰和热作"两院"很多科研工作者一样，被撵出实验室停掉教学任务接受劳动改造"再教育"，吕飞杰被下放到农场劳动锻炼。

1970 年，在海南荒山野岭参与建设我国第一座机械化橡胶加工试验工厂、第一座生产型烟胶片工厂的邓平阳专家成功申请了"天然橡胶新产品——国产标准橡胶的研制"课题，吕飞杰一边任教，一边和马超鹏一起负责这个课题中"剪切法生产标准胶"的分项目实施。

已经历人生风雨沧桑的吕飞杰还是那位从前在热作"两院"球场上奔跑的少年，他不仅有着干事业搞科研的冲劲，还有着无穷的创造力。他长期从事天然橡胶和热带农产品的加工工艺、分子结构与性能研究，最终成功研究出"剪切法标准胶生产工艺"，技术先进，生产效率高，能耗低、成本低，已广泛应用于我国的橡胶生产，经济效益显著。

吕飞杰对热作"两院"、对中国热土感情深厚，在他心中他始终是热作"两院"那个热血的追光少年。华南热带作物研究院在他当院长时更名为中国热带农业科学院，随后他调离海南到北京任职，即使在他任国务院扶贫办主任，甚至在退休之后，他都会经常回热作"两院"参观看望，经常去海南这片热土上走走瞧瞧，为下一步发展提建议。

2005年，吕飞杰就以前瞻的目光，提出要办《热带作物学报》英文版，让《热带作物学报》走向世界，提高《热带作物学报》在世界上特别是对同处于热带的东南亚地区的影响力，成为我国热带作物科学研究和国际技术交流的一个重要窗口。

他曾应邀回中国热科院做题为《发展中的中国农业科技》的报告，在报告中指出中国农业科技工作者肩上承担的重任，鼓励中国热科院人准确把握中国作为传统农业大国对世界的农业的定位，把传统的农耕文明与高新技术结合起来，开拓创新，为党、为人民、为人类做出更多的贡献，创造中国热科院新的辉煌！

2017年，在重访海南热带植物园时，吕飞杰建议，海南热带植物园要在海南省全域旅游的大环境中借势，重点挖掘"三大文化"，一是与桄榔等植物相关的苏东坡文化，包含苏东坡诗词文化；二是与菩提树、贝叶棕、无忧树等植物有关的佛教文化；三是"宁可吃无肉，不可居无竹""高风亮节"的竹林文化。

2019年，建国70周年时，76岁的吕飞杰来到中国热科院试验场，为大家深情回顾了热作"两院"的奋斗史，指出60多年前，我国的橡胶事业、热作科研事业正是从试验场起步的，讲到老一辈热作"两院"人草房上马办大学、办科研机构时，他几度哽咽落泪，依然是当初的少年情怀，对先行者景仰钦佩不已。

■ 研究成果轰动美国

1982—1984年，吕飞杰被派往美国马萨诸塞大学进修高分子科学。进修结束后，他又被派去参加中美科技合作研究。

在美国进修期间，吕飞杰是最勤奋的学生。他的导师、高分子光谱专家徐晓林告诉他，马萨诸塞大学是美国主要的高分子科研中心，因而建议他主攻光谱，研究高分子结构的方法更好。

导师的建议，让吕飞杰想起临行前热作"两院"党委的嘱咐："我国橡胶事业发展不快，主要是基本理论研究开展不起来。希望你在美国进修期间，学习掌握国外先进设备和技术，研究高分子结构，这对发展我国橡胶事业意义重大。"祖国的需要，就是吕飞杰学习的动力和志愿。尽管高分子材料出成果很难，他还是毅然选择将高分子结构研究作为进修的主要项目。

为了学好这个专业，留美两年期间，吕飞杰把精力和时间全部倾注在学习和工作上。从黎明到深夜，他每天坚持工作十几个小时，深夜回到宿舍，同学们早已熟睡。他做试验走的弯路比别人多，每取得一点进步，都不知道经历过多少次失败。起初，他跟一名意大利教授工作，试验进行得比较顺利。三个月后，他便开始独立承担课题，而且是研究动态形变过程的分子结构变化，难度大，数据重现性差。整个暑假，他日日夜夜工作在实验室，有好几个周末的晚上，导师徐晓林教授巡查实验室时，都看见他在聚精会神地埋头试验，徐晓林教授检查吕飞杰的实验笔记时，发现他做了 100 多次试验（每次试验都需要 6~7 个小时）才完成整个课题。因此，徐晓林教授经常以吕飞杰为例教育其他学生："吕飞杰做了上百次试验才成功，你们有没有决心坚持 100 次试验？"

1983 年，吕飞杰开始进行高分子物在电场作用下的试验，这个试验从样品制备到把样品放入电场，需要多次重复，实验仪器电场电压高达 3 000 伏，危险性极大，一直都没有人完成这个试验。吕飞杰克服重重困难，终于打开了电场试验的通道。他的导师检查试验仪器使用记录本，发现吕飞杰的工作时间是其他人的 3~4 倍，称赞道："吕飞杰，你是用勤奋来写论文的。"

通过几年学习与合作研究，吕飞杰应用美国最新发展的力学——振动红外光谱技术，潜心研究高分子共混材料合成的理论和应用方法，分析分子间相互作用机理及结构与性能关系，具有国际先进水平，先后在美国、英国的相关杂志上发表了《聚偏氟乙烯压电性机理研究》《聚苯乙烯/聚甲基醚乙烯共混物结构研究》《热塑天然橡胶的结构与形态研究》等研究论文。这些论文发表之后，在国际高分子研究领域引起了极大轰动。

特别是吕飞杰的聚偏氟乙烯压电性机理研究，在国际上首次指出强电场可以改善聚偏氟乙烯微观结构的取向变化，这种变化提高了该分子特殊晶相的生成率。这一项意义重大的研究成果，被美国科学基金会列为 1982 年度重大科研成果，并申请了专利，使国际同行们对中国科学家刮目相看；吕飞杰对共混高聚物结构开拓出的新领域，被国外专家认为"为高分子共混物形态学提供理论依据，为包括天然橡胶在内的高分子共混材料合成提供了应用方法，有重要的应用价值"。他的研究成果被美国 10 多家公司购买采用，并被列为美国国家科学基金会 1983 年度重点介绍成果之一。

吕飞杰因此在美国高分子界崭露头角，先后特邀在全美物理年会、全美化学年会、全美化工年会上作报告。

1985 年，吕飞杰在由联合国工业发展组织主持召开的国际天然橡胶复合材料会议上，用流利的英语介绍他的研究成果："……振动红外光谱技术观察表明，聚苯乙烯/聚甲基醚乙烯两种高分子化合物共混，两者在宏观上变形，必然影响它们的微观结构的取向变化，这种变化对于生产复合材料无疑具有指导意义……"

这是吕飞杰首次在国际上阐明天然橡胶中凝胶和溶胶二者之间在分子结构上的差异。他的发言语惊四座。在主席台上就座的一位高分子化学权威挪过身体问会议主持者，"Where is he from，Japan?"（他来自日本吗?）主持人回答："No，China."（不，中国。）在这次大会上，他为中国赢得了荣誉。

此外，吕飞杰主持的"天然橡胶结构研究""天然橡胶共混物研究""天然橡胶短纤维复合材料研究"等课题，均被认为具有国际先进水平。

■ 学成归来报效祖国

通过进修学习，吕飞杰掌握了用红外光谱来研究高聚物分子结构。我国是世界上主要橡胶生产国之一，天然橡胶是高聚物，把天然橡胶与塑料共混，可以提高天然橡胶使用性能，降低成本。

吕飞杰的研究成果，可以帮助相关人员正确选择最优的橡胶掺和物的组成和工艺条件，从而为发展橡胶新品种、新材料提供理论上的指导，对我国高分子特别是橡胶事业的发展起到促进作用。

1983 年，学习期限将至，归国日期在望，导师徐晓林邀请吕飞杰留美工作，报酬颇丰。吕飞杰却说："我学习国外先进科学，是为了更好地建设祖国。"于是，他婉言谢绝导师好意，于 1984 年归国回到他心中永远的热作"两院"。由于吕飞杰在高分子科学上的突出贡献，回国后不久，他便从讲师被破格晋升为教授，还被提拔为华南热带作物学院副院长。1986 年，国家科学技术委员会授予他"有突出贡献的中青年专家"称号。

在热作"两院"工作期间，即使后来担任行政领导，吕飞杰也用其充沛的活力，始终坚持在教学、科研第一线。在教学上，他善于言辞、表达生动、深入浅出，又颇具幽默感，常常是在第一堂课就唤起学生们对这门课的兴趣。熟悉他的人都知道，他总要争取机会到学生中去，热心和跻身于各种社会活动，即使担任副院长，他也自荐出任院机关篮球队教练。在科研方面，吕飞杰执著钻研、大胆创新，一直从事天然橡胶和热带农产品的加工工艺、分子结构与性能的研究，取得了突出成就，先后在国内外学术刊物上发表了多篇颇有影响的科学论文。

1990年5月，时任中共中央总书记江泽民到热作"两院"视察，参观了高产橡胶园。黄宗道、潘衍庆、吕飞杰等向江泽民汇报了热作"两院"32年来所取得的成就和橡胶发展前景、科技开发等情况。

1994年，吕飞杰调任中国农业科学院任院长兼党组书记。当时，中国正面临社会转型，农业结构发生调整，信息科学和生物技术正在全面兴起。吕飞杰不忘身为农业科技工作者的重担，他认为，作为一支国家级的农业科研队伍，要加快信息技术和生物技术的发展，并为中国的"三农"发展服务。在他的坚持下，将这些新发展起来的技术应用到了棉铃虫的防治上。根据吕飞杰将常规育种和生物技术结合的思路，中国农业科学院成功培育出一批适宜于中国主要棉区的优良棉花品种，促使国产抗虫棉产业迅速崛起。20世纪90年代，他致力于农业科技、农业宏观管理及农业科技体制改革研究，主持完成原国家计划委员会、科技部农业科技政策宏观研究课题，主持、参加多项农产品加工的课题研究，主要研究方向是大宗农副产品的深加工及其综合利用研究、农副产品中天然有效活性成分的提取，分析测定与生物学、药理学作用研究及其功能食品的研制与开发等。

他不忘"科技扶贫"，在中国农业科学院，他带领农业专家开创了科技学农的"唐河模式"，是我国科研院所与地方共同合作的典型范例，得到时任国务院副总理温家宝的批示和肯定。

2001年，吕飞杰调任国务院扶贫开发领导小组办公室（现国家乡村振兴局）主任，从一名农科科研人员到帮扶全国人民脱贫的行政领导，他说："责任更大了，担子更重了，也能为中国农民做更多事情。"

他在国务院扶贫开发领导小组办公室一直干到退休，为中国的扶贫事业奉献出了自己的全部力量。他时常接受中外媒体记者采访，就他们关注的中国扶贫问题深入细谈，他很有信心地说，中国特色社会主义制度在扶贫上具有巨大的优越性，中国的扶贫开发是举国之力的政府行为，纳入国民经济和社会发展计划，是有计划、有组织、有规模的扶贫行动，还动员了全社会的力量广泛参与，中国一定能通过自己的努力解决贫困问题。

担任国务院扶贫开发领导小组办公室主任后，吕飞杰的目光虽然关注着全中国的农民，但是他对热土地上的"三农"问题，有一份更深的情结，在退休后还担任了中国热带作物学会名誉理事长。橡胶、木薯都是热区重要的经济作物，他鼓励发展民营橡胶产业，帮助热区农民脱贫致富。天然橡胶投入低、对土地要求不高、市场风险较小，且耐储存、运输方便，而且经济寿命长，可为胶农提供几十年稳定收入。他在作为海南省政府咨询顾问期间，致力于将发展民营橡胶产业作为热带农村脱贫致富的支柱产业，作为我国热区开发式扶贫的重要手段。此外，他还多次到儋州、白沙、保亭等市县去考察民营橡胶的种植情况。

同时，吕飞杰也认为木薯饲用化发展为脱贫和木薯北移提供了一个有力的武器，能盘活整个木薯产业，并提出了"宜薯则薯，宜叶则叶，长短结合，两条线推进"的木薯饲用化发展模式。

2006年起，吕飞杰担任国家木薯产业技术体系总顾问，致力于木薯发展和加工综合利用研究，承担行业科研专项子课题。研究内容属国际前沿，进展良好，已取得初步结果，得到国际热带农业研究中心木薯首席专家高度评价。关于木薯加工研究，吕飞杰已有一篇论文被 SCI（Science Citation Index，《科学引文索引》）收录，并申请发明专利一项。

吕飞杰关注木薯产业发展，每年的木薯产业体系会议，他都会坚持参加。2019年，国家木薯产业技术体系任务启动会在澄迈召开，吕飞杰不顾76岁高龄，出席会议，为木薯产业发展建言，要求木薯产业体系必须按照中央1号文件要求，抓重点、补短板，做好示范推广工作，为热区农民脱贫致富做贡献。2020年11月，木薯北移及多元化利用研讨会在海口召开，吕飞杰如期到会，他仍然关注木薯产业与科研，为木薯北移育种指明新的研究方向。

山一程，水一程；风一更，雪一更，吕飞杰虽已是耄耋白首，大半生出归来，还是永远的热作"两院"少年，他始终不改初心，依然心系热土，情牵中国农民。

郑学勤

郑学勤（1929—），男，安徽黄山人，中国共产党党员；我国著名天然橡胶、热带作物科学家，橡胶遗传育种及生物技术专家，中国热带农业科学院热带生物技术研究所首席顾问，曾任国务院学位委员会学科评议组成员、国际热带农业中心（International Center for Tropical Agriculture, CIAT）CIAT 亚洲木薯育种委员会委员、新加坡农业分子生物学研究所中新生物技术合作项目顾问、中国热带作物学会常务理事、中国农业生物技术学会理事、中国热带农业科学院副院长，联合国粮食及农业组织顾问；1994 年国家计划委员会、科学技术授予他全国国家重点实验室先进个人金牛奖，1995 年国务院授予他"全国先进工作者"称号，1999 年入选为全国劳模百名代表，参加新中国成立 50 周年大庆天安门观礼，2019 年被评为共和国"最美奋斗者"。

重要成果：作为主要完成人的"橡胶树在北纬 $18°\sim24°$ 大面积种植技术"获国家发明奖一等奖、参加主持的"橡胶优良无性系的引种、选育与大面积推广"获得国家科技进步奖一等奖、主持的国家攻关专题"橡胶热作种质资源鉴定评价的研究"获得国家科技进步奖二等奖、"橡胶野生资源研究"获得国家科技进步奖三等奖；参加国际探险队，深入亚马孙雨林采集大批野生橡胶树种质资源，鉴定出一批优异种质，对中国橡胶育种意义重大；主持的无核荔枝项目被列入国家 863 计划和农业部跨越计划，并获得 2006 年度何梁何利基金"科学与技术创新奖"中的区域创新奖；在研究橡胶树染色体和细胞工程方面，把橡胶学科的整体水平、细胞、分子水平有机结合起来，进行了系统的开拓性研究，创造出一年内即可诱导出橡胶树三倍体的新方法。

郑学勤：学而勤思奋斗最美

他人如其名，一辈子都在学习、思考，勤于奋斗，利用自己的专业知识助推国家橡胶事业的发展与创新，他是已退休的中国热科院研究员郑学勤。

"我跑遍了世界上种植橡胶的国家"，郑学勤自豪地说："生命在于拼搏，奋斗最为美好。只要我还有一分热，就让它在祖国的橡胶、热作研究上闪光。"

■ 我国橡胶科研事业开创者之一

郑学勤，出生于安徽省黄山市塌田村，5 岁入私塾接受教育，6 岁随父亲前往南京就读于莲花桥小学。1948 年，郑学勤考入苏州东吴大学生物系。

1952 年，郑学勤大学毕业后被分配到当时林垦部的热林司工作。1957 年，原华南特种林业研究所改名为华南亚热带作物研究所，划归农垦部领导，并任命何康为所长，农垦部要求华南亚热带作物研究所搬迁到海南橡胶生产一线，让科研与生产实践相结合。何康到任前，从热林司抽调了几名高中级科技人员到华南亚热带作物研究所工作，以加强研究所的科研力量，其中便有郑学勤，他也因此成为热作"两院"最早的一批科研人员，成为我国橡胶科研事业的开创者之一。

来到海南儋州后，郑学勤切身感受到了"垦荒"的含义。为了种植橡胶树，他和其他专家一起挑着担子在密林中穿梭，手握砍刀披荆斩棘，提防随时可能出现的毒蛇猛兽；为了培育高产橡胶，他一次又一次地深入胶林，搭帐篷住吊床，从实生树中选择单株产量高、并具有遗传性的母树，还要在密林中支着铁锅煮水给试管消毒，并攀爬到树上授粉。一顶帐篷、一块油布、一把雨伞、一袋干粮，伴随着他度过无数个勘察橡胶宜林地和选育良种的艰苦岁月。

回忆起刚来海南的情形，郑学勤说："我刚来海南时太苦了，当时海南经济落后，吃的东西都很少，就酱油拌饭吃。现在条件多好啊！现在科研条件太好了。"

■ 深入亚马孙引进高产橡胶

亚马孙热带雨林是巴西橡胶树的故乡，那里有大量的野生橡胶树资源和潜在高产抗性遗传基因。早在 1876 年，英国人亨利·魏克汉从亚马孙热带雨林采集了约 7 万粒橡胶种子送回伦敦皇家植物园，又将部分苗木分运至斯里兰卡、新加坡等地，从此，橡胶随着世界工业的大发展，被扩散种植到了世界热区。

1980 年 7 月，中国热科院橡胶专家黄宗道、赵灿文、郑学勤受农垦部和联合国粮食及农业组织派遣，组成赴巴西天然橡胶考察组，考察巴西主要野生橡胶树的生态环境和利用，以及巴西橡胶栽培、品种改良和南美叶疫病的防治情况等。在考察中，他们了解到一个重大消息：从亚马孙河流域扩散出来的橡胶树，经过 60 多年栽种，品种严重退化，遗传基因已告贫乏，必须补充大量新的遗传基因，以创造更高产和更抗病的新品种。国际橡胶研究和发展委员会多次开会研究组建国际联合考察队，决定到生长着"奇迹橡胶树"（单株产干胶可达 100 千克）的亚马孙河上游一带开展野生橡胶考察，采集高产树的芽条和种子作为新的种质资源。

1981 年 1 月，郑学勤获准参加国际联合考察队，他和来自七个国家的八名专家一起，在人烟罕见的亚马孙河上游密林深处度过近两个月的"原始生活"，经历了许多预想不到的艰难，又几度遭遇险境，终于在同年 3 月底携带大批芽条、种子走出大森林。

1981 年，郑学勤根据"轻装前进"的原则，携带吊床、蚊帐、考察用具等行李，和同队专家前往亚马孙。当他们走下机场时，成千上万的黑飞虫袭来，当时考察队员只穿着 T 恤，每被咬一口就会有一个血泡，血泡周围瞬间红肿。到了晚上，反应更明显了，大家的脸和手都红肿起来，又痛又痒，还伴随发烧的症状。

进入亚马孙热带雨林之前，当地向导向大家简单培训了在雨林中的生存常识，包括如何预防各种有毒昆虫、毒蛇、猛兽等，然后考察队成员就全部武装起来，戴上白纱面罩、头盔、手套，穿着厚厚的长衫、长裤、皮靴，配备了采集用具、枪支弹药、露宿物资，以及够食用 10 天的干粮，登上摩托艇顺着亚马孙河出发。

此时的亚马孙，正是强雨季节，航行途中的两岸，不时出现成片高大的野生橡胶林。晚上，到达预定采集地后，大家发现亚马孙的野生橡胶树资源真的非常丰富，当地人将野生胶树分为三种类型，即黑皮树、白皮树、红皮树，当地胶农也完全没有种植橡胶树的概念，他们都是采割野生橡胶树，形成隔日割胶或隔 3 时割胶的割制。

第一天，考察队就发现了 5 棵高产的野生橡胶树，它们每次割产胶乳都在 2 000 毫升以上，多的有 4 000～5 000 毫升，这让郑学勤相当兴奋。一路考察所见到的高产优良母树，单株年产干胶 50～120 千克，考察队挑选的高产野生橡胶树的树皮一般呈深褐色。在原始雨林中，砍取高产树的芽条是一项艰苦的作业。由于多数高产树比较粗大，有的高达 40～50 米，辅助工只得先从旁边较小的树攀登而上，把粗尼龙绳的一头挂上橡胶树的树杈上，绳子的另一头拴住腰部，然后由树下的队员合力把他拉上去，砍完芽条后再把人慢慢放下来。由于大树的枝条较老，很多芽已萌动过，所以在砍下的一大堆枝条中只能选出数米较为有效的芽条。

郑学勤和大家一起，对每株入选的高产树做好各项记录，取下几块树皮保存在固定液内供将来作乳管解剖用。此外，队员们还要在这些高产树的周围拾取种子。据统计，考察队在约 50 天的考察期间共鉴定出野生高产优良母树 294 株，还拾取各种橡胶树的种子 64 256 粒，超额完成任务。

原始雨林生存条件艰难，考察过程险象环生，成为郑学勤一生最难忘、最惊险、最有趣的记忆。在亚马孙雨林，郑学勤和考察队的专家一起，每天在雨林中徒步数十千米寻找高产野生橡胶树，雨林无路，十分难行，要穿越各种荆棘，不时有生长了上百年的高大树木横倒在地，需要手脚并用地爬过去；他们遇水涉水，河宽的时候背着行李游过去；水深且河道窄的时候，就搭桥走过去，累得不时停下来补充盐和水分，衣衫湿透了，拧干再穿上。

在亚马孙热带雨林中，郑学勤和考察队员喝的是亚马孙河的生水，没水的地方就砍水藤解渴，一段大水藤中的水分足够数人饮用。饿了，他们就在林中野餐，咬人的黑飞虫太多，吃饭都得戴着面罩并来回走动着吃。由于在雨林中待的时间太长，所带的食物很快就吃完了，后来就全靠捕猎充饥，河流都蕴藏着十分丰富的鱼类资源，成群的野猪和野鹿也经常出没在林中。

除了这些，考察队员还要随时躲避猛兽的追捕，雨林中食人族部落的追杀，克服因环境不适引发的各种疾病。

考察中，郑学勤有两次与死神擦肩而过。一次，考察队刚从亚马孙河上海，就碰到了一群人。随行翻译赶紧示警："他们是食人族，会吃人的。扔掉所有行李，快跑！"郑学勤和队友赶紧把行李扔在大树下，狂奔逃跑，几个小时后，考察队"突围"成功，郑学勤手里还紧紧抓着几粒橡胶种子。

另一次遇险，是结束第一阶段考察后，比利时、尼日利亚的两位专家和郑学勤三人乘飞机去其他地区，飞机起飞后遭遇特大暴雨，他们乘坐的飞机开始剧烈颠簸，由于飞机小、雨区大，始终无法飞出雨区。驾驶员用无线电呼救，机场通知他"就地紧急迫降"，但是暴雨如注，空中能见度非常差，几次险些撞山，好在驾驶员技术过硬又沉着老练，最后终于在一块小灌木泥地上成功迫降。事后回忆这段经历，郑学勤总是心有余悸。

在这次考察中，郑学勤还发现了许多野生木薯、野生菠萝等热带作物，为祖国带回丰富的优良橡胶种质和其他热作种子。通过现场考察，郑学勤还发现，大约有 10% 的高产母树的高部位枝条和树冠部位的叶橡胶均表现高产，也就是说，可能约有 10% 的高产母树的相对产胶量是具有遗传性的，这是一个很重要的发现。

1981 年 8 月初，IRRDB 与马来西亚橡胶研究院在马来西亚的首都吉隆坡联合召开高级育种会议，讨论国际联合考察队从塔帕若斯河上游采集的橡胶新基因芽条、种子的保存，国际基因库的建立、资料登记，以及新基因资源的分配等问题。郑学勤在会上说明了亚马孙新基因材料的现状，决定分别在马来西亚和科特迪瓦建立两个 IRRDB 种质中心，以起到保留原始材料，评价和利用这些种质资源的作用。巴西马瑙斯在接收考察队所采集的 294 株优良母树芽条后，芽接成活 162 个品系，这些新品种的芽条于 1983—1984 年向各参与会员国发送。

■ 获得国家重大科技成果奖励

郑学勤最初来到海南时，海南种植的橡胶树全是未经选择的实生树，群体产胶能力低下。如何使橡胶树的群体产量迅速提高？原苏联专家主张从高产单株中优选，建立芽接无性系，推广种植这些无性系就必然可以成倍地提高产胶量，并认为只有遵循环境起主导作用的原理，才是中国发展天然橡胶选育种的唯一道路。

不过，橡胶产业所需要的产品是橡胶树次生代谢产物的胶乳，而不是生殖系统的花、果、种子，其高产性状往往不遗传，也就是说，在原苏联专家的指导下，我国橡胶育种走了弯路，增产并不明显。

"失败并不可怕，人生就是持续地拼搏！"郑学勤没有气馁，萦绕在他心头的只有一个信念：一定要把橡胶的优良品种找出来。

从亚马孙雨林采集天然野生橡胶种子回国后，郑学勤根据在考察中的发现，有了关于提高我国橡胶产量的新想法：在亚马孙河上游入选的优良母树的无性后代，首先要建立系比区试验，选出高产优良初生代无性系，然后在入选的初生代优良无性系之间或与当前已有育成的优良品系（如 RRIM600、PRl07 等）再杂交，将新的遗传基因加入老品系，经过基因重组后选出特高产或抗性优良的新品系。

通过对亚马孙生态环境和采集的野生橡胶种子形态类型进行多样性分析，郑学勤认为这批种子非常宝贵，具有更广泛的新遗传基因，尤其是在亚马孙河流域半干旱过渡型森林区，这里干旱期长，是植物比较易于发生遗传变异的地区，这里的种子可能更适于我国复杂的热带季风气候区育种的需要。

于是，他和同事们一起，从过去的运用芽接技术培育高产橡胶转向研究无性繁殖、有性杂交技术，不断改良品种。他利用从亚马孙采集回来的种质资源，一代又一代改良橡胶品种，将我国天然胶产量提高了 1～2 倍，每年获得经济效益数亿元。随后，郑学勤又开始研究橡胶树的细胞学，并将这些技术扩大到许多热带作物和农作物。

根据植物遗传基础原理，郑学勤结合环境因子提出了引进国外优良无性系进行地区适应性研究。在第二阶段遗传改良研究中，研究组采用了以优良橡胶无性系为亲本，进行大规模杂交育种的策略，测定无性系亲本的特殊配合率，优选出一批特优良无性系亲本种质，郑学勤依靠引进的数十个橡胶无性系，在热带北缘和南亚热带地区建立了 20 个试验点，他冒着台风、寒流跑遍华南四省（自治区）试验点，调查了大量数据，研究了高产无性系的乳管系统及高产性状表现，重点研究了这些无性系对抗风、抗寒、抗病及高产胶的适应性。

在各试验点科研人员的共同努力下，经过 24 次强台风考验、8 次强寒潮侵袭和多年系统割胶鉴定，不断优选杂交，至 20 世纪 80 年代初期终于选育出7 个抗风、抗寒、高产优良品种。实践证明，这些品种年平均亩产干胶由25 千克提高到 75～120 千克，产胶遗传能力从 6％提高到 200％～300％。经全国橡胶品种评审汇评后迅速推广于各植胶区，大面积橡胶单位面积产胶量比20 世纪 50 年代未经选择的实生树提高了 1～1.5 倍，有些品种甚至提高了 2～3 倍。应用前一种以环境因素为主导理论依据的方法所建立无性系的后代，平均产量只提高 5％～10％。

为此，1966 年国家科学技术特授予"橡胶无性系适应性研究课题"重大科研成果奖励，郑学勤是当时这一课题的负责人之一。在优良无性系推广过程中，他还研究了"绿色芽片小苗芽接快速繁殖及其遗传性""按环境小区划分推广优良无性系方法""苗期产胶量预测方法"等，这些研究成果对优良品种培育和推广使用起到了重要作用，并获得了全国科学大会奖及国家科学技术委员会成果推广奖。

1982 年，"橡胶树在北纬 18—24 度大面积种植技术"获国家发明奖一等奖，郑学勤在这一综合成果中的橡胶树选育种研究方面发挥了显著作用；1996 年，他参加主持的"橡胶优良无性系的引种、选育与大面积推广"获得国家科技进步奖一等奖。此外，郑学勤主持的国家攻关专题"橡胶热作种质资源鉴定评价的研究"获得国家科技进步奖二等奖；另一批"橡胶野生资源研究"获得国家科技进步奖三等奖……

成果越大，使命越重。郑学勤承担了组建热带作物生物技术国家重点实验室的重任，大步推进分子生物学和基因工程研究，结合细胞工程和种质基因资源，发挥热带生物技术整体特色，把橡胶学科的整体水平、细胞、分子水平有机结合，进行了系统的开拓性研究，创造出一年内即可诱导出橡胶树三倍体的新方法。他还在已有成果的基础上，系统发展热带农业遗传育种学科，创建博士点，将高科技研究与高层次人才培养和高新技术产业化紧密结合在一起。

■ 共和国最美奋斗者

郑学勤把毕生精力贡献在天然橡胶和热带农业科教事业上，退休后，他作为中国热科院热带生物技术研究所首席顾问返聘回中国热科院继续工作。他说："为国家做贡献，多好！工作就是我的享受，我感到很有乐趣。"

73 岁那年，退而不休、壮心不已的郑学勤开始寻找一种叫"诺尼"的植物。当时，诺尼在全世界已有 20 亿～30 亿美元的产值，在南太平洋群岛上，当地居民食用这种植物的果实已有 1 500 多年历史。诺尼果长时间不发霉腐烂的特质吸引了郑学勤，他要在中国寻找野生诺尼树，并研究和加以利用。

根据诺尼树在世界的分布情况，郑学勤分析，它一般生长在热带沿海区域。永兴岛是我国西沙群岛中面积最大的岛屿，属于热带季风气候，适合诺尼树的生长。郑学勤登上永兴岛，果然在当地找到了诺尼树。现在整个海南诺尼树的种植面积有两三万亩，其培育和生产过程都有郑学勤的耐心指导。

在郑学勤退休后的数十年里，他倾心无核荔枝、诺尼等热带作物的科研和产业化。"科研与开发是并举的，先研究后开发，产学研结合是最佳的手段"，他说："人生得意事是做有兴趣的事。"

如今，90 多岁高龄的郑学勤依然坚持每晚 12 点休息，早上 6 点起床。他还惦记着他的研究，有时会去实验室巡查培育苗，询问实验室人员培育情况。

2019 年 12 月，90 岁的郑学勤被评为共和国"最美奋斗者"，从领到奖章与证书的那一刻起，郑学勤拒绝随行人员帮忙，一直坚持自己拿着，片刻不离身。因为，对一位为共和国奋斗终生的老科学家而言，这不仅是无上荣誉，更是他"一刻也不能分割"的祖国对他的褒扬。

许
闻
献

许闻献（1938.03—2000.08），男，汉族，福建晋江人，中国共产党党员；我国从事橡胶树割胶生理研究的国家级突出贡献专家、学科带头人；生前曾任橡胶栽培研究所副所长、原农业部重点实验室主任、中国植物生理学会理事、中国热带作物学会常务理事、割胶与生理专业委员会主任委员。

重要成果：研究乙烯利刺激橡胶树增产的生理机制，首次提出"诱导愈伤反应"假说，解决了我国橡胶实生树和国内低产芽接树乙烯利刺激的重大技术难题，形成新的技术规程，荣获 1978 年全国科学大会优秀成果奖；负责国家重点项目"中龄橡胶芽接树割胶制度改革试验"研究，总结出"低频、短线、少药、轮换、浅割、增肥、产胶动态分析"新型割胶技术，该研究成果及他主持的"橡胶晚熟无性系 PR107 初产期刺激割制"研究成果均获国家科技进步奖三等奖；作为新割胶技术体系创始人与推动者，研究成果"中国橡胶树主栽区割胶技术体系改进及应用"荣获 2006 年国家科技进步二等奖。

许闻献：和橡胶有一个终生约定

许闻献，中国热科院研究员，我国著名橡胶割胶生理专家，一个多才多艺、有着深厚中国传统文化底蕴的科学家。长期以来，他为我国橡胶事业呕心沥血，积劳成疾，身患血癌还在坚持从事橡胶科研，逝世时年仅 62 岁。

橡胶树，一种原产于亚马孙雨林的高大乔木，在树皮受伤后会流出白色的乳汁，印第安人赋予这种树一个诗意的名字"流泪的树"。

多才的许闻献在学生时代就对这种"多情"的树情有独钟，还许下了终生约定，终其一生为橡胶增产而奋斗。因为那乳白色的"眼泪"，是橡胶树对人类最伟大的贡献。如今，由橡胶乳汁提炼出来的橡胶被使用在人类生活的各个领域。

许闻献短暂的一生，因和橡胶树有了终生约定，从而变得生动不平凡，"春蚕到死丝方尽，蜡炬成灰泪始干"，到生命的最后一刻，他还在为我国橡胶增产而奋斗不已，可以说，他满腔的心血都化作了洁白的增产的胶乳。

■ 学生时代就与橡胶结缘

出生于 1938 年的许闻献，与橡胶缘分很深。早在厦门大学生物系读书时，他就开始与橡胶树打交道。当时他参加了国家重点攻关项目"巴西橡胶抗寒生理学研究"，从此，和橡胶结下一世情缘。

1961 年，许闻献作为厦门大学毕业生在中国植物生理学会第一届年会上发表了一篇题目为《X—射线处理三叶橡胶树种子对种子发芽、苗期生长和抗寒力的影响》的论文，提出了三叶橡胶树辐射生理学的新思路，博得了专家们的赞扬。

大学毕业后，许闻献在厦门大学攻读植物生理生态专业研究生，学期四年，研究方向仍是橡胶抗寒生理。1965 年，许闻献研究生毕业，导师对他说："你喜欢橡胶树，就到海南岛去，那里天地广阔。"于是，许闻献告别母校与恩师，风尘仆仆来到海南岛，在当时的华南热带作物科学研究院橡胶栽培研究所开始了他的橡胶科研生涯。

来到海南后，因为特殊的时代背景，他没能立马投入科研工作。但他利用这难得的宝贵时间给自己继续充电，如饥似渴地钻研橡胶，尤其是割胶生理学方面的知识。单位所订的期刊中只要有有关采胶和橡胶生理方面的论文，他都会一篇不漏地研读。有时在参考文献上发现有价值的文章，而该文章在单位所订的刊物上又找不到，他就千方百计地向同学或其他图书馆索要。此外，他对植物生理学和分子生物学方面的新知识也十分注意学习吸收。

因此，许闻献对本学科的研究前沿了如指掌。同事遇到学术上疑难问题便向他请教，都能得到满意的答复。他还善于总结前人和他人的经验，哪怕是来自生产一线胶工的经验，他都认真吸取。

■ 首提"诱导愈伤反应"理论

由于当时国内特殊的历史背景，许闻献一直到 1971 年才开始正式从事天然橡胶割胶生理的研究。

1971 年，一位爱国华侨从马来西亚带回 2 瓶乙烯利。据说这种药水能大幅度提高橡胶产量。许闻献开始参加应用乙烯利刺激剂在我国橡胶树上进行试验性的研究。根据当时我国橡胶树的实际情况，为安全起见，他们决定先从橡胶实生树入手，开展新型刺激割胶制度的探索。许闻献与课题组成员一起，先后在广东、海南等地橡胶垦区布置试验，并在中国热科院实验场建立了长期试验观测点。为获得第一手材料，许闻献住到生产队临时腾出的贮存农药的草房里，满屋农药味，早餐吃的是盐巴稀饭，连酱油都没有。就是在这样艰苦的条件下，许闻献每天凌晨三四点钟就与胶工一道上胶林，测量胶水，观察死皮，研究涂药后胶树的产胶生理变化。

试验结果表明，乙烯利确实是一种速效、高效、长效刺激剂，施药后，橡胶胶水产量成倍或成数倍增加，而且产量越低的胶树（或树位）增幅越大。

为什么乙烯利具有这样神奇的效用呢？

许闻献继续进行乙烯利施药方法的比较试验，组织海南、广东、云南、广西、福建等垦区科技人员联合攻关。参与攻关的科技人员自觉下基层蹲点，栉风沐雨，起早摸黑，布置试验，量胶测产，掌握第一手材料，探索乙烯利刺激产胶特性。经过七年艰苦研究，至1977年，基本上解决了我国橡胶实生树和国内低产芽接树乙烯利刺激的重大技术难题，综合联合攻关科研成果，许闻献制定了具有我国特色的"减刀、浅割、增肥、产胶动态分析"的技术规程。同年，这一科研成果通过了农业部组织的大型技术鉴定，来自全国各地的80多位专家学者及科技人员一致认为，这项科技成果是我国天然橡胶割胶制度的一次重大突破。随后，这一技术成果在全国植胶垦区实生树和国内低产芽接树上全面推广，并荣获1978年全国科学大会优秀成果奖。

经过反复调查研究，许闻献仔细观察实验和认真分析对比，根据橡胶树施用乙烯利刺激剂后的排胶生理特性，在世界上首次提出了"诱导愈伤反应"理论，认为橡胶树施用乙烯利后，将促使皮部和木质部的淀粉转化为可溶性的糖，同时加速乳管系统对水分和养分的吸收，强化产胶与排胶功能，从而产生短期大幅度增产效果。

1984年，"诱导愈伤反应"理论在IRRDB年会上宣读后，受到国际同行的高度重视与认可，尔后多次被国外专家引用。然而，"诱导愈伤反应"理论也有局限性，它无法解释乙烯刺激和机械切割对胶树生长与产胶，产胶与排胶生理平衡的调节作用，因而也不适合作为群体应用新技术的指导性理论。

20世纪80年代，许闻献带领课题组成员继续探索乙烯利刺激橡胶树产胶与排胶的生理机制。在长期研究橡胶割胶制度的过程中，他们进行了一系列整体生理学探索，最后提出了产胶与排胶"动态平衡反馈调控理论"，为我国优化最佳刺激割胶制度奠定了生理学基础，为割制改革提供了重要的理论依据。许闻献根据这个理论，在我国新割制的研究与推广中，创造性地建立了一整套群体胶树调节生理平衡的保护性措施，保证了新割制推广的健康发展。

橡胶在许闻献眼中是有情感、有生命的树，他始终以平等之心去研究它，所以，总能有许多新的发现。例如，许闻献看到橡胶树和人一样，对伤害过度会产生自卫反应，不能过度割胶。所以，基于橡胶树割面干涸病生理机制，他提出了产胶与排胶平衡失控，会引起乳管自毁、胶树自卫的理论，在国际上颇受重视。

■ **改革橡胶传统割制**

橡胶树传统的割胶制度为二分之一树周割线，隔日割。这种被国际上称为"标准割胶制度"的采胶方式，已沿用近百年不变，成为单一型割胶制度而涵盖所有植胶园。但是，这种割制科技含量低，长期以来造成我国橡胶产量低、工效低、工资低、成本高的"三低一高"局面。如何改变这种局面，提高我国橡胶产量，是摆在我国橡胶科研工作者面前的重大难题。

许闻献主持乙烯利刺激剂提高橡胶产量的研究课题，最后制定出"减刀、浅割、增肥、产胶动态分析"的技术规程，实际上是橡胶实生树割胶制度改革的一种成功探索，从此开创了我国天然橡胶割胶制度全面改革的先河。

随着我国橡胶树选育种研究的突破，低产实生树开始被淘汰，高产芽接树成为我国橡胶垦区的产胶支柱。如何提高芽接橡胶树产胶量，是摆在许闻献面前的一个新课题。他认为，改革传统割胶制度，提高割胶效率，是一条科学有效的途径。

1985 年，许闻献带领课题组承担了国家重点项目"中龄橡胶芽接树割胶制度改革试验"研究，他负责整个试验总体方案的设计编写与实施指导工作。在广东、海南、云南三省垦区领导和职工的紧密配合下，该课题在三省 17 个农场 35 个生产队布置了为期三年的试验。这是一项跨省份、跨单位、多学科、多层次、大协作、大交叉的综合性研究，也是一场割制改革的攻坚战。

课题组从橡胶中龄无性 PR107、GT1 和 PB86 入手，开展大型开发性试验。由于试验涉及面广，加上芽接树对乙烯利更加敏感，试验要求很高，因此许闻献每年都要亲自到各试验点检查指导，到胶园现场为胶工示范刮树皮、涂药等割胶技术，直到胶工真正掌握为止。在我国的海南、广东、云南、福建、广西等省（自治区），凡有橡胶生产的地方都留下了他的足迹。经过四年艰苦攻关，课题组解决了一系列关键技术问题，建立了一整套安全措施和技术参数，提出了一系列生理指标，保证刺激胶树物质平衡和能量平衡，强调养树割胶，不加刀、不连刀，逢雨天不补刀，保证胶乳再生时间。这一系列技术措施是根据我国植胶条件提出的，具有独特新颖的创造性。许闻献将这项技术总结为"低频、少药、短线、轮换、浅割、增肥、产胶动态分析"，这项独具中国特色的新型割胶制度于 1989 年通过了农业部组织的技术成果鉴定，专家们一致认为这项成果达到国际同类研究先进水平。1990 年，这项技术荣获农业部科技进步奖二等奖。

为了全面推广这套新型割胶制度，许闻献不顾工作繁忙，编写《刺激割胶》科教片稿本，共在广东、云南、海南三省垦区举办了 15 期培训班，有2 100 多人参加了轮训，几乎把各农场的场长和技术骨干都轮训了一遍，有力地推动了中龄橡胶芽接树乙烯利割胶新制度的普及。由许闻献起草和提出的橡胶芽接树新型割胶技术要点被写入原农业部颁布的《橡胶树栽培技术规程》之中。1990 年以来，我国华南垦区开始全面推广这种新割制，有力地推动了我国割胶生产和规模管理走向新阶段。至此，我国天然橡胶生产基本摆脱了低产、低效、低工资、高成本的"三低一高"的模式，出现了高产高效的新局面。

"八五"期间，为了全面改革我国橡胶树割胶制度，许闻献进一步研究了橡胶树晚熟无性系 PR107 初产期的四季割胶新制度，经过几年调查研究、科研试验比较、鉴别，许闻献课题组提出了一系列用以调节产胶与排胶生理平衡的创新技术和生理参数，通过采取"低频、短线、少药、浅割、增肥、产胶动态分析"等保护性措施和胶乳生理参数综合调控手段，稳定提高了 PR107 胶树产量，即使胶树生长与产胶、产胶与排胶保持动态生理平衡，又省工省皮。

为了更好地联系和团结全国从事橡胶割胶生理工作的广大科技人员，推进我国割制改革的深入，加强国际学术交流，1989 年，许闻献大力倡导和筹备成立了中国热带作物学会割胶与生理专业委员会，并当选为主任委员。

随后，许闻献又带领课题组成员投入到初产期橡胶晚熟品系 PRl07 刺激割胶新制度的研究之中。这项研究成果于 1994 年通过农业部的鉴定，专家们一致认为，该成果在理论上和技术上都达到了国际先进水平。随后这项研究成果被农业部采纳，并于 1996 年荣获国家科技进步奖三等奖，位居海南省"八五"期间十大科技成就榜首。

■ 研发出橡胶高效增产剂

乙烯灵是植物激素乙烯利与微量元素结合后的一种复合物。它是以许闻献为主的课题组根据橡胶产胶与排胶生理互补原理，经过 20 多年反复试验后研制成功的橡胶树高效增产药剂。1994年获中华人民共和国发明专利证书（专利号为90103066）。

乙烯灵的特性是：①施药树产量高，药效高峰期增产率达50%～200%；②见效快，一般施药后24小时即产生增产效果，70小时左右达到药效高峰；③施药树胶乳干胶含量高，本产品能提高胶乳再生能力。正是由于乙烯灵具有以上三大特性，它很快被国家科学技术委员会列入重点推广计划，在我国橡胶垦区广为应用，成为割制改革配套专用增产剂。同时，它也被销往马来西亚、柬埔寨等国家，成为外向型创汇产品。

2000年6月23日，农业部组织对乙烯灵进行成果鉴定，专家们一致认为：乙烯灵作为互补型的植物激素与微量元素的复合物，能显著提高干胶产量，又能克服或减少单方乙烯利引起的胶树胶乳过度长流，干胶含量骤降和死皮增加等副作用，是一种理想的新型产量刺激剂。该成果经过20多年的试验、示范和推广，取得了良好的效果，受到生产单位的普遍欢迎。

至此，我国天然橡胶生产，以应用高效增产剂乙烯灵为契机，从实生树至芽接树，芽接树从中龄期至初产期，从耐刺激品系至不耐刺激品系，进行了全面的割胶制度改革，建立了一整套具有我国特色的高产、高效、省工、省皮的新型割胶制度，形成了具有我国植胶特色的割胶制度改革的系统框架和详细的技术实施措施，使我国天然橡胶业摆脱了低产低效、胶工外流的困境，橡胶产量、企业效益和胶工收入水平都有了显著的提高，取得了巨大的经济效益和社会效益。

这一整套新型割胶制度的建立，是全国橡胶垦区的科研单位和生产单位通力合作，从20世纪70年代初至90年代初，经过参与团队20多年的潜心研究，协作攻关所取得的重大成果，其中许闻献付出了艰苦的努力，贡献卓越。

■ 血癌也不能分割他和橡胶树

为了紧追和超过世界割胶技术先进水平，进一步提高我国天然橡胶业生产的技术含量，许闻献继续带领国内的科技人员，开始研究微割技术和导胶技术，并打算对超低频、超微割的生理学基础进行深入研究。遗憾的是，由于长期过度劳累和身体过度透支，许闻献身体出现不良征兆。1997年年初，他开始流鼻血，四肢乏力，但全身心倾注于橡胶科研事业的许闻献选择性忽略了身体的各种不适。

1997年7月，年近60岁的许闻献受农业部委托，带团赴泰国和马来西亚考察，每天从早到晚、马不停蹄地访问研究所、考察胶园、参观制胶工厂。回国后，他又顶着 7 月的炎炎烈日，到福建及海南的部分农场检查协作点的项目执行情况。

到了 1997 年 8 月下旬，许闻献实在力不从心，才在家人的再三催促和陪同下前往医院检查。经诊断，他患了多发性骨髓瘤——血癌中的一种。

诊断宛若晴天霹雳，"我毕生为之奋斗的橡胶事业难道就此抛弃？"许闻献心中充满了苦恼与心痛。他实在割舍不下啊！当时他同时主持着七个跨世纪的重大技术革新项目：有国务院下达的"948"项目——天然橡胶高产高效栽培新技术中的低频、超低频高产高效采胶新技术子课题；有农业部下达的三个部属重点项目——导胶技术、微割技术、高产综合技术；有国家自然科学基金和海南省自然科学基金的两个项目，以及国家科学技术委员会下达的国家重点技术推广计划项目——橡胶初产期割胶技术。

躺在病床上的许闻献对来看望他的领导和同事说："病的真不是时候啊！有的项目刚上马，有的项目就要结题，还有许多事情等着我去做啊！"许闻献意识到自己的余生已不多了，要尽快把有限的生命投入到橡胶事业中去。他再也躺不住了。在病床上，他打电话到原农业部，请求尽快召开"948 项目"协作总结研讨会，并亲自起草会议通知，确定会议内容。接着他又打电话请有关部门帮助解决会议经费并抱病参加研讨会，对项目的继续实施提出指导意见。凡到医院探望过许闻献的人都感受到，他虽然人在医院，心却在绿色胶林。每次有人去探望他，还没等询问完病情，他就向来人焦急地了解垦区的割胶生产和全面改制情况。

第一次在广州化疗期间，许闻献惦记着从泰国和马来西亚带回来的考察资料。他叫助手把那些资料送到病房，他要边接受化疗边整理。由于鼻子经常流血，他的眼底也出血，造成视力模糊。面对大量的外文资料、公式数据，他以坚强的毅力，忍受血癌折磨，整理撰写出国考察报告，每天写写停停，一天写几百字，有时只能写几十字。

每当这时，一向温文尔雅的许闻献显得十分烦躁，连声说："为什么要现在病呢？"

夫人看他痛苦的样子，心疼地劝他不要再写了。

可他说："我是代表国家出去考察的，无论如何也要写出来，向国家提供有价值的参考意见。"

就这样，平时只需几天就能完成的工作，许闻献在医院病床上足足花了两个月时间，用颤抖的手写成近万字的出国技术考察报告——《天然橡胶面临世纪性挑战》，这是他躺在医院病床上燃烧生命写出的报告。

绝症不能将许闻献和橡胶分离，他经常抚摸着那两条曾经跑遍国内外橡胶垦区，而今却不怎么听使唤的双腿，缓缓地向周围的人说："要是再给我几年时间，哪怕3年、2年……，我就可以做很多事情！"周围的人听了无不为他的一颗赤子之心动容。

住院治疗三年间，许闻献强撑病体，主编审阅了32万字的《橡胶树割胶制度改革论文集　第2集》；历时数月完成了长达2万字的总结性学术论文——《中国橡胶树割制改革30年》。该文全面系统地总结了我国30年来橡胶树割胶改革的成功经验与不足之处，并对今后我国的割胶改革提出了前瞻性与探索性的设想。这是许闻献为后人留下的最后一份珍贵遗产，也是他自己毕生从事橡胶割制改革研究工作对后人的一个交代。该文章在2000年6月底的一次全国性学术研讨会上由别人代为宣读后，引起了100多名与会者的强烈共鸣与反响。大家一方面赞叹文章的高水平，另一方面深深地被许闻献在生命的最后时光还心系祖国橡胶事业的敬业精神所感动。

1976年年初，魏小弟毕业后被分配到由许闻献任组长的针刺采胶课题组。直到许闻献逝世，他们都在同一个课题组工作。1997年，许闻献患病住院期间，还从病床上给魏小弟打电话，劝魏小弟回橡胶所搞研究。魏小弟说，他的成长尤其是在专业上的成长，与许闻献的悉心指导密不可分。在他心中，许闻献是带他入行的老师，老师对橡胶事业的执著，也让他打心眼儿里佩服。

2000年8月的一天，许闻献闭上了那双对祖国、对橡胶事业饱含深情的眼睛。让人痛心的是他主编的《橡胶树割胶制度改革论文集　第3集》还来不及出版，他就与世长辞了。

许闻献为祖国橡胶事业竭尽心力，默默奉献，直至生命最后一刻，践行了自己的初心和诺言。他一生发表橡胶科研论文132篇、出版学术专著2部、荣获国家与省部级科研成果奖5项、获发明专利1项。1994年，中华全国归侨联合会授予许闻献爱国奉献奖。1997年，农业部授予他中华农业科教基金会科教奖。

斯人已逝，我国橡胶事业痛失许闻献。让人欣慰的是，他的研究成果至今也必将永远地守护他所热爱的橡胶和橡胶事业。

吴继林
郝秉中

郝秉中（1936.03—），1959 年本科毕业于四川大学生物系，1964 年研究生毕业于北京大学生物系植物学专业；毕业后被分配到华南亚热带作物科学研究所（中国热带农业科学院前身）工作，从事天然橡胶树结构和发育方面的应用基础研究；1999 年被国家人事部荣记一等功；2001 年被中国科学技术协会授予"全国优秀科技工作者"荣誉称号。

吴继林（1936.07—），郝秉中夫人；1959 年毕业于四川大学生物系，毕业后被分配到北京农业大学执教；1972 年调入中国热科院工作；2001 年被农业部授予"全国农业科技先进工作者"称号；2004 年 9 月 7 日，夫妻二人同时获得 IRRDB 颁发的杰出研究金奖；2015 年，同获中国热科院建院 55 周年突出贡献奖。

夫妻二人的重要学术成就：对橡胶树产量的三个关键因子——乳管分化、胶乳再生和排胶机制进行了深入研究，使这些研究提高到一个新水平，为天然橡胶生产的理论基础做出了重要贡献。

郝秉中　吴继林：一刻也不能分离的橡胶夫妇

在抗日战争时期出生的郝秉中和吴继林，从小就经历了民族的苦难与屈辱，决心将来长大了能报效祖国，让国家和民族更强大，自豪地屹立于世界民族之林。

他们二人来到海南岛，共同致力于天然橡胶树研究，取得了可喜的成就，荣获了国内外大奖，其中就包括 IRRDB 授予的杰出研究金奖。

他们既是科研伙伴又是恩爱夫妻，因此被人们亲切地称为"橡胶夫妻"。

橡胶，是具有高度黏性的物质。郝秉中、吴继林夫妇对祖国的热爱、对橡胶科研事业的热爱，对脚下热土的热爱，还有他们夫妻俩的爱情，像极了他们的研究对象——橡胶，他们是那样的亲密，一刻也不能分离。

■ 战火童年播下爱国的种子

1936 年，郝秉中出生于河南济源的一个乡村，出生不久日寇占领了他的家乡。他经历了日寇在家乡的烧杀抢掠，亲眼看见日本飞机炸死邻居，看见日军耀武扬威地在街上行走。

抗战胜利后，郝秉中欣喜地感到一个新时代的到来，人民生活不断改善，城市建设日新月异，学校教育也迅速发展。郝秉中高中毕业后考入四川大学，在那里遇到了后来成为他妻子的同班同学吴继林。

1936年，吴继林出生于四川成都。那里虽然是中国抗日战争时期中国的大后方，但是她也目睹了日本侵略者的暴行。她的父母都是医生，她清楚记得，当她5岁时，父母带着她来到重庆附近的小城工作，遭遇了日本飞机的轰炸，一长队躺在门板改作成担架上的伤员，被抬到用旧庙改成的医院，等待她父母治疗，这些伤员有的缺了手臂，有的伤了腿，她吓得哇哇大哭。

正是从小经历抗日战争的苦难，见过敌人在自己国家土地上的烧杀抢掠，两人在童年时代不约而同地在心中埋下了爱国种子，他俩立誓：要为多灾多难的中华民族刻苦学习。

郝秉中曾在一次采访中对记者说，"我们出生在抗日战争时期，在童年经历战乱，民族的苦难和屈辱深深地印在我们心中。中华人民共和国成立后，我们才有学习深造的机会。祖国培养了我们，把学到的知识报效国家是我们一生最大的愿望。"

■ 刻苦求学的青年时代

1955年夏季，郝秉中和吴继林同时考入四川大学。当时正值我国开始专注农业建设，培养各方面的建设人才的时期。

恰同学少年，风华正茂。同学们攒着一股劲儿比赛着学习，他俩也不例外。吴继林说："整个校园，一到夜晚灯火通明，同学们非常珍惜无数先烈抛头颅洒热血换来的和平，珍惜宁静的校园时光，都希望学到一身高强的本领，为祖国建设添砖加瓦。"

大学毕业后，吴继林被分配到北京农业大学农学系植物教研室当老师，郝秉中报考了北京大学生物系植物专业研究生。吴继林的工作地点与郝秉中的学校挨得很近。吴继林到校外买东西时都要经过北大，每次都会看望郝秉中，这给他带来很大的惊喜。每次他都请她在学校食堂吃饭，并且买了他认为最好吃的酸甜苹果酱招待她。

"我们从来没有因为感情、生活等问题而争论，却时常因为学术、科研等问题而争得面红耳赤。为了说服对方，就各自找资料、查文献，又或者自己去观察植物、自己做试验，一旦双方就某个学术问题达成一致，是最幸福、最开心的时候。学术上要有争论，只有争论才有创新，很少有人能理解我们争论的快乐"，吴继林望着满头白发的丈夫，温和地笑着说。

不善言谈的郝秉中羞涩地点点头，算是赞同妻子的说法。

这种学术上坦诚争论的良好习惯，他们保持了一生。在两人的争论中，诞生了一项又一项辉煌的科研成果。无论在何时，郝秉中、吴继林都保持着学生时代那颗好奇好学、求实进取的心，即便他们后来成为橡胶基础研究领域的世界级的权威专家，仍然勤学不辍。

■ 夫妻投身橡胶研究

1964年，郝秉中研究生毕业。他在植物学研究方面的能力受到赏识。导师张景钺有意让他留在北京大学，但最终被国家分配到当时地处贫困落后且偏远的华南热带作物研究所。

不愿和丈夫分开的吴继林痛哭挽留，可郝秉中还是以国家利益为重，义无反顾来到海南。吴继林带着孩子继续在北京农业大学教书。后来，她又将儿子送到贵阳交给婆婆照料，一个完整的家被分成北京、海南、贵阳三处，每年只有春节或者郝秉中有机会到北京出差时，夫妻俩才能短暂地相聚。

"一别就是九年"，85岁的吴继林笑看着丈夫，回忆起夫妇俩共同走过的58年岁月。吴继林说，在那分别的九年里，她对丈夫的思念之情越来越深，强烈希望和丈夫在一起。但是，郝秉中离不开他的橡胶事业，离不开海南的橡胶林。

"他不来北京，我就去海南找他。"

1972年，吴继林和北京农业大学育种组前往海南三亚，她借机去儋州看看丈夫工作的地方。她来到宝岛新村，看到这里虽然条件简陋，科研工作者却很有精气神，干劲十足，对未来充满向往。国内很多有名的教授也在这里种植橡胶树，所有人都沉浸在为祖国橡胶事业努力奋斗的万丈豪情中。

这一切都触动了吴继林：丈夫在这里工作八年了，他热爱这里的一草一木，热爱对国计民生有重要意义的橡胶事业，海南岛是热带植物的王国，她是学植物的，留在北京农业大学教学虽然很舒适，但到海南研究植物、研究橡胶会发挥她的专长，更有意义，能出更多成果，会大有作为。

尽管吴继林目睹了宝岛新村当时落后的工作和生活环境，她还是下定决心来海南和丈夫一起从事橡胶基础理论研究。她想起了从前和丈夫一起争论学术

问题时的快乐，是啊，还有什么事情能够比和丈夫一起搞科研、一起为国家做贡献更幸福呢？

就这样，1973年，吴继林带着儿子来到了中国热科院橡胶所，和郝秉中一起从事橡胶基础理论研究。夫妻俩一起到图书馆查阅文献资料，广泛学习生物学和农学知识，向同事、向胶工学习。经常在凌晨，他们坚持到农场去观察胶工割胶，看橡胶树如何分泌乳胶……这种执著的学习劲头，使他们既能抓住天然橡胶产业中的关键科技问题，又能跟上现代生物学发展的步伐。

为了橡胶研究，他们每天不舍昼夜，早晨5点起床，晚上12点回家，在实验室一待就是一整天，做实验累了，就去胶园散步，路上探讨的仍是橡胶，有时谈着谈着便旁若无人地争论起来，然后又回到实验室或家中去查找资料，找依据说服对方。

他们又回到了初恋时的美好时光。科学研究完全融入他们的日常生活，实验室成了他俩另一个温馨的家。

但是吴继林从北京一头扎进当时落后的海南农村，物质生活极度匮乏。吴继林要带孩子、要拾柴火、要盖茅草房，还要搞科研，更不适应热带气候，刚来半年就瘦了十几斤。北京的同事到儋州宝岛新村看望夫妻俩时，看到郝秉中在劈柴，都觉得他们太辛苦了，劝他们赶紧调回北京。

夫妻俩却毫不动摇，他们已成长为两颗扎根热区的大树，紧紧依靠在一起，"根，相握在地里；叶，相触在云里"，既浪漫又充实，满心都是为国家战略物资而科研攻关的自豪与快乐。

吴继林在一次报告中介绍：根据过去夫妻俩所学的专业，他们被指定研究橡胶树的结构和发育，最后获得了两个较有意义的成果：一是正确地阐明了橡胶树割胶树皮的结构层次，并从理论上解释了我国胶工割胶时保护死皮的经验；二是系统地研究了产量刺激剂乙烯利对橡胶树的作用机制，对当时橡胶增产起到了积极作用。

1978年，国外开始研究茉莉酸。茉莉酸是一种存在于高等植物体内的内源生长调节物质，当植物受到伤害时，茉莉酸会有防卫应激反应。郝秉中由此猜想：茉莉酸可能会促进橡胶树乳管分化。这一猜想也让吴继林非常兴奋，夫妻俩抓紧研究、严格实验，想证实茉莉酸确实能够诱导橡胶树乳管分化。

但是，橡胶乳管极其微细，要做这项实验，必须在高倍电子显微镜下进行。1981年，热作"两院"获联合国粮食及农业组织50万美元的援助，便购买了一台电子显微镜。这台电子显微镜便交给了郝秉中夫妇俩操作。可两人大学时主修的是俄语，而要学会操作电子显微镜，建立电镜室，甚至今后在国外发表论文、参加国际会议，都要用到英语。吴继林便开始自学英语，和单位年轻人一起学习英语。上英语培训班时，她每课必到，而且一定要坐到第一排，每天背记 1 000 个单词。很快，夫妻俩不仅能熟练操作电子显微镜，还可以直接用英语写论文。

中国热科院安排吴继林将电镜室建在湛江，从此夫妻俩连续十几年每年从海南到湛江工作三个月。电子显微镜需要在封闭黑暗的室内操作，观察电镜的工作艰苦且枯燥，电镜 X 光又有超强辐射。夫妇俩每次到湛江电镜室，就要在三个月内每天至少连续观察橡胶切片 10 多个小时。由于长时间在电镜辐射下工作，身体素质严重下降。电镜观察结束后，二人进行身体检查时发现，红细胞和白细胞经常降到标准线最低值。

此外，制备电镜切片也是一件异常耗费精力的事。在研究橡胶树乳管伤口堵塞机制时，夫妻俩为了获得一张高质量的橡胶树乳管伤口的电镜照片，首先要制备优质的超薄切片。这项工作必须在精密的显微镜切片机下，将标本中直径约 20 微米的乳管伤口从正中纵剖开，再用超薄切片机切成 0.5 微米厚的切片。

所以，吴继林总是自豪地说："我能把 20 微米乳管从中正剖。"

回首过往岁月，吴继林望着郝秉中微笑着说："我们不觉得艰苦枯燥，电镜像个奇妙的万花筒，为我俩揭示出那千变万化的美丽的细胞世界，沉浸其中，有一种妙不可言的幸福：一同为祖国工作，一同分享工作的喜悦，分享科学发现的快乐。"

基础研究需要漫长的付出，又不容易出成果，是个极其枯燥又考验人耐心的科研领域，它要求科研人员要耐得住不出成果的寂寞，要耐得住没有金钱回报的清贫。

在改革开放的浪潮中，郝秉中、吴继林团结科研组同志，坚持从事没有创收的应用基础研究，坚持献身基础研究，多次面对金钱名利的诱惑，坚持了初心。夫妻俩认为，从长远发展看，国家需要一部分人做基础研究，进行科学技术知识的储备。

1986 年，国家自然科学基金建立，郝秉中夫妻俩以助理研究员身份申请到第一个科研项目。从项目立题到实验设计，从实验操作到论文撰写，他们认真查阅大量资料，充分掌握第一手资料，反复讨论，力求有所突破、有所创新。此后，二人先后共申请九个项目，都获得批准，报批率为 100%。这在报批率只有 15% 的国家自然科学基金项目中突显不凡，受到了基金委员会和国内同行的一致好评。

吴继林总结成果经验时说："我们的研究课题都是从生产实践中来的，再将它们提高到植物学理论的高度，就容易成功获批。"

1998年，吴继林被委任为国家自然科学基金委员会专家评审组成员。

■ 同获国际橡胶最高奖励

在海南儋州宝岛新村，郝秉中、吴继林夫妇经历了许多困难。

他们当时遇到的第一个困难是研究橡胶树的树皮结构。天然橡胶是通过切割橡胶树的树皮，收集从树皮乳管流出的胶乳得到的，因此树皮结构的知识是最基本的橡胶生产知识。他们给自己定的一个研究目标是彻底了解树皮的结构。当时他们的研究工具是光学显微镜，他们仔细观察树皮的结构，发现一种充满纤维束状结构的细胞，国内外的文献都没有记载过，请教国内有名的专家也不知道它是什么细胞。这个难题最后被他们自己解决了，他们多方查阅文献资料，再结合实验室研究成果，最终证明这是一种贮藏蛋白质的细胞。他们是世界上最早在营养器官细胞中发现贮藏蛋白质的人，这也是他们夫妻俩的第一个重要发现。

他们在科研中遇到的第二个难题是研究橡胶割胶后乳管堵塞的机制。割胶后从树皮的乳管排出胶乳，经过一段时间后排胶停止。排胶时间长短决定胶乳的产量，割胶后胶乳为什么会停止排胶呢？马来西亚研究者认为这是由于胶乳中一种液泡性质的结构在乳管伤口突然破裂，释放出一种使橡胶粒子凝固的物质，造成橡胶粒子在乳管凝固，从而堵塞了乳管伤口。但是当郝秉中夫妻俩用光学显微镜和电子显微镜观察乳管伤口时，却发现乳管伤口堵塞情景与过去所观察到的情况非常不同，他们俩证明由蛋白质物质组成的网状结构，在乳管伤口堵塞中起关键的作用。

他们在科研中遇到的第三个难题，是对橡胶树树皮中的乳管分化的控制。人们早就知道橡胶树乳管分化多，胶水产量就高，这是由橡胶树的遗传性决定的。大家一直不知道，在生理学上乳管产生的原理是什么？他们证明，通过割胶导致的乳管排胶能够促进橡胶树形成乳管。这个非常简单明了的事实是他们首先证明的。接着他们又证明，外施植物生长剂是将伤害激素——茉莉酸涂抹到橡胶树枝条上，可以诱导产生乳管，这就表明在橡胶树中可能存在割害伤害—茉莉酸—乳管分化形成的过程。这些发现大大加深了人们对橡胶树产胶的认识。

30多年的时间里，郝秉中与吴继林在橡胶树树皮的结构与发育、割胶、采胶、排胶、产胶等领域贡献了一系列研究成果，为割胶生产技术革新提供了理论根据，也为橡胶树的遗传改良，特别是分子生物技术的开发指出了方向。

他们正确阐明了橡胶树树皮结构的层次，特别是阐明了有输导功能韧皮部的结构和发育，以及割胶对它的影响。这一结果是最基本的橡胶树解剖学和生理学知识，也是最基本的采胶技术根据。

他们系统研究了施用乙烯利对橡胶树的作用，证明乙烯利在刺激橡胶树分泌乳胶的同时，也会促进树皮局部衰老。他们还与植物保护研究所的张开明教授合作证明了乙烯利能够诱导橡胶树对条溃疡病的抗性，提供了一个利用乙烯利防病的例子。

由于郝秉中与吴继林夫妇在橡胶基础研究方面做出的杰出贡献，1999 年，郝秉中被国家人事部荣记一等功奖；2001 年，吴继林获得"全国农业先进工作者"称号。

2004 年 9 月 7 日，在昆明召开的纪念中国天然橡胶 100 周年大会上，IRRDB 将杰出研究金奖授予郝秉中与吴继林夫妇，奖励他们为天然橡胶研究做出的贡献。这可是国际橡胶领域的最高奖项。

郝秉中、吴继林双双站在世界橡胶科研的领奖台上，这是他们奋斗一生，童年心中埋下的爱国种子结出的硕果。

■ 无私指导青年学者

1991 年，郝秉中与华南热带作物学院植物教研组联合申请，获得了培养硕士研究生的资格，那是热作"两院"最早的两个硕士研究生培养点之一。

他们对培养研究生的工作尽心尽责。

在长期的指导和观察中，郝秉中觉得田维敏是一个值得培养的好学生。因此，在田维敏毕业后，郝秉中便将其介绍到华南热带作物学院任教。后来，他又被介绍到西北大学攻读博士学位，然后又成为北京大学的博士后。到了郝秉中和吴继林快要退休时，他们要求田维敏来橡胶所接替他们的研究。田维敏没有辜负他们的期望，使橡胶事业有了很大的发展。

郝秉中和吴继林夫妻热情关怀着他们的每一个研究生。他们与橡胶所中的其他青年人也有比较亲密的关系。

1998 年，夫妻俩退休后，依然心系祖国的橡胶科技事业，密切关注国际橡胶研究前沿，经常与科研团队研究探讨天然橡胶领域的关键科学问题。他们接受单位返聘，继续留在研究组工作，直到因健康问题，不得不彻底退休。

夫妻俩说:"现在的青年人充满活力、智慧和理想,有更优越的研究条件,我们总想表达发自心底的祝福与希望,愿意把自己几十年所掌握的知识、经验毫无保留地传授给他们。"

所以,在科研上,郝秉中和吴继林夫妻俩很注重与人合作,注重提携后来者。在培养年轻人方面,他们甘为人梯、言传身教,以严谨的治学态度和孜孜不倦的科学精神去引导青年人。

此外,他们还经常把自己多年积累的科研资料毫无保留地给予年轻人。同时,他们还经常召开小型学术座谈会,进行学术交流讨论,帮助年轻人提高业务水平。自1992年开始带研究生以来,在他们夫妇的精心指导下,一批素质高、能力强、品德好的优秀人才脱颖而出,有的已取得可喜的成果,成为橡胶研究的骨干,有的已经在科研工作中崭露头角。已经退休的夫妻俩还指导各自的弟子分别申请了两个国家自然科学基金项目,在帮助青年科研人员成长的同时,推动了研究所应用基础研究的发展。

80岁时,夫妻俩还为青年学者做了一次报告,他们在报告中鼓励年轻人:"要热爱工作,如果你不热爱它,你怎么能发现它的可爱之处,这一生又怎么能幸福呢?""在科学研究中,可以享受到科学发现的很大乐趣。所以,一定要热爱工作和学会思考。"

爱因斯坦曾经这样评价居里夫人:"一个科学家对于人类社会的贡献,其道德上的意义永远大于科学上的意义。"这个评价对于热作"两院"的"居里夫妇"——郝秉中与吴继林来说也是当之无愧的。

2005年年底,笔者曾走进郝秉中和吴继林位于儋州宝岛新村的家中进行采访,当时年近七旬的郝秉中教授正在窗前为妻子吴继林剪指甲。傍晚的余晖照在两位老人身上,时光仿佛都静止了。

2021年7月,笔者第二次采访他们时,发现他们的生活依旧简朴。夫妻俩的助手谭海燕曾说:"两位老人的物质要求很低,他们尽量让生活简单化,一心扑在工作上。如今,退休了也改不了去过养成的习惯。"作为助手,谭海燕跟随两位老人20多年,为他们相濡以沫的深厚情感,以及甘于清贫、默默奉献的精神和在学术上毫无保留的博大胸怀而感动。

两位老人的退休生活是幸福的,郝秉中是河南人爱吃面食,吴继林是四川人爱吃米饭。吴继林说:"他要吃面,我就跟着他吃面,他的快乐就是我的快乐。"

郝秉中一直穿着一件手织粗糙的毛衣,针脚高低不平,疙疙瘩瘩。"那是我给他织的,就织了这么一件",吴继林说。

"我爱穿，穿了几十年了，穿在身上很温暖"，很少说话的郝秉中赶紧声明，沧桑的脸上洋溢着幸福的笑容。

笔者离开二老家中时，郝秉中和吴继林牵手站在门口送行，微风吹动他们的满头白发。回首望去，他们就像自己研究的橡胶树，坚韧不拔、紧紧站在一起。他们彼此深爱着对方，深爱着脚下的土地，为国家、为民族、为橡胶科技事业弹拂出了动人的旋律。

这情形正如吴继林的深情喟叹："我们这对橡胶夫妻啊，这辈子都黏在一起了。"

林德光

林德光（1936.07—2010.05），男，汉族，福建武平人，中国共产党党员，中国热科院研究员，国际生物统计学会会员；1960 年毕业于厦门大学数学系，随后分配进入华南热带作物学院工作；1988 年，获"国家级有突出贡献的中青年专家"称号；1991 年，被国务院批准为享受政府特殊津贴专家。

　　重要成果：编写出版《生物统计的数学原理》《热带作物的试验设计与统计分析》《生物统计田间试验》等 10 多本教材，撰写论文 60 多篇；赴美国做访问学者期间"格里芬双列杂交育种配合力多变元统计分析法"的科研课题，经美国科学院与中国科学院鉴定，该课题填补了世界双列杂交育种系研究的空白，是一项解决世界难题的成果；1985 年获国家教育委员会科技进步奖二等奖。

林德光：解决了生物统计世界难题

　　林德光，中国热科院研究员，一位解决了生物统计世界难题的科学家。他常说的一句话至今仍让他的孩子和很多中国热科院人牢记于心："困难与艰苦算不了什么！就人生真谛而言，是为搏击艰难、战胜困难而生，而不是为追求安逸而虚度年华！"

　　这让笔者想起保尔·柯察金的名言："人的一生，应当这样度过：当他回首往事时，不因虚度年华而悔恨，也不因碌碌无为而羞愧……"林德光，就是这么一位把一生献给热作事业的人。

■ 辛苦颠簸到海南

　　"服从祖国统一分配！""到边疆去！""到祖国最需要的地方去！"1960 年的毕业季，厦门大学校园里总是响起这壮志凌云的热血口号。那一年，林德光从厦门大学数学系毕业，他欣然接受统一分配，到位于海南儋州那大宝岛新村的华南热带作物学院任教。

　　从厦门到海南儋州那大，他一路辛苦颠簸，经历颇为曲折。初出校门的林德光，第一次感受到祖国的建设才刚起步，需要人们去为之奋斗，将其建设成一个富强、文明、美丽的国家，他也更感受到自己肩上责任重大。

例如，一路乘火车到达湛江后，饥肠辘辘的林德光想买点食物吃，在湛江火车站，好不容易找到一个卖油饼的小摊，却要凭车票买饼，一张车票只能买一张饼。林德光拖着行李挤进人群，买到一张油饼却被身后的人抢走。他只好走出车站，去街上找食物充饥，但那时饭店少，食物也少，吃一顿饭需要排两个多小时的队。

后来，林德光从湛江到达海安车站，等待过海，不巧遇上台风，他只能找客栈临时住下。那时的海安港简陋得只有几间破茅草房。在车站的茅草房饭店吃过晚饭后，林德光问饭店管理员："晚上在哪里过夜呀？"管理员的回答是就在饭桌上铺床睡觉。林德光只好以行李袋当枕头，缩身和衣而睡，度过了两三个难熬的夜晚。幸运的是，海安港可以凭车票和粮票买到简易饭菜。吃饭时，林德光的餐桌边站着一个瘦黑的小男孩，全神贯注地盯着他的饭碗。经过询问，林德光才知道这个小男孩去海口看望亲戚，但只有车票，没有粮票，已经有两顿没吃上饭了，林德光赶紧自掏腰包给他买了饭菜。

1960年，从海安到海口，只有小渔船载客过海。台风一过，渔船便载客起航过海。开船不久，大雨倾盆而下，摇摇摆摆的小船很快就使林德光感到头晕、呕吐，被淋得宛如落汤鸡。经过三个多小时的摇晃，小船才到达海口码头。夜幕降临，高音广播中不断播出："海口市是海南经济文化政治中心，市内主要交通工具是人力三轮车。"一个城市的主要交通工具是人力三轮车，其落后程度可想而知。

那时，各地车票都紧张难买，林德光在海口住了三天，直到第四天才买到去那大的车票。早上6时海口发车，长途公交车竟然是比牛车快不了多少的木炭车，途中历时8个多小时，直到下午两点左右才到那大。那大作为儋县的县城，不仅人烟稀少冷清，城里的房屋大多是低矮的茅草房，下车后林德光问路人，才了解去华南热带作物学院没有公交车，要么走路，要么坐人力车。林德光很快就找到了人力单车夫，是一个四十开外的瘦高男人，车夫对林德光说，他早上只吃了一点地瓜，饿得实在没多少力气，家里有老人，还有几个小孩，最近连米汤都喝不上了，林德光赶紧掏出最后3斤粮票送给他。车夫感动得连话都说不出来，差点要给他跪下。

多年后，林德光仍不忘当时所经历的情形，他在一篇文章当中写道："我第一次感受到社会上经济困难、粮食紧缺的严重状况，国家百废待兴，急需我们去建设。"

饿着肚子搞科研教学

　　林德光到达宝岛新村的第一天，已是下午3点多，接待他的人带他办理好一切手续后，林德光有些羞涩地说："我已颗粒未进，肚子饿得慌！"结果接待人员告诉他，热作"两院"的粮食也很紧张，附近没有饭店，让先喝口白开水，等到下午6点后可以去食堂买木薯吃。

　　第一次吃木薯时，白白的木薯用盐巴蒸得香喷喷的，他觉得特别好吃，一连吃了两份。后来，他发现在热作"两院"大家天天吃木薯、顿顿吃木薯，几天下来，终于体会到肚子里缺少油水的感觉。

　　林德光随后了解，热作"两院"迁所建院不久，就遭遇三年严重困难。那时全国物资供应都极其紧张，所院职工每人每月仅有19斤口粮，其中一部分还是用地瓜、木薯折算配给的。最困难的时候，热作"两院"仓库仅剩3天口粮，食堂的菜通常没有油，最常供应的菜叫"地瓜酱"，是用地瓜煮熟后加上盐巴搅拌制成的，每份5分钱；只有在大节日才能吃上一顿数量不多的肉，那算是一件大喜事了。尽管热作"两院"条件极为艰苦，但广大热作科研工作者一直坚持教学工作，从来没有动摇过。

　　热作"两院"建设之初，便决定要解决热带作物统计的技术难题，原因是热带作物多属多年生作物，其试验设计与统计分析比一般作物的更加复杂困难，需要去探索其规律性。此外，作为科研、教学、生产三结合的单位，热作"两院"的各课题要求生物统计人员一起去解决试验中的大量设计与统计分析问题，这是当年院校领导高瞻远瞩、高屋建瓴的决策。持这一指导思想的代表性人物有何康院长、钟俊麟副院长及李锦厚、黄宗道等同志。热作"两院"先后从事过热带作物统计学研究与教学的专家有邓励、刘乃见、梁茂寰、潘衍庆、胡奇、林德光、吕锡祺、陈传琴、邱建德、区靖祥、唐燕琼、韩汉鹏等，应该说他们对热作"两院"统计学科的建立与发展而言是有功之臣。

　　这些人既是林德光的同事，也是他在统计学科领域的前辈和先行者，他努力向他们学习、请教。1962年，热作"两院"派林德光到生物统计专家王鉴明教授那里进修学习。之后，林德光又得到我国生物统计一代宗师王绶、赵仁镕、马育华、范福仁等的指点与栽培。

　　经过一系列深造，1963年，林德光正式为热带作物各专业开设"热带作物的试验设计与统计分析"课程；1964年，林德光还受当时农垦部委托，为华南四省热带作物研究人员举办大型生物统计研讨培训班。

1977 年，林德光编写出《热带作物的试验设计与统计分析》一书，向全国高等农业院校和科研单位发行 7 000 余册，为生物统计课程教学质量的提高、农垦科研工作者选择适当的试验设计和统计分析方法提供了科学依据和有效方法。

到 20 世纪 80 年代中期，热作"两院"引进了统计分析系统（Statistical Analysis System，SAS）微机软件，并在橡胶研究所的科研人员中推广应用。很快，其他研究所的科研人员也把 SAS 应用于自己的研究工作，使研究水准更上一层楼。1988 年，为了科研和教学工作的需要，林德光在深入研究的基础上编写了 SAS 中文教材，这些教材被国内 30 多家教学科研单位选用。

经过长时间的努力，林德光带领他的研究生唐燕琼、韩汉鹏等同志，对生物统计学科及 SAS 做出了以下的创造性贡献：

（1）把生物统计方法由单变元推广到多变元，并针对各种经典试验设计的单变元及多变元资料分析分别建立了 SAS 程序。

（2）完成了正交试验与回归正交设计的多元分析方法及其 SAS 计算程序。20 世纪 70 年代初期，我国开始推广正交试验，但一直停留在单变元阶段，因而未能揭示性状间的真正联系规律。林德光解决了正交试验多元分析的理论问题，并编写出适用于实际试验工作者应用的 SAS 程序，这在国内外均属首创。

（3）建立了经典相关分析（简单相关、偏相关、复相关）的 SAS 计算程序，并将其推广到多变元的典型相关领域。此外，把回归分析发展到动态的逐步回归及回归的正交设计领域，丰富了试验中的变元筛选。

（4）提出了通径分析及其 SAS 计算方法，开创了国内用 SAS 作通径分析的先河。此外，他对反应曲面方法论、多重协方差分析及试验效应的重分、统计预测、主成分分析、因子分析、聚类分析等当代新兴科技，都做过较深入的研究。

为解决世界性饥饿问题，联合国粮食及农业组织曾拨款给中国热科院进行木薯品种、栽培规格、种植期、收获期等多因子多性状的八个大型试验，希望得到木薯种植的科学方法，并在发展中国家推广，满足他们对粮食的巨大需求。

中国热科院承担此课题的研究人员对前三年累积下来的试验资料，均未进行统计分析。后来，林德光用当时世界上最负盛名的 SAS 统计软件对三年来的全部试验记录进行了统计分析。结果惊喜地发现：木薯 8 个月栽种的收获量、淀粉含量与 12 个月栽种的收获量、淀粉含量相比并无显著性差异。这说明在热带地区，木薯种植 8 个月已足够，无须按传统方法栽种 12 个月，从而节省人力、物力和时间，同时也提高了土地利用率。这一结论对解决第三世界严重缺粮国家粮食问题具有极其重要的指导作用。

经过近 20 年的生物统计耕耘，林德光发现世界生物统计的发展存在两大问题：一是对于多元（性状）资料未能进行相关性在内的多元分析；二是计算机程序停留在各自编程阶段，缺乏标准化的权威性软件。对此，他认为，必须借助国际先进科技才能获得解决。当时，我国正在向世界科技先进国家大量派遣留学生及访问学者。1982 年 5 月，林德光有幸被公派到美国加利福尼亚大学做访问学者，专攻生物统计与计算机技术。1984 年 5 月学成回国时，林德光带回了多变元统计与 SAS 技术等九门博士生课程。

■ 留学期间解决世界统计难题

在留学期间，林德光完成了一项名为"格里芬双列杂交育种配合力多变元统计分析法"的科研课题，研究成果经美国科学院与中国科学院鉴定，属于解决生物统计领域世界难题的成果。

1987 年 5 月 22 日，我国《光明日报》头版刊登了题为《林德光教授解决世界生物统计难题——研究出"格里芬双列杂交育种配合力多变元统计分析法"》的新闻报道。当时美国、加拿大、捷克斯洛伐克和匈牙利等 12 个国家的同行学者纷纷来函祝贺林德光的研究获得成功，并表示要将林德光研制的方法应用于他们的研究工作中。林德光的研究成果，是一种当代新兴育种方法从单变元向多变元的拓展，能在作物多性状考察中选取子一代（F1）的最优组合，从而不断提高作物的生产力。

"格里芬双列杂交育种配合力多变元统计分析法"是林德光的美国导师申请的美国国家科学基金课题。在林德光赴美前，他曾用 2 万美金雇佣一位墨西哥教授到美国来做此项课题，但搞了半年多也毫无结果。林德光到美国加利福尼亚大学以后，导师就要求林德光接替研究这个课题。经过一番思考后，林德光认识到这是一次为国争光的好机会！毅然接下了这个课题。

正式研究之前，林德光所要做的第一步工作，就是了解在这一领域过去及当代的学者们所做出的结果、已达到的水平及目前急需解决的问题。为此，林德光到图书馆用计算机检索查询了大量有关资料，把 1920—1982 年所有关于这个课题的 15 部专著及 85 篇论文都找来阅读。经过七个多月的深入研究，其间用到很多高等数学特别是数理统计的知识，终于弄清了单变元情况下格里芬平方和计算公式的来龙去脉，最后成功导出完美的矩阵分解式，也同时确定了 Wilks 的八统计量构造方法，从而彻底解决了这一课题。记得当时解决问题的时间是在凌晨 2 点钟，林德光马上将这一喜讯用电话告诉导师。导师听了喜出望外，对他大加赞赏。

格里芬双列杂交育种配合力多变元统计分析法是一项基础性研究工作，可是在此之前在国内外没有人做过。因此，1984年5月林德光一回国，就被我国生物统计与数量遗传学权威、南京农业大学的马育华教授邀请到南京，为近百名同行专家讲学，并要求林德光对双列杂交的单变元及多变元分析法一起进行全面推导。

林德光的这项科研成果，也于1985年获国家教育委员会科技进步奖二等奖。1986年，他因此由讲师被破格晋升为教授。这是党和国家对林德光工作成就和学术水平的充分肯定。此外，林德光还得到许多其他的荣誉和奖励：1988年，被国务院授予"国家级有突出贡献中青年专家"称号；1991年，享受国家首批政府特殊津贴；1995年，被评为海南省劳动模范；2000年，荣获首届何康奖。

■ 孩子眼中的父亲

在儿子林超的印象中，小时候，家中房子很小，全家六口人，非常拥挤吵闹。每天晚饭后，家中的小厨房便成了父亲的书房，他经常通宵达旦地埋头工作。父亲就在这么一个安静的角落中搞研究。

父亲攻读数理学科，却多才多艺，拉得一手好二胡，笛子也吹得悠扬，偶有闲暇，还会写写诗。父亲为人正直、富有爱心、乐于帮助人，曾经多年义务辅导热作"两院"二代高三考生，助力高考。

父亲很疼爱孩子们，可他陪伴孩子的时光太少了，现在回想起父亲教自己骑自行车、学游泳的时光，是多么弥足珍贵。

林超在一次汇报父亲林德光事迹的报告中说："说实话，直到现在，我与弟弟妹妹们也不能完全明白父亲的研究领域，只是知道当年父亲的研究成果解决了世界级的难题。后来，在父亲的主持下，学校开展了统计学、计算机统计分析系统方面的教学与研究。"

尽管孩子们不了解父亲那深奥的学术领域，但这不妨碍林德光是孩子们眼中的英雄科学家。"父亲一辈子耕耘教坛，是勤奋敬业的教授，是聪明且善于钻研的科学家。"

今天，中国的热作科研事业已取得飞快发展，热带地区经济与社会更加繁荣，这与像林德光一代又一代热作科研工作者的无私奉献密不可分。

何敬真

何敬真（1902.12—2004.08），男，汉族，中国共产党党员。我国著名森林学家、植物分类学家、植物地理生态学家，中国热带作物栽培研究与教学事业的创始人之一；参与制定、落实"森林抚育法"，制订了橡胶宜林地选择指导性文件；带队开展宜林地及防护林树种调查，选择优良树种和橡胶优良覆盖作物；主持指导过多项热带作物引种栽培研究课题，为我国橡胶北移栽培及热带作物事业的发展做出了重大贡献。

任职履历：原华南亚热带特种林业研究所（中国热科院前身）橡胶研究室第一主任；中国热带农业科学院原热带经济植物园主任、热作系主任、热作所所长；国务院特殊津贴专家。

何敬真：心中有爱　一生光热

"天然林被过度砍伐、原始森林大面积消失……这些行为对自然环境带来的破坏是巨大的。天然林和经济林对人类的价值，不能只看眼前，要放长眼光去衡量……"

2000年初春的某个深夜，在北京西郊某医院的病房里。深夜时分，术后还昏迷在床的99岁的父亲，突然开口"讲课"。

守候在一旁的女儿何魁斗以为昏迷许久的老父亲醒了，高兴地去看他，却发现老人依旧双目紧闭，只是滔滔不绝地讲课。

"身为女儿，那竟是我第一次听父亲讲课。他讲课内容生动，情绪饱满，很有感染力。以至于我听得入了迷，忘记叫醒他，也不忍心打断他。也许，父亲太痴迷于他的讲台和热作事业，连昏迷中都在重复一生里不断重复的场景。"何魁斗至今记得，父亲何敬真在昏睡中讲课时那种自信而帅气的模样。

这以后，上面的情景又出现过多次，其中何敬中既讲到生态学方面的内容，又强调他作为一位从事森林研究和热作事业的学者所肩负的历史责任和使命担当。

何敬真的同事，我国知名的橡胶专家庞廷祥这样评价道："他是一个心中有大爱的人，爱祖国、爱事业、爱大自然、爱海南、爱家庭。因为心中有爱，所以目光特别长远，行为特别坚定，无论顺境、逆境都毫不抱怨，无私付出，执着追求科学真理，一生都在为所爱散发光与热。"

■ 爱家乡　从小立志学农

1902 年，何敬真出生在福建漳浦县官浔镇锦江村。

官浔美丽，依山傍水，曾为繁华古埠，连接漳州厦门。

故乡美丽的山水，也赋予何敬真以灵气。

何敬真在家中排行老四，是几兄弟中最聪明的孩子，幼年与伙伴们在水塘玩耍，上山砍柴、掏蜂蜜，下河捞鱼，很是顽皮伶俐。

聪明的小敬真深得爷爷喜爱。

爷爷是老中医，经常走村串户，在乡间行医。下乡行医时，他总爱带着小敬真一起，小敬真就帮爷爷挑担子或在一旁帮忙。

跟着爷爷行医治病，何敬真目睹了中国乡村的贫穷和植物的神奇，对农民疾苦有切身了解，对农村落后状况印象深刻。

那时乡下的农民，连常见病都无钱治疗，善良的爷爷就把药赊给病患，患者实在付不起也就不收了。

乡村田间地头那些不起眼的植物，经过爷爷晒制、配伍后，皆能治病救人，价格既便宜，又容易获得。

所以，何敬真自幼十分喜爱植物，对植物世界有着强烈的探索兴趣，更是立志要改变农村落后面貌，为乡亲们造福，从而萌发了学习植物知识、掌握农业技术、科学救国的思想。后来，何敬真选择考入爱国华侨陈嘉庚先生创办的福建私立集美师范学校，学费和食宿都免费，毕业后按合同规定在集美小学任教 3 年。

在集美求学的经历，以及陈嘉庚的爱国情怀，给何敬真带来很深刻的影响：一个人成功后如何回报乡梓，回报祖国。

集美小学三年任教期满后，何敬真获得了在印尼工作的五弟的资助，然后以半工半读形式，考上了大学。

填报大学志愿时，过往种种涌上心头，何敬真觉得少年时的志向终于有了实现的路径，毫不犹豫地填报了南京私立金陵大学农学院森林系。

大学毕业后，何敬真担任过集美高级农林学校教务主任、校长，漳浦县立农业学校园艺科主任，陕西省林务局森林技师兼草滩林场场长，四川新都金陵大学农业推广区主任，四川私立铭贤学院任讲师、副教授兼森林组主任、教授等职。

"我的老师多才多艺，小提琴、摄影、手工等无一不精，是个很浪漫有才情的人。但他一生所从事的事业、担任的职务，与朴素枯燥的农学、森林分不开"，何敬真的学生杜逸说。这样的执著就是缘于童年农村生活的经历。

■ 爱自然　爱惜一草一木

在陕西林务局工作时，何敬真在德国森林学家菲舍尔手下工作了几年，从菲舍尔身上，他不仅学到很多森林专业知识，还学到德国人严谨求实的科学态度。

抗日战争末期，何敬真考上公费留学去了美国，进修水土保持及草原管理等专业，还学习了植物分类学、拉丁语等。何敬真在植物学分类上的造诣很深。

20 世纪 30—40 年代，何敬真就非常重视森林的作用，认真探讨森林覆盖率对农业的影响，可以说何敬真是中国最早的一批生态环保学专家。

1958 年，热作"两院"刚搬迁海南不久，何敬真负责创建植物园（现海南儋州热带植物园），广泛搜集热带地区有用的经济植物，希望将植物园建成我国的热带经济植物种质资源库。

当时植物园需要从国外引进种植的植物的名单及说明都由何敬真开列，并上报中央批准。

"父亲特别认真，将植物名称一个个手写出来，近百页的材料，装订起来就是一本厚厚的书"，何华玄介绍说。为了引种和考察，何敬真经常深入海南原始热带雨林或次生林，奔波在世界热带地区，去过阿尔及利亚、埃及、印度、越南、柬埔寨等国家，还受到过越南胡志明主席的嘉奖。

在他的努力下，植物园引进了很多当时国内没有的热带和亚热带药用香料植物和经济林木，如中国南方地区常见的非洲楝、大叶桃花心木、印度紫檀、伊朗紫硬胶、大王棕等优良园林绿化树种。在他的指导和参与下，热带经济植物园先后从国内外引进各种经济作物 3062 号，何敬真为保存和丰富我国热带植物资源做出了突出贡献。

热带植物园曾先后接待了周恩来等党和国家领导人。

何敬真对森林的热爱和保护，不仅体现在教学和科研上，还体现在日常生活中。

何华玄记得，在他童年时，家中做饭用的并不是当时常见的老虎灶（大灶膛的灶），而是父亲自己多次动手试验，创造出的一种节柴灶，取名为"无烟省柴回龙灶"。

这种节柴灶灶膛很小，木材可以充分燃烧，在接近锅底的地方还有半个铁圈围着，能将火力集中在锅底，充分利用热能。

同时，何敬真还在灶的后上方用砖砌了一个圆柱形空间，里面放了个大铁桶，煮饭烧水排出的烟还有余热经过大铁桶再通过烟囱排到室外。

这不仅缩短了煮饭、炒菜的时间，还节约了三分之一的柴火，打开铁灶后铁桶下面的水龙头，还有热水用。

何敬真在四川铭贤大学任教时，亲自带领工人把学院农场的灶全部改造成了节柴灶，节省了 50%～60% 的柴火。

1953 年，四川省人民政府特地给何敬真的"无烟省柴回龙灶"颁发了奖状。

"文化大革命"期间，何敬真到万宁东岭农场接受"再教育"。农场比较偏远，木柴多，农场工人节用木柴的意识不强，何敬真看了非常心痛。

尽管"身份"特殊，但他还是大胆地在农场努力推广"无烟省柴回龙灶"，和农场领导一起组织全农场的后勤干部和炊事员办班推广改灶，不仅帮助农场节约了一半的柴火，还净化了环境。

垦植初期，听信了苏联专家意见，粤西及海南大片原始森林被毁。甚至那些几个成年人才能抱得过来的大树，也被砍下来烧木炭。

每当看到这样的场景，何敬真总是很痛心。

"从广州搬到海南时，各家都砍树当柴火烧，父亲却不允许家人这样做"，何华玄说，"为了解决柴火问题，父亲自制了一把特殊工具，在一截水管上装上一个丁字镐，带着我们去挖树头。为此我们吃了不少苦头"。

■ 爱祖国　工作遍布南北

1931 年，何敬真从南京金陵大学农学院森林系毕业后，回到福建厦门从事农业教育工作，1934 年服务于陕西省林务局，1939 年在四川从事农业推广和教学（担任讲师、副教授、教授）等工作，从 1953 起，将精力投入到我国橡胶及热带作物研究事业上，直到 1987 年退休。何敬真的工作足迹遍布我国南北，涉及温带、亚热带、南亚热带及热带。扎实的理论功底和长期的生产、教学和研究工作实践，以及他对植物的兴趣和刻苦学习、勤于思考的习惯，使何敬真成为在森林学、植物分类学、植物地理学、环境生态学及热带作物栽培等方面的著名专家。

"父亲留给我最深刻的影响，是爱国！非常爱国！爱国是镌刻进父亲血脉深处的一种情感"，何华玄说。正是基于这种强烈的爱国情感，其足迹所到之处，都是何敬真研究成果扎根的地方。

何敬真的学生杜逸回忆，1951 年何敬真带他和几名年轻人一起上甘孜高原，查毒水毒草和草地资源。调查期间，已经 49 岁的何敬真和年轻人一样吃苦，骑马骑牦牛、爬山涉水、日晒雨淋，宿草地睡牦牛帐篷，吃糌粑、喝酥油茶，历尽寒风烈日及缺氧的侵袭，却从不畏艰险。

1953 年初，由乐天宇同志推荐，何敬真参与制定、落实"森林抚育法"，任华南特种林业研究所栽培部生态造林室主任，全家从成都搬到广州。

1954 年 4 月至 1956 年 3 月，由何敬真教授和中科院地球物理研究所江爱良、肖春前教授共同主持，联合中科院、中央气象台、广东农科院、热林所、粤西垦殖局、云南热作所六个单位，选择不同结构次生林带和萌生林带，测定其防寒防风效果。1962 年前后，何敬真曾作为总指挥，带队深入广东（含海南）、广西、云南、福建考察。1982 年"橡胶树在北纬 18—24 度大面积种植技术"获得国家发明奖一等奖，何敬真作为早期带队深入各地所进行的艰苦卓绝的考察、研判及发表的《福建热带科学技术考察报告》等技术资料为"橡胶树在北纬 18—24 度大面积种植技术"的正确实施积累了重要的技术数据，为橡胶北移栽培做出了重要贡献。

他撰写的《华南垦区防护林及覆盖植物调查研究总结》《防护林及覆盖植物总结报告》《徐闻茂名覆盖作物种类引种试验》等多个总结报告，提出在不同条件下的技术方向和具体做法，实践证明是正确的。

何敬真还和中科院地球物理研究所江爱良、肖椿前教授共同主持，联合六个单位对徐闻地区不同结构林带防护效能进行测定，总结出胶园的防护规律，为橡胶生产做出了重要贡献。

他还多次到我国广东、广西、福建、云南、贵州等省（自治区）考察调查研究，积极收集亚洲、非洲、拉丁美洲三大热带中心区地理、气候，植物资源、种类、用途及我国热带及亚热带地区特点资料，分析研究指导工作，编写了《植物生态学（上、下）》《热带经济植物引种资料》《治疗种种癌症的药用植物名录》等书，为发展我国热带作物事业，保存、利用和开发热带植物种质资源做出了重要贡献。

何敬真撰写的《对我国热带地区农业资源开发利用的意见》《"世界主要热带区的自然情况和我国热带区农业开发问题"报告提纲》等多部文件，直到今天，对我国热带地区的持续农业开发仍具有重要的指导意义。

因为爱得深沉，他敢于说真话。庞廷祥在回忆录中写道：1958年国内掀起浮夸风，老师严肃地对我说："这是害党害国的行为，我们是科学工作者，绝不能做这种事。"

在献身新中国的橡胶和热作事业过程中，何敬真曾当选第三届和第五届全国人民代表大会代表，并任中国人民政治协商会议广东省第二届委员，逐渐从一个正直爱国的知识分子转变成为一个共产主义战士，于1979年光荣加入了中国共产党。

■ 爱事业　治学严谨求真

在女儿何魁斗心中，父亲何敬真对自己的事业非常热爱，还希望儿女能接过他所热爱的事业。

"1959年7月，我从广州回海南过暑假，有一天我和爸爸外出散步，他指着路边的油棕树对我说，这种油棕出油量很少，是很古老很落后的品种，现在东南亚许多国家早就不种它了，可是我们依然还种。国家的热作事业急需研究力量，推进它发展和进步。"何魁斗从父亲眼里，看出他内心的悲伤和无奈。

"再后来，父亲谈到我高中毕业选报大学志愿时，很认真地建议我报农学，他说热带、亚热带作物品种繁多，丰富多彩，很有发展前途，这个专业钻研进去很有趣"，何魁斗说。由此可见何敬真对自己事业的热爱。

在何敬真儿女的记忆中，父亲的书桌上有许多纸盒，里面装着一叠叠小纸片，上面是父亲记录的植物拉丁文名称、分类、属性等。

"我父亲曾对我说，德国的科研很有延续性，开展一个森林学试验，会做一两百年时间，而我们很多项目却缺乏延续性"，何华玄说，"秉承这种理念，父亲在开展森林学研究的时候，都习惯于将所收集到的资料整理分析，编写成工整的报告，存档在单位。"

何敬真对事业的热爱与严谨，庞廷祥也有切身体会。

庞廷祥在回忆录中写道："何敬真教授到华南热作所后，为营造较理想的胶园防护林网，落实'森林抚育法'措施，开展了防护林树种调查。他考虑自己过去长期在我国北方工作，对南方植物特性和抗逆性知道不多，他特地邀请熟悉南方植物的陈立卿副教授合作调查，避免在调查中误判。对每次调查结果，他都亲自执笔写出调查报告，然后交给我们阅读提出意见，作最后修改后才定稿。"

何敬真去世后留下了几十本笔记，很有科研参考价值。

■ 爱家人　以身作则是榜样

1934年12月，何敬真娶冯玉华为妻，随后五个孩子陆续出生，最小的孩子是一对双胞胎。

"小时候，父亲经常出差，不是去国外考察，就是在大山里、田野中搞调查，很少在家"，双胞胎之一的何华玄回忆，"尽管如此，父亲对家人还是非常关爱的。"

"他只要在家，就帮助妈妈干这干那，制作工具、打扫卫生、修理家具、辅导孩子学习……父亲停不下来。"

何敬真留给何华玄印象深刻的还有，1959年国家困难，只能供应极低的粮油定量，市场上严重缺乏肉类等副食品，许多人因营养不良而患水肿病："我们的妈妈冯玉华就曾因照顾孩子们，加上劳累过度，得了严重的水肿病，她的下肢用手按下去就会出现深深的印痕"。为照顾病号和高级知识分子，招待所食堂专门设有优待券，其实只是一点黄豆和一小块比姆指甲大一点的咸鱼，但何敬真全都让给孩子们吃。

在那个饥饿的年代，为了让孩子们能吃饱，他常带领孩子们去摘野菜，挖葛薯良（有毒，处理过才能食用），在门前种木薯，养鸡，等等，作为补充。

"他从不抱怨生活，总是保持一种乐观的态度，我从小就受他影响"，何华玄说。

"父亲对家人的热爱，是为之计深远的热爱，不仅仅是日常生活的关心照顾，更是以身作则当个好榜样"。在女儿何魁斗心中，何敬真对家人严格要求，要求大家做诚实、正派、乐观、爱国、爱乡的人。

"父亲的字，写得平稳工整，也是他严谨细致的性格体现。我在军校时，每每收到父亲的来信，一见到他那具有特色的字体，亲切感就油然而生。"

何敬真将他最精彩的后半生贡献给了我国的橡胶和热作事业，献给了海南。他的理想、事业一定会后继有人的，他保护森林、生态、发展农业的愿望最终一定会实现。

何华玄也进入父亲的行业，从事热带牧草研究，取得了不凡的研究成果：培育出了自主创新新品种，总结了我国30年热带草业产业化经验。

■ 爱海南　九死南荒吾不恨

1953 年，我国著名的农林学家乐天宇作为"华南特种林业科学研究所"筹建负责人之一，邀请时任四川大学农学院教授的何敬真参与筹建工作。

至此，何敬真与海南结下不解之缘。

他到过厦门、西安、成都等许多地方，但是工作时间最长的还是海南，可以说海南是他的第二故乡。因此，何敬真对海南也怀着深深的热爱。

为了海南，他多次负伤和经历危险，却无悔无怨。一次，他与时任广东省委书记陶铸等人在海南考察，汽船渡海回海安，出河口不远，却遇上了狂风大浪，船上的人吐得一塌糊涂，只好被迫驶回海口；还有一次，考察遇上暴雨，路过万泉河时，汽车反转 180 度，险些掉入河里；考察南渡江沿岸森林时，遇上台风，皮筏在漩涡里打转出不来……

新中国成立初期，海南岛原始森林覆盖面积约为 26％，但到 1977 年已降到 8.2％。当时，面对此景况，何敬真曾心痛地形容："海南岛已经到了山穷水尽的地步"。

为了保护海南的森林和生态环境，何敬真走遍了海南每一座高山每一条河流，也因此对海南了如指掌。

何敬真深情的笔下，海南是这样的：东北缓山坡，山地西南多，面积三万四，大岛排在次。东经 108°，北纬 18°余，北部玄武盖，西南花岗基。尖端北指，形状似沙梨，海口距大陆，相隔十八里。凹陷百万年，老虎未开始。海拔来平均，约在二百二，干旱低谷地，百分五十四。低于一百米，只占三分二。千米的山峰，算来八十一。六个超千五，最高是五指，南部是热带，北部只算"亚"，坡垒与青皮，南部是本家。引自赤道者，只在此安家。谁想超自然，花岗头颅也！语句形象、准确、幽默。

在熟悉了解海南地形、地理环境和气候的基础上，结合自己的森林学知识，何敬真提出热带森林种类及林下植物的复杂性远非温带森林所能比拟，热带森林覆盖率（特别是岛屿）至少要达 50％以上，才能保证热带作物的可持续发展。

"如果仅仅靠热带作物的栽培，海南最终就会变成生物的沙漠，而热带经济植物也会死在这样的生物沙漠之中……"

如今，海南的森林覆盖率已达到 60％（尽管包括橡胶林）以上，海南和全国一样，农业生态环境有了较大改善。这都是缘于像何敬真这样热爱海南、热爱森林的专家们一代代努力研究、努力呼吁，以及国家重视的结果。

可惜的是，1979年1月，何敬真到文昌筹建椰子试验站，返程途中发生车祸，他身受重伤，被迫提前退休，离开他深爱的海南去北京疗伤。此后，他再也未回到海南。2004年8月3日中午，何敬真平静去世，走完了他坎坷的人生历程。

海南痛失何敬真，热带的草木痛失何敬真，中国热作事业痛失何敬真，他的妻子女儿痛失丈夫和父亲……

不过，何敬真的传奇故事，他的高尚情操，爱祖国、爱人民、淡泊名利、执著追求、无私奉献、一生追求科学和真理的精神，会永远留传。

韦玉山

韦玉山 (1937.06—)，广西武鸣人，壮族，中国共产党党员，大学学历，研究员；1960年毕业于华南工学院，毕业后留校任教；1961年6月，调入华南热带作物科学研究院热带作物产品加工研究所，任所长；社会职务：全国橡胶与橡胶制品标准化技术委员会委员、天然橡胶标准化学分技术委员会委员、中国化工学会会员、中国橡胶学会会员；先后获得"国家级有突出贡献的中青年专家""享受国务院政府特殊津贴专家"荣誉。

重要成果：作为主要设计者的"国产标准胶生产新工艺"，获1978年全国科学大会奖；参加完成的"标准胶洞道式半连续干燥设备"获1982年农牧渔业部科技进步二等奖；1984年主持完成的"标准胶连续化生产工艺和设备"使我国天然橡胶加工科技跃居世界前列，获1984年农牧渔业部科技进步一等奖；主持完成的"标准胶干燥系统的节能技术改造"获1986年农牧渔业部科技进步三等奖。

韦玉山：穷毕生力攻关橡胶加工技术

"科研成事不容易，没准需穷毕生力。创新非高不可攀，前人肩膀搭新梯。"这首小诗，是中国热带农业科学院研究员、原加工所所长韦玉山所写，道尽了他在热作科研攻关道路上的感悟。

他是这么写，也是这么做的。即便站在前人的肩膀上，他对科研也不敢有任何懈怠，而是穷尽一生之力去探索，且获得了许多科研成果，也给后来者留下了攀登的新梯。

■ 到祖国需要的地方去

1960年，韦玉山从华南工学院（现华南理工大学）毕业后留校任教，但他觉得专业不对口。1961年夏天，热作"两院"一名干部到华南工学院做报告，动员同学们毕业后到儋州宝岛新村工作，为祖国当前急需的重要战略资源——橡胶生产贡献智慧和专业知识。

年轻的韦玉山受到感召，毅然舍弃华南工学院教师一职，前往更偏僻荒凉的海南儋州宝岛新村。到宝岛新村后，韦玉山发现现实和理想落差很大，这里科研条件和设施太落后了，生产乳胶的工厂就像民间的豆腐作坊一样，与他大学期间到石油公司实习看到的科研条件、研究规模有天壤之别。

为了迎接新同事，加工系举办了一个简单的迎新会。在会上，韦玉山第一次听到有关我国天然橡胶加工研究和生产情况，认识了从事天然橡胶加工研究的前辈们。他发现，这些前辈一点儿不老，不过比他大几岁或十来岁而已，他们大多是新中国成立初期的大学毕业生，为了发展我国热作事业，做了年轻的拓荒者，长期坚持工作在这偏僻的山村。他们远离家乡，忍受夫妻两地分居，在宝岛新村为热作事业奋斗。他们的精神极大地鼓舞和鞭策了韦玉山，一股敬佩之情油然而生，打消了他因现实与理想落差太大而产生的失望困惑的情绪。从此，他向前辈学习，逐步克服不安心态，投入到组织分配的工作中去，踏实专心地从事橡胶加工技术的研究。

20世纪60年代初，宝岛新村的工作和生活条件相当艰苦。那时韦玉山他们要去联昌或附近的农场做试验，来回均是步行。有一次，他在马佬山的密林里迷了路，山里很多蟒蛇、野兽，他瞎闯了很久，又饥又渴又恐惧，到天黑时分才得以走出密林，侥幸安全到家。虽然条件艰苦，但研究工作仍照常进行。

1965年，加工系搬迁到湛江，建立华南热带作物产品加工设计研究所（简称加工所），韦玉山离开了宝岛新村。他在宝岛新村工作的时间不长，有3年左右，但宝岛新村人团结、和谐、敬业、艰苦奋斗的精神是他毕生事业最坚实的起点，也是他的终身财富。

退休后，韦玉山在一篇回忆录中写道："祖国的需要就是我的志愿！第一代热作科研人员更是鼓励我奋勇前行、努力创新的榜样。"

■ 助力天然胶加工跃居世界前列

虽然彼时热作"两院"初创，科研条件落后，经过短暂彷徨，韦玉山逐渐安下心来，尽心竭力改变祖国橡胶加工技术落后的面貌。他相信，科学研究是探索未知事物的工作，往往要付出艰辛的努力，甚至穷尽毕生精力专注于某一领域的研究。

功夫总不负有心人。随着他对天然橡胶认识的深入，知道了天然胶乳含水量超过70％，除了主要成分高分子橡胶烃，还含有复杂的非橡胶成分。要把胶乳加工成干胶产品，就要去除胶乳中所含的水分。但胶乳中水分与固体物结合牢固，成胶体状，难解难分。虽说提高温度可加速物料的干燥速度，但由于橡胶烃对温度比较敏感，在较高温度下极易被氧化降解，会降低天然橡胶的质量。因而，在天然橡胶的加工中，脱水干燥是非常困难和复杂的工艺。

韦玉山决定，自己今后的科研方向就是天然乳胶的脱水干燥领域。他开始自觉系统地学习和收集现代工业各种干燥的技术资料，关注这方面的最新进展，开展各种干燥试验。试验用的胶乳凝块需从雷州半岛的农场装汽车运回加工所的试验车间。每一次试验均有几十人参加，从白天一直连续工作到次日凌晨，既辛苦又劳累。韦玉山作为项目负责人，要来回奔跑，对试验工作进行组织、指挥和协调，由于脚上穿的是长筒靴，比较重，因而脚跟磨出了不少的老茧。在众人的艰苦努力下，试验研究取得了较好的结果，该成果获得了发明专利。

但是，科研的路和人生的路一样，都是曲折多变的。当韦玉山沉浸在科技攻关的喜悦与紧张中时，1969年，他的研究工作被迫中断，韦玉山离开了科研岗位，被下放到广东省化州县北部的一个小农场，一个地处两省三县的交界处，人称"西伯利亚"的地区。他每天的主要工作就是开荒、种植橡胶和施肥等。好在韦玉山很快又因被上级部门抽调参与"天然橡胶新产品—国产标准橡胶的研制"科研计划，和黄家瀚、杨林湛、梅同现、刘惠伦、何志东、梁森源、黄惠民等十多位同志一起被调回加工所重新恢复了科研工作。

直到1973年春，兵团撤销，热作"两院"恢复原来农垦体制，科研恢复正常。韦玉山继续负责天然胶加工的干燥车、燃油干燥房工序。最终，他和同事一起，研制生产出三种国产标准胶，与进口同等的标准胶均无明显质量差异。从此，我国标准橡胶的加工水平与国际同行业并驾齐驱。

1976年，韦玉山和同事黄家瀚、杨林湛、刘培铭及陆衡湘共同研究，在南华农场标准橡胶生产工艺和设备基础上，设计出履带式连续转动干燥设备和自动称量打包机。这些新设备有两项获得了国家专利。我国标准橡胶的研制工作从1970年开始，历时8年，在逆境中摸索前进，在上级部门的关心及广大农垦部门大力协作下，完成任务并全面推广生产，使我国制胶业达到国际先进水平。我国标准橡胶的生产工艺和设备已出口到东南亚和非洲国家，打破了马来西亚的垄断局面。在标准橡胶的研究中，多项研究成果分别获得国家和农业部颁发的1979年国家科学大会奖、农业部科技进步奖、发明奖等多种奖项。

从1971年至1986年，韦玉山和同事们先后完成了"天然胶新产品—国产标准胶的试制""标准胶洞道式半连续干燥的研究""标准胶连续化生产工艺和设备的研究""标准胶干燥的节能技术改造"等项目的研究。这些研究成果广泛应用于制胶工业生产，创造出巨大的经济和社会效益。其中，"标准胶连续化生产工艺和设备的研究"在国内外首次实现了标准胶生产从造粒、干燥到打包的连续化,使我国天然胶加工科技跃居世界前列。韦玉山功不可没。

1984年,韦玉山担任加工所副所长,后来又担任所长,一直主管科研工作。尽管行政事务繁忙,韦玉山仍不忘当初要改变我国橡胶加工技术落后面貌的誓言,利用休假日或晚上时间加班加点搞科研。1984—1986年,他作为项目总技术负责人,主持完成了"云南勐捧农场标准胶厂综合技术设计"等项目。

■ 科研援外建立国际友谊

韦玉山的科研不仅在国内,他还多次奉命出国,为东南亚的睦邻国家提供科技援助,帮他们培训科研人员。

1970年3月,韦玉山接到一任特殊任务,培训30多名越南实习生,传授他们烟胶片的制作技术。该任务由中央下达,由广东省农垦总局负责执行,教员和工作人员都是从中国热科院加工所及广东农垦下属单位抽派的,培训班分别在广东省化州县的新华农场和建设农场进行,历时近1年。这些实习生学员学成回国后,不少人成为越南天然橡胶加工研究和生产的骨干力量。

1976年,根据中国和柬埔寨有关技术合作协定,为帮助柬埔寨发展天然橡胶生产,中国政府决定无偿援助其建造4座标准胶加工厂。该项目由广东省农垦总局负责组织实施,专门成立了中国援建柬埔寨标准胶厂技术组,韦玉山是援助成员之一。1978年,韦玉山跟随技术组赴柬埔寨进行现场施工,建厂所需材料,如钢材、水泥、施工器械及发电机组等物资和设备全由中国提供,从中国国内运去。当时我国援柬在建项目很多,中国援助的物资和设备由轮船运至柬埔寨的磅逊港,磅逊港非常繁忙,港口码头和仓库里,中国物资堆积如山。韦玉山参与援建的4座胶厂中,边江胶园制胶厂首先动工。为了方便工作,组长田之宾和韦玉山等技术干部及少数施工人员住在边江胶园,其他大多数施工人员则住在几公里以外的朱普胶园,他们每天上下午都要乘大巴往来于工地和住地之间。在田之宾的领导下,技术组全体人员齐心协力,柬埔寨方也积极配合,利用旱季的几个月加紧施工,因而工程进展比较顺利,至1978年底,边江胶园制胶厂的厂房已经盖顶。

不过,正当建设工程准备进入厂内设备安装时,柬埔寨东部边境抗敌战事却日益激烈,隆隆的大炮声昼夜不绝于耳;沿途都能看到边民们架着装满行李的牛车,拖儿带女、仓皇逃难。柬埔寨处于无商品、无货币、无邮电通信的贫困闭塞状态，参加援建工作的科研人员也处在战争的漩涡之中，随时有生命危险。

1978年12月31日晚，饭后援建驻地放电影，准备迎接新年，突然有通信员骑摩托车飞奔报信，说敌军坦克已经打到几公里外的朱普胶园。田之宾立即下令全体人员撤离。援建人员与全体农场职工及其家属一起，大家乘坐几十辆大小汽车，沿湄公河边的公路，向金边缓慢南撤，至次日傍晚时分才撤到金边。后来才知道，住在朱普胶园的施工队在乘大巴外撤时，由于车上的警卫战士（均是十多岁的大孩子）向车外开枪，因而遭到敌军的反击，我方一名援建人员身中两枪，受伤严重，由国内派专机接送回北京治疗。

其余援建人员从金边到马德望，又从马德望到金边，几番辗转奔波、躲避战争，1979年1月6日，他们在祖国大力斡旋和安排下，全部乘上中国民航专机，安全返回国内。回国第二天，金边沦陷。韦玉山还了解到，当日和他们同乘飞机抵达北京的，还有柬埔寨国王西哈努克及其亲属。

当年，中国援柬人员达数千人，他们都在祖国的庇护下安全回家。

这次历险让韦玉山深深感受到祖国强大给人民带来的安全保障，无论身处何地，都能把自己的国民安全接回家，这也让他更加热爱祖国，坚定了为祖国热作科研事业奉献终身的信心。

致力橡胶加工技术研究数十年，韦玉山成果累累：作为主要设计者的"国产标准胶生产新工艺"获1978年全国科学大会奖；参加完成的"标准胶洞道式半连续干燥设备"获1982年农牧渔业部科技进步二等奖；1984年主持完成的"标准胶连续化生产工艺和设备"使我国天然橡胶加工科技跃居世界前列，获1984年农牧渔业部科技进步一等奖；主持完成的"标准胶干燥系统的节能技术改造"获1986年农牧渔业部科技进步三等奖。

韦玉山的研究促进了我国橡胶加工技术水平实现跨越式发展。他先后荣获"国家级有突出贡献的中青年专家""享受国务院政府特殊津贴专家"。

张开明

张开明（1931.02.06—），男，湖北武汉人，中国热带农业科学院研究员、中国共产党党员；1952年毕业于湖北农学院病虫害系，分配到华南特种林业研究所（筹）工作；此后一生都在为中国橡胶植保事业、热作植保事业奋斗。

重要成果：对橡胶白粉病、麻点病、炭疽病、条溃疡病有很深入的研究，制订出农业防病措施（一浅四不割）和药剂防治相结合的方法；研发出割面防雨帽和农药缓释剂等技术，至今仍被各胶园采用；1984—1985年赴南美巴西研究南美叶疫病，在世界上首次发现该病病原菌的8个生理小种，同时研究出几项新的检疫处理方法，其成果为东南亚植胶国家采用；主编和参与编撰出版了《热带作物病虫害防治学》《中国农作物病虫害防治》《中国农业百科全书（植物病理卷）》等书籍；在国内外刊物发表论文60多篇，发表橡胶热作病害译文100多篇50多万字；创办全国橡胶热作农药协作网，开发出百菌清、多菌灵、十三吗啉等新农药，这些药防治效果良好。

张开明：永不当逃兵的"橡胶卫士"

张开明，湖北武汉人，在中国热区留下了坚实的脚印。他一生从事橡胶植保事业，与危害橡胶树健康生长的病虫害做斗争，被称为橡胶白粉病、麻点病、条溃疡病、炭疽病等病害的克星。

他常说，要终身为橡胶植保事业而奋斗，不当一天逃兵，"生命不息，奋斗不止"。从1952年他走上橡胶植保岗位，直到退休，张开明从没有一天真正离开他所热爱的橡胶植保事业，不折不扣地践行了他的誓言。1959年，在国家最困难的时期，他将在武汉高校工作的妻子接到粮食极度紧缺，交通极度落后，工作、生活条件极度贫乏的联昌试验站，和他肩并肩，共同为祖国的橡胶事业贡献青春与智慧。

■ 命运的安排：与橡胶科研结缘

张开明这一生原本与橡胶无关，但命运的阴差阳错却让他与橡胶植保科研结缘。

1952年9月，张开明毕业后被分配到湖北咸宁工作，而橡胶树是生长在热带、亚热带地区的，如果他去了咸宁就不会从事橡胶病虫害防治工作。但是，当时一个被分配到华南垦殖局工作的同学不想去，要和张开明交换，张开明高兴地同意了。

1953年2月，张开明持中南军政委员会人事部的分配函前往位于广州的华南垦殖局报到。当张开明一路辛苦赶到广州时，才得知华南垦殖局已经搬到湛江市。旅店的人告诉张开明，可到沙面珠江路去找华南垦殖局办事处，到了办事处，办事处同志对张开明说，从广州到湛江500多公里，路上要走好几天，张开明又不懂粤语，不如到华南垦殖局正在筹办的华南特种林业研究所工作，并开介绍函给张开明，让他到特林所筹办处报到。

就这样，命运的一次奇妙擦肩使张开明放弃了留在内地工作的机会，成为南国边疆热作科研战线的一员，从此为橡胶植保科研事业奋斗终生。

当时，华南特种林业研究所筹委会主任由华南垦殖局第一副局长李嘉人兼任，乐天宇、彭光钦、林西任副主任，研究所内设培育部、化工部和行政部。培育部下设五个研究室：一室的研究业务为生态造林、二室的研究业务为土壤肥料、三室的研究业务为生理解剖、四室的研究业务为植物保护、五室的研究业务为遗传育种。张开明被分到病理组。

研究所当时办公地点——沙面珠江路46-48号，是一个大院子，3座楼房。培育部在中间主楼，进大门左侧楼房是化工部，右侧楼房是行政部。楼房大门口有解放军站岗。研究所属保密单位，张开明被告知不能对外讲自己是干什么工作的，他每天下班离开大院前要将办公材料送交保密室，上班时再签收取回。那时，研究所宿舍紧张，张开明很长一段时间只能住在培育部三楼一间大厕所里，直到1954年才搬到沙面的康乐室。

■ 认识橡胶树：垦区万里行的启迪

20世纪50年代初，橡胶科研在我国刚起步，很多人不认识橡胶树，就连学植物的人很多都没见过橡胶树，张开明对橡胶树同样所知不多。

纸上得来终觉浅！为帮助新加入特种林业研究所的年轻人了解橡胶树的生态习性和栽培技术，1953年4月，特林所筹委会副主任乐天宇教授，带领培育部已到所的科研人员从广州出发，到华南垦殖局下属的广西、粤西、海南农垦分局开展胶园科学考察，历时半年，行万里路去认识橡胶，此行对张开明后来的科研之路影响深远。

　　一行人到广西考察近2个月，在粤西考察半个多月。结束到粤考察回到湛江时，乐天宇等几位教授和朱贤锦、潘衍庆、陆行正、刘崇禧、周启昆、陈迺用等来到湛江与张开明他们会合，带着5顶大帐篷准备前往海南考察，考察队一下子增加到好几十人。大家一起分乘2条大木船，浩浩荡荡过海到海口。

　　张开明记得，海南农垦分局当时在海口得胜沙办公。双方商定了考察计划，决定先到儋县联昌胶园（即1952年成立的联昌橡胶研究站）考察。联昌胶园在牙拉河对面，河上没桥，大家只好先乘车到西联农场，再徒步走到联昌的河对岸，用牛车把帐篷拉到河边，先涉水过河，再爬坡到联昌。在老胶园内搭好帐篷，安顿好生活后，大家开始到儋县所有老胶园和新植场考察，前后耗时20多天。

　　到联昌没多久，考察队遇上了台风。很多人第一次经历台风，大帐篷搭在胶园里，台风呼呼刮着，夜晚不断听到胶树被风折断或吹倒的"咔嚓"声，大家都担心树被台风刮倒压伤人，很可怕。帐篷外伸手不见五指，又是大风大雨，大家只好聚集到帐篷中间的柱子下面，挨到天亮才敢走出帐篷。台风过后，牙拉河水暴涨，人很难涉水过河。好几十人吃的米、菜是派人从那大买好，运到河对岸。张开明和同事便在河两岸的大树上拉一条绳索，岸这边由几位会水的小伙子提着铁桶过河，装上米、菜，一桶一桶拉着绳索推着铁桶运过河的。

　　在海南各地考察了2个月，到1953年9月下旬考察结束后，考察队回到海口准备返回广州，但台风阻碍了船期，直到10月1日才解除，被通知可以开船，考察队才得以返程。晚上航行至靠近湛江的硇州岛时，木船突遭飞机空袭，轮船停机、熄灯、停航，才躲过了空袭。

　　经过这半年的考察，张开明获益匪浅——他对橡胶树生态习性有了初步了解，而且收集到关于橡胶老树、幼苗的风、寒、旱害及一些寄生性病害的资料，比如橡胶的黑根病、紫根病、软腐病、白粉病等资料。1953年底，考察结果由张开明执笔，他写出第一份橡胶病害调查报告《橡胶病害调查初步总结》。

　　行万里路如读万卷书，垦区万里行启迪了张开明，他认识到：特林所是为我国华南地区发展天然橡胶业服务而建立的一个研究所，担负着解决橡胶生产中的重大疑难技术问题的责任。"特林所是生产部门的研究所，必须为生产服务"这一宗旨，从那以后指导着张开明几十年的天然橡胶植保科教事业的全部活动。

■ 研究白粉病：春节都在胶园过

橡胶树白粉病是东南亚植胶国家的重要橡胶树病害。1953 年，张开明在海南考察时，看到了该病在一些胶园中广泛发生，造成损失。为预防白粉病在我国垦区蔓延，特林所决定设立课题进行系统研究。课题负责人是周启昆，执行人便是张开明。

白粉病菌是绝对寄生菌，不可能人工培养，张开明和同事们在远离橡胶的广州无法开展研究，于是大家决定把科研前移至生产一线。为了赶在海南老胶树越冬抽叶前进行研究，1954 年 1 月，周启昆和张开明前往 1953 年春季曾发生白粉病重病的琼海石壁农场。他们随身携带一部手提显微镜和部分玻璃仪器乘船到海口，再转车到嘉积，又从嘉积坐小木船沿万泉河上行，最后到达石壁农场。农场没有空宿舍，两人只好借住在仓库的阁楼上，仅供晚上睡觉，白天则在农场集中办公的草房里借一张桌子工作。

石壁农场有 3 个割胶站，每个割胶站四周还有很多大小不等的民营胶园。周启昆和张开明住在镇上，每天来回岭头采样和观察。为研究白粉病菌形态和孢子发芽生理，需要去胶园采新鲜病叶，可那时不仅科研水平落后，科研条件也很差，研究工作因陋就简，于是为了避免采摘的样本途中受热影响孢子发芽率，他们将病叶放在装有湿毛巾和芭蕉叶的锌铁皮箱内，带回场部；为研究病菌侵染与叶龄的关系，他们采用人工方法接种不同叶龄的嫩叶，同时用徒手切片法测量不同叶色、叶质的叶片的角质层厚度与发病关系。

经过一段时间橡胶白粉病流行病学的调查，张开明得出结论：橡胶白粉病发生因年份、地区、树位、气候不同而有差异；发病时期较一致，多在每年 4 月上旬，4 月中下旬达到高峰。雨量差异与白粉病发生关系显著，雨量少，白粉病轻；雨量大，白粉病重。温度似乎不是白粉病发生的主导因子，其他因素差异与白粉病发生关系不大。

为证实白粉病菌能否以菌丝形态在橡胶休眠芽中潜伏过冬，张开明做了套袋试验，即在越冬期选择重病树的芽条，剪去老叶，用玻璃纸或牛皮纸袋套住，等春季顶芽开放时，拆开袋子检查新芽是否染病。他一共选取了 98 枝芽条套袋，结果未见有芽条发病。这说明橡胶枝条的休眠芽不会带菌过冬。

1954—1955 年，张开明多次到石壁农场开展喷撒硫黄粉治白粉病试验。连续几年的春节，张开明都是在石壁场老胶园里度过的。工作和生活条件虽然艰苦，但 2 年多的研究使他在白粉病原菌生物学特性、病菌侵染及侵染循环等方面取得不少资料，也验证了硫黄粉对白粉病菌有毒性作用，为 1959 年针对海南第一次爆发橡胶白粉病，开展有效防治打下了基础。

在石壁农场白粉病试验告一段落后，张开明又赶去参加由陈延熙教授带领的中国科学院华南工作队植物病理分队海南中路、西路和徐闻所农场的调查。这也是一次大规模调查，共 14 个单位 27 人参加，参加人员基本上是橡胶科研领域的老前辈，如陆大京、郑冠标、陈洒用等，张开明负责调查海南中部、西部和广东徐闻的胶园。全部考察历时 2 个多月，共调查 12 个县、42 个老胶园的 101 000 株老胶树，20 个新植场、约 100 万株幼树和 89 个苗圃。

这次考察，张开明和同事查出橡胶红、褐、紫、黑纹、臭根病等各类根腐病。他在胶园里光着膀子，穿着短裤衩，赤着脚，与大家一起挖土查病根、治疗，全身晒得黑黑的，敬业精神让胶工们都敬佩不已。考察结束后，考察队描述了橡胶各种根病的地上部分症状、根部病征，收集病菌子实体，记载 5 种橡胶根病的分布、危害性和造成的损失。最后，由陈延熙教授将根病调查情况写成《中科院华南工作队植病分队 1954 年上半年工作总结》。

■ 艰苦的岁月：风雨过后见彩虹

张开明 1952 年大学毕业后就进入特种林业研究所（中国热带农业科学院前身）筹办处工作。可以说，他是第一代中国热科院人，经历了中国热科院早期发展所有曲折的历程。那是一段极为艰苦的岁月，他们与苦难相伴，经历风雨洗礼，正如橡胶树，最终根植于热土，变得根深叶茂、果实丰硕，迎来满天彩虹。

1954—1956 年，研究所体制几经变更。1957 年 10 月，时任农垦部部长的王震去日本考察路过广州，到研究所召集会议，作出研究所一定要搬迁的指示，此时何康也从北京调来担任所长，表示坚决执行下迁的指示。搬迁海南命令下达后，研究所立即派刘松泉等人到联昌，田之宾等到万宁兴隆试验站，庞廷祥等到粤西试验站，并派遣一批干部到儋县农村大队锻炼。经过这些准备，下迁时机也成熟了。

1958 年 3 月 16 日，何康所长带领一批人乘车从陆路到海南，张开明跟随何所长走陆路，到海安港后再乘木船过海，由海口转到联昌。他们到达联昌试验站时，发现试验站仅有几间瓦房，没有住处，张开明等人只能暂住实验室，白天把铺盖卷起放在橱柜顶上，晚上摊开睡觉。

1959年，为了支持丈夫的橡胶植保科研事业和热作"两院"附中的教学，张开明妻子黄光辉从武汉一所高校借调到热作"两院"，夫妻俩与加工系的何家灼夫妇合住一间10平方米的小房间，中间仅用竹板隔开，做饭只能在门口地上架2块石头当炉灶烧火，条件非常艰苦。尤其在三年困难时期，联昌试验站甚至出现连着几天断炊的境况，站长刘松泉动员全站科研人员和家属去摘野菜，比如革命菜、鹿舌菜等，要求每人采5斤交到饭堂。他们把这些野菜洗净、切碎，然后倒在煮猪食的大铁锅中加清水和盐煮了。刘松泉掌勺分野菜汤，一人一碗，汤里连点油花都没有。

附近野菜吃完后，大家又只得丢下"知识分子的自尊"，由黄宗道带队到附近农民收了木薯的地里，去捡农民不要的小块木薯和用刀砍下没掰完的木薯根头，回来洗净煮熟一人分一碗。当时，大家还煮木薯嫩叶吃，有人还吃橡胶种子（要泡水去氰酸），整年吃不到肉，连油都没有一滴，不少人饿得患水肿病。

张开明与黄光辉青梅竹马，原本只是借调到热作"两院"一年的她，却与丈夫一样，没有被清贫艰苦的生活吓跑，反而留了下来，她说："大城市种不出橡胶树，当然要属海南喽，我们听党的话、跟党走。"

从此，夫妻俩扎根海南岛，三个孩子也在海南长大。那个年代，张开明长年在外出差，年头走年尾回，三个孩子出生时，张开明都没有守在爱人身边。第一个孩子出生时，张开明在西双版纳建设样板田，从梯田上滚下来，摔伤了。临产前，黄光辉独自挺着大肚子搭运输橡胶胶片的大卡车，颠簸五六个小时前往海口，然后再坐船离岛，回武汉娘家生孩子。如今追忆往事，张开明颇觉对不起妻子和孩子，但那个年代所有热作科研工作者、所有中国的橡胶人都是白手起家、艰辛创业，他们离不开身后家人默默而坚定的支持。在艰苦的岁月里没有一个逃兵，全部坚守在祖国最需要的地方。

在这困难时期，张开明承担了橡胶麻点病的防治课题。开始，张开明在河边苗圃设观察点，他到海南各地农场进行麻点病调查。那个年代，交通极其不便，基本靠步行，如在金江农场调查完后要到其他农场，坐车要先到离金江场部4公里的大本山脚等通什到保亭县城的汽车，一天只有1班车，等不到得回金江场部。为避免如此往返的麻烦，他干脆走路。从金江到县城20多公里，张开明一个人背个小包、一壶水，看着路碑计时1小时走6公里，4个小时也走到了，然后从县城走到南茂农场。到新星农场、保亭热作所他也是先走到县城，再去新星、保亭热作所等。

饥饿是那几年如影相随的"伙伴"，似乎无论去哪里搞研究，饥饿总是伴随着张开明。1960年，在南茂农场调查麻点病，张开明住在场部招待所。一天交1斤粮票，只有两小杯稀饭，饿得不行，只好买一斤食盐，饥饿难当时，就冲杯盐开水喝。南茂农场当时转业来一批军工，有一户军工带着妻小住在招待所，军工每月有40斤大米，但家属小孩却没粮食分配。有一次，这户军工妻子用大脸盆煮了一脸盆地瓜藤，很香。张开明想讨一口吃，又拉不下面子，只好忍着。一天，南茂生产科的潘伟民陪张开明到灶拱队调查，碰到队里大会战，灶拱队饭堂煮了一大锅木瓜盐水汤。潘伟民想为张开明去要点木瓜盐水汤喝，饭堂师傅说没有参加大会战的人没份。灶拱队植保员谢坤觉得过意不去，便把自家种下不久的木薯全拔起来，将拇指粗的木薯掰下洗净，切碎加盐煮了一大锅，那一顿张开明吃得饱饱的。

那个年头，生活艰苦却精神富足，尽管饥饿如影相随，张开明每天都带着希望到胶林搞调查、喷药、做各项试验，科研成果频出。

■ 与病害交锋：永远的"橡胶卫士"

张开明大学专业是病虫害防治，毕业后从事的工作专业对口，主要研究方向是橡胶病虫害防治，也就是"橡胶卫士"，保护祖国重要的战略物资——橡胶树的健康生长发育。

他一生都在与橡胶病虫害打交道，根腐病、白粉病、南美叶疫病、树条溃疡病，等等，无一不是他手下"败将"，他将这些橡胶树的瘟神一一送走，当了一辈子坚定的"橡胶卫士"。

张开明的回忆录中记录了他与橡胶树条溃疡病的三次交锋。橡胶树条溃疡病是由多种疫霉菌引起的树条疾病，染病部位会坏死，针刺无胶乳流出，割面树皮会严重溃烂，导致急剧减产，危害极大。

第一次交锋，1962年12月至1967年。1962年秋冬，海南17个农场爆发橡胶树条溃疡病，30多万株橡胶树割面树皮严重溃烂，华南热作所决定设立课题展开研究，由张开明和郑冠标负责课题实施。

开始时，课题组不能确定树皮溃烂是哪种病原引起的，是割面霉腐病呢，还是条溃疡病呢？因为不同病原菌防治药剂不同，所以课题组一边到各发病农场调查，描述病害症状，一边大量采集染病树皮进行分离培养和接种试验。最后，课题组统一认识，确定是由疫霉菌引起的条溃疡病。1963年，张开明带领课题组分别在东兴、西庆 2 个农场定植的实生树林段，定点进行系统观察和人工接种，研究病菌侵染和扩展的条件。当年就明确了几点：①每年 4—12 月都可能发病，4—8 月是不扩展的侵染阶段，9—10 月是侵染扩展阶段，11—12 月是扩展流行阶段，胶树停割后到翌年 3 月为流行趋势下降阶段；②降雨是病菌侵染的主要条件，湿度是病斑扩展的关键因子；③秋冬季节雨后，树身不干割胶或雨水冲胶容易染病……这些研究结果为以后制订条溃病防治措施提供了依据。

经过近 5 年的室内和田间试验，课题组从 45 种药剂中筛选出溃疡净、赛力散等 7 种有较好防效的药剂，提出了综合防治措施，包括合理安排每月割刀次数、产量计划；在 9 月底前抓紧利用好天气割胶，减少病害流行期割胶；贯彻秋冬季"一浅四不割"的防病割胶措施和流行期及时施药等。

第二次交锋，1971 至 1975 年。1970 年冬，橡胶条溃疡病再度大爆发，350 万株胶树感染此病，引起农林部领导高度重视，于 1971 年和 1972 年 2 次派调查组调查发病原因。当时，已经下放劳动的张开明被调回研究所组织力量调查发病原因、处置病树。张开明在之前研究成果的基础上，继续改良防治方法，利用伤口涂封剂促进溃烂橡胶树皮愈合。他还将防治经验和方法编写成《橡胶树条溃疡病基本知识》小册子，发放到各农场，举办多期防治培训，推广综合防病措施。此后，海南再未大面积爆发橡胶条溃疡病。

第三次交锋，1982—1984 年。1981 年，农垦部生产局指示华南热带作物科学研究院派人去云南西双版纳，了解近年条溃疡病原因和协助开展防治。当年 8 月下旬，中国热科院派张开明和黄庆春去云南，会同当地橡胶科技人员开展针对橡胶生产和病害问题的实地考察，分析了 1978—1980 年云南橡胶条溃疡病爆发原因，提出 5 条防治建议。

因为执著地和橡胶树条溃疡病做斗争，张开明还启发了中国热科院另一位橡胶专家郝秉中，使他获得了国际橡胶金奖。1981 年的一个上午，张开明在做条溃疡病的实验。郝秉中在一边认真地观看，一边与他交谈。过了几天，张开明找到郝秉中，说他做了实验，证明施用乙烯利的确能增加橡胶树对条溃疡病的抗性，他带郝秉中去看他的实验成果：橡胶树施用乙烯利后接种条溃疡病病菌形成的病斑，比不使用乙烯利的树明显小得多。郝秉中兴奋极了，认为这是一个非常了不起的发现。后来，郝秉中与张开明合作，对乙烯列诱导条溃疡病抗性机制做了进一步研究。郝秉中和张开明之间建立了深厚的友谊。张开明比郝秉中大好几岁，他对科学研究的热情，对年轻人的无私帮助，让郝秉中深受感动。

1982 年 3 月，张开明等人选择西双版纳近年条溃疡病发病最严重的勐腊农场三分场开展研究。云南的橡胶条溃疡病与海南发病原因有所不同，据了解，自 1978 年以来，西双版纳发生由条溃疡病病原菌——疫霉菌引起季风性落叶病，原有防治措施失效。"不割没有胶，一割又烂树"给云南农垦各级领导带来极大困扰。新情况新办法，张开明重新设计了防治措施：在割线上方安装油毡防雨帽，阻隔树冠下流的病菌和防止雨冲胶；施用有效农药缓释剂；施用乙烯利乳剂，提高割面树皮抗病性；施药控制病斑扩展。此措施沿用至今。

橡胶南美叶疫病是造成巴西橡胶树不能在其原产地——巴西等南美洲国家大面积进行商业栽培的因素。该病也是我国对外检疫中列入的一种危险性病害。国际橡胶研究发展委员会（IRRDB）为协助东方植胶国家预防该病传入设立基金，每年资助一个国家派一人到巴西疫区去了解、认识和研究南美叶疫病。1984—1985 年，张开明受国家委托，利用 IRRDB 提供的经费赴巴西进行考察和现场研究。通过疫区实地考察，张开明认识到了南美叶疫病的危害。他首次发现，巴依亚州依他布拉地区胶园的南美叶疫病菌有 8 个生理小种，不同小种对几种防治用的杀菌剂的敏感性有差异。此项发现为制订新的抗病育种计划和科学防治提供了依据。针对南美叶疫病，张开明根据自己的研成结果，提出了几项新的检疫处理方法，简化了原有的检疫措施，其成果为东南亚植胶国家采用。

张开明还为炭疽病的防治打下了基础。炭疽病，是继白粉病后在我国植胶区发生的第二种重要叶部病害，1970 年开始在粤西红五月农场和织簧农场流行。1972 年，张开明和刘秀娟立题研究炭疽病防治，到红五月农场蹲点开展研究。课题内容包括病害的初侵染菌源、发病过程、流行方式、流行因素、药剂筛选和苗圃与林段的防治试验。他们找出了炭疽病的侵染菌源、侵染方式、发病过程、流行方式等，认为该病有越冬、始发、流行和缓慢下降 4 个阶段，可分为爆发和渐发 2 种流行方式。为寻找有效的防治药剂，张开明和刘秀娟在室内筛选了 40 多种农药，找到了有机汞、退菌特、代森锌等有效药剂。

■ 精彩的晚年：写书调研建言发展

1992 年，张开明从植保所所长兼植保系系主任的行政岗位上退下来，但还有课题研究和硕士研究生培养任务，到 1997 年 12 月他才正式退休。作为橡胶热作植保战线老兵，他不想退出科研战线，他觉得还有很多科研、很多事要做，他说"生命不息，战斗不止。"

退休后，张开明经常抽时间到中国热科院图书馆外文杂志库去查资料，到信息所找有关同志了解热作新动态、新信息，他一心牵挂着橡胶热作生产和植保，牵挂着热作事业、橡胶大业，坚持继续为橡胶热作植保事业发挥余热。

他接受农业出版社约稿，编写出版《香蕉病虫害防治》；接受海南省老科协交办的调研任务，走访海南 14 个县市开展热带水果调研，提交了《发展海南省大宗热带水果的建议》；应聘担任琼山市农业顾问，先后到十几个乡镇对胡椒、香蕉、荔枝、龙眼、瓜菜等的病害进行科普宣传和咨询服务；2004 年，张开明出席云南植胶百年会议时，被请去西双版纳勐养农场考察新的、过去没有见过的橡胶叶片病害；2005 年 3 月，张开明与梁荫东、王秉中、吴运通等一起到西双版纳考察了几个农场，撰写了《西双版纳橡胶树几种新发生的病害的考察报告》；撰写了《中国天然橡胶植保科技五十年的回顾与展望》。

"莫道桑榆晚，为霞尚满天。"当了一辈子"橡胶卫士"的张开明退休后依然奋斗不止，宛如老树新芽，绽放更灿烂的生命力。如今 90 岁的张开明身体硬朗，只是腿脚不灵便，而这正是年轻时在西双版纳摔伤落下的后遗症。

现在，张开明出行依靠轮椅，生活上全靠爱人照顾。他为祖国橡胶植保事业奉献了一生，黄光辉为了他和热作"两院"附中的孩子们，付出了青春，共和国勋章里有夫妻俩厚重的一份。

张开明

115

胡耀华

胡耀华 （1935.08—），男，出生于湖南省洞口县，中国共产党党员，中国热带农业科学院退休教授，硕士研究生导师；1958 年毕业于南京林业大学，曾任中国热带农业科学院、华南热带农业大学副院校长、院校学术顾问。

重要成果：主要从事橡胶栽培、热带作物生理生态和农业生态方面的研究，是生理生态和农业生态学科的学术带头人，在橡胶树根系方面的开创性研究成果达到了国内外领先水平；参与、主编了《中国橡胶栽培学》《热带农业生态学》《热带农林复合生态工程》等一系列热作科研教材；1988 年获得有突出贡献中青年专家称号，1991 年获得政府特殊津贴。

胡耀华：乐为热作献此生

走进中国热带农业科学院海口院区胡耀华老先生家，他已经 86 岁了，因中风而行走和说话不便，但胡老先生仍然颤颤巍巍捧上他的回忆录，书名《无足称道的一生》。这本回忆录回顾了他和妻子孙英华坎坷却又为中国热作科教事业无私奉献的一生。

胡老先生很谦虚，称自己和妻子的一生"无足称道"，但一本本厚厚的著作、一摞摞荣誉证书、一个个科研成果奖励……这些都彰显着胡老先生和妻子的一生是值得称道、弥足珍贵的，恰如他在回忆录中写的一首小诗："家庭事业无憾事，乐为热作献此生。"

■ 战火与重生　坎坷的求学年代

1935 年出生的胡耀华，从童年到青年，历经坎坷，直到大学毕业分配进入原华南亚热带作物科学研究所（中国热带农业科学院前身），工作与生活才逐渐安定下来。

"我和妻子经历相似，我们这一代人都是伴随着祖国的战乱与重生成长起来的，切身体会到今天的一切来之不易，总是在争分夺秒为国家的富强、文明而奋斗。"回顾自己这一生，胡耀华谦虚地说："我这一生无足称道，在热作教研第一线努力几十年，成绩虽不大，却也没有碌碌而为。"

"我从出生起就在逃命。刚生下来，叔母就带着我逃到乡下藏起来，后来日军入侵，又举家逃进深山。不是躲国民党，就是躲日军，活下来就已经很幸运。"

胡耀华生于湖南洞口县，祖父和父亲都是成功的商人，家中有田产也有雇工，养着很多骡子、马、鹅等。刚学会走路，胡耀华的小脑袋便不幸被家中养的马踢到，踢出很大一个血窟窿，还是当年红军留在洞口的军医为他手术，治好了他。

"是红军救了我的命"，胡耀华说。

1945年4月，"雪峰山会战"（又称湘西会战）爆发，这是中国抗日正面战场从防御阶段正式转入反攻阶段的一场著名战役，也是中国人民抗日战争中的最后一次大会战，发生在洞口境内，战斗持续了近两个月。为躲避日军以及战火，不满10岁的胡耀华跟着祖父母逃到距洞口几十千米外的一个小山村，胡家大院仅留下一名账房先生和几名雇工看院。

"等战争结束回家，发现账房先生被日军杀死了。"86岁的胡耀华至今仍清晰记得那些逃命的日子，记得日军在洞口的种种暴行，"童年的经历教育我，只有国家强大，人民才有安定的幸福生活。"

也是因为战乱，胡耀华的学业被耽误，他只是断断续续识得些字。雪峰山会战结束后，胡耀华终于得以进入一所私立学校读书。

临近解放战争结束时，镇上又住进了大量国民党兵，他们在胡家经营的商店中大肆赊吃。一天这些士兵忽然开拔，导致所欠账款无处追讨，胡家近乎破产，胡耀华的学业也难以为继。

1949年10月1日，中华人民共和国正式成立，这是中华民族一次伟大的重生。胡耀华重回学校读书，初中毕业后报考并进入国家当时免收一切学杂费并设有助学金的湖南省安江农业职业技术学校学习。后湖南省成立长沙林校，胡耀华和同学们一道转入该校。

胡耀华十分珍惜宝贵的学习机会。童年的经历让他十分憎恨国民党，天然地亲近共产党，非常赞同共产党全心全意为人民服务的宗旨。1955年，全国高等院系调整后，胡耀华转入南京林业大学林学系，他学习刻苦，政治上追求进步，于1956年加入中国共产党。

■ 热作科研人　首先要学会劳动

1958年7月，胡耀华在南京林业大学（当时为南京林学院）毕业后，分配进入华南亚热带作物科学研究所（中国热带农业科学院前身）工作。当时的胡耀华踌躇满志、意气风发，希望尽快工作以报效国家。所以，分配名单宣布后，他顾不及回家探亲访友，便匆忙赶往广州报到。

出人意料的是，因为科研需要，研究所已迁往海南岛，只留下少量妇幼老人。他连忙赶至海南，而到达儋州宝岛新村后发现，一个国家级的科研单位竟然是一排排瓦房和一排排茅草房，大部分员工挤住在茅草棚里，宿棚里除了睡觉的木板床，啥家具也没有；工作条件也很差，每个研究室只有一间实验室，既做实验又办公。

"那时候年轻，热血满怀，我没有一点点失望，反而对热带的一切事物感到十分新奇。"新中国刚成立不久，百废待兴，一切都等着他们去创造去建设。不过，胡耀华的学习经历里，并没有热作知识的积累，他需要从头学习。胡耀华向何敬真教授学习防护林知识，向聂培林先生学习水土保持知识，向单志宜、陈有义先生学习橡胶和苗圃知识，工作得十分充实。

1958 年 9 月 2 日，来儋州一个多月，胡耀华遇到了他毕生难忘的一场12 级以上大台风。那天晚上，只是听说却从未见过台风的胡耀华和舍友，不时跑到茅草棚外感受大风刮过的感觉，没想到风越来越大，吹得人在黑暗中立不住脚。他俩只好躲回茅草屋。半夜时，屋顶被风掀开，倾盆大雨夹着狂风灌进来，被单、衣物全被淋湿；房子被大风吹得"咯吱咯吱"摇晃，外面不断传来大树、树枝断裂倒地的声音。

胡耀华真切地领略到大自然摧枯拉朽的力量，在心中树立起人要敬畏大自然的意识。他认为，热作科研就是要去寻找热带作物生长中所含的那些还不为人所知的规律，并利用好它们。

1959 年末，因工作需要，胡耀华调到橡胶系栽培生态组，参加许成文教授主持的"橡胶树生物学习性研究"课题研究，具体负责胶树地上部分和根系生长的观测和资料整理工作。从此，他与橡胶科研和教学结下了不解之缘。

早期，胡耀华被安排到试验农场三队蹲点。橡胶树很高大，即便开割的幼龄橡胶树，株高都会超过 10 米，成龄橡胶树更高。为了测定郁闭胶园不同高度叶冠层的光合量，需要搭 16～17 米高的竹架观察。有一次，胡耀华不小心从竹架上摔下，幸好伤势不重，他去医院简单包扎后又回到胶林正常工作。

"农业科研工作者，首先要学会劳动，尤其是热作科研工作者。只有在生产实践中，才能更好地发现生产中出现的问题，不让自己的科研脱离实际"，胡耀华说。把论文写在田间地头，是无数农业科研工作者总结出来的实践经验，也是他的深刻体会。

20世纪60年代中期，中国热科院响应国家号召，在海南和云南建设橡胶树"速生丰产样板田"，由时任橡胶所所长黄宗道教授负责此项工作。胡耀华和另外5名同事在云南景洪建设样板田，他们到现场后与当地胶工、胶农同吃、同住、同劳动。大家经过充分调研后决定，要把样板田建设成集良种化、梯田化和覆盖化于一体的样板田。大家亲自动手，育苗、种树、施肥等，大部分工作都是胡耀华和同事起早摸黑完成的。

1969年，广州军区生产建设兵团接管华南热作两院，胡耀华和妻子孙英华被下放到乐光农场劳动。夫妻俩从事农业科研工作，事事亲力亲为，劳动能力比连队工人还出色：品种识别、幼苗芽接、苗圃管理、宜林地选择、防护林规划、修筑等高环山行、定标挖穴等样样都会，既懂科学理论也懂技术操作，还能下地带头劳动。

橡胶是重要战加略物资，国家每年都要扩大橡胶种植面积提高产量。胡耀华夫妻俩和农场工人一起，经常参加兵团"大会战"，从早上6点一直干到下午7点，中间不休息，吃住都在工地，经常半夜2—3点才能从生产连队返回团部，第二天清早6点又得开始工作，非常累、非常苦。

"我和妻子从基层干部和工人身上学到吃苦耐劳等很多优秀品质，也在生产实践中发现需要科研攻关的问题，这些为我们今后的科研方向和课题研究打下了良好基础"，胡耀华说，"积累生产实践经验有助于提高解决实际问题的能力和科研能力。"

听着丈夫的回忆，孙英华也在一旁笑着补充："一年多的下放生活并不长，可几十年过去了，我仍觉受益匪浅、终身受用，劳动还给了我一个更健康的身体和更坚韧的意志。我从老工人身上学到他们对工作认真负责、对人关心诚恳的为人之道，这也一直激励着我前进。后来我在科研工作上能够克服许多困难，就同下放劳动后的这些收获密切相关。"

孙英华不仅大力支持胡耀华的科研、教学、行政工作，自己的科研也很出色，两次获得国家自然科学基金资助。

■ 痴迷于创新　科研成果频出

"农业科研工作虽然又辛苦又危险，可比起在戈壁滩研究原子弹的老科学家们，我们这点辛苦算什么？"在胡耀华眼中，与创新成果带来的巨大喜悦相比，吃再多苦都值得。

比如，胡耀华观测橡胶树叶篷生长过程，即观测每抽发一新叶篷时，都要每天测量该叶篷的长度、宽度和叶片面积。当时测量方法比较落后，采用古老的数方格方法，这种测量方法费时费力，很不准确，还容易损伤叶片。

胡耀华反复思量后，对测量方法加以改进，利用橡胶叶片形数值进行测量，这大大节省了观测时间，减轻了观测强度，也提高了实验的准确性。许文成教授对这项工作的肯定，让他感觉到成功创新带来的喜悦，从此一发不可收拾。

再比如，橡胶树根系的田间生长观测。当时，大家对土壤中氧和二氧化碳这 2 种重要气体含量对胶树根系生长的影响这一领域，因为没有合适的方法就没有开展研究。初生牛犊不畏虎的胡耀华查遍了所有文献资料，发现国际上未开展此项研究，他决定自己设计研究方法。他利用排水取气法来测定，自己用蒸馏瓶、营养液制作了一套观察设备，以观察橡胶幼苗的根系在不同浓度的氧气和二氧化碳影响下，根系的生长变化。

这一设计很成功。实验中，试验人员不但可以看到氧气和二氧化碳气体浓度对苗木根系和地上部分生长的影响，还可观察到不同种类和浓度的气体对根系影响变化的全过程。后来，这些研究结果都被写入了《橡胶树根系研究》教材。

1981—1982 年，胡耀华和同事一起研究橡胶树群体的呼吸作用和光合作用。研究成果表明，橡胶树叶子和木质器官的呼吸速率与温度呈指数函数关系，与直径呈倒数函数关系。另外他们还计算出了橡胶树的呼吸量及一年中的变异曲线等。他还在胶树生产结构、胶树现存量估算等方面相继取得丰硕的研究成果，先后在《热带作物学报》上发表有关论文近 10 篇。

此后，胡耀华又开展了对胶树干物质积累规律、产胶潜力及胶园生态系统营养元素的最优调控等方面的研究，进一步拓宽了研究领域和推进了研究深度。这些研究工作在当时不仅在橡胶科研领域是领先的，在作物生理生态和农业生态学科领域也处于国内前列。

因为胡耀华在橡胶科研领域取得的成就，1986 年，他被广东省破格晋升为教授，同年 3 月，他以访问学者身份赴美国加州大学戴维斯分校 7 个月，师从世界著名植物生理生态学家 R. W. Pearcy。

1988 年，胡耀华被农业部授予有突出贡献的中青年科学家；1991 年，被国务院批准为享受政府特殊津贴专家。

■ 他是多面手　科研教学行政三不误

1987 年 3 月，胡耀华出国做访问学者归国后，走上了行政领导岗位，被农业部任命为华南热带作物科学研究院、华南热带作物学院副院长。

他在科研、教学、行政管理上都是能手。他不仅在橡胶科研领域卓有建树，在科研上，曾先后开展橡胶栽培、热带作物生理生态和农业生态等方面的研究，还是华南热带作物学院和热作研究院生理生态和农业生态学科的学术带头人。

1974年，兵团建制取消，恢复了华南热带作物科学研究院和华南热带作物学院。胡耀华从科研工作岗位走上从事橡胶栽培的教学工作岗位。他利用这一段宝贵时间拼命学习和开展科学研究，希望把那耽误的十年补回来。他善于理论总结，通过学习不断提高科学理论知识，将过去的生产实践经验和科研成果结合进行教学实践，编著了《橡胶栽培》《农业生态学》《作物栽培的生态学基础》《中国橡胶栽培学》等12本高校教材，很受学生欢迎。

从大量阅读和长期的劳动实践中，胡耀华形成了当时一种比较超前的观点：人们不能只掌握作物栽培的知识，更应当知道这样的栽培会给生态环境造成什么样的后果，要关注农业生态。在农业生产中做好环境保护，实现人与自然的和谐相处，农业才更有可持续性，这才应该是农业科研的根本。胡耀华决定为此做出努力，他不仅把分散在各种书本和杂志上的有关定量描述生态环境、作物生长发育规律及其相互关系的零星知识综合整理成一本书，还从橡胶生物量的测定工作入手，多方面地开展橡胶树的生理生态和胶园生态系统的研究工作。这项研究工作还取得了世界银行的贷款作研究经费支持，研究成果形成了《热带农业生态学》这本教材。

他在分管科研工作期间，协助院长将原华南热带作物研究院改名为中国热带农业科学院，调整了中国热科院各科研机构的研究方向，主持完成了中国热科院1992—1995年的科技体制改革，主持编制了中国热科院"九五"科技发展战略，建立了科研基金，促进中国热科院热作科研事业更好更快地发展，还带领中国热科院在海南的五指山、乐东、琼中和白沙、屯昌、保亭等市县建立起数百亩橡胶示范园和4 000多亩农林复合系统示范基地，总结出了"统一规划、成片开发、分户管理、效益归户"的扶贫经验。

有一分热，发一分光。退休后，胡耀华返聘回中国热科院，发挥余热，一直工作至2010年底他70岁为止。其间，胡老还承担了"海南省优势农产品区域布局研究"课题，带着年轻的后来者一起为海南农业发展贡献智慧，该课题获得了海南省科技进步二等奖。

张诒仙

张诒仙（1934.06.03—），女，湖南慈利人。中国共产党党员，中国热带农业科学院研究员，全国"三八"红旗手标兵。

重要成果：1960年，26岁的张诒仙因工伤高位截瘫，但她自强不息，坚持带着伤残之躯重新回到工作岗位，为热作科研领域翻译国外科技文献和最新科技动态，译著有《椰子》《油梨》等农业科技书籍，共计出版发表600余万字。

张诒仙："折翼凤凰"热土翱翔

笔者是从相片上认识中国热带农业科学院研究员张诒仙的，看着坐在轮椅上的她，短发、红衣，恬静的微笑，忽然惊觉张诒仙很像被人们誉为"当代保尔"的张海迪。她俩都姓张，同为女性，同样高位截瘫，同样自强不息，同样拥有细心体贴、专一深情的爱人。

不同的是，张海迪是幼年患病造成的高位截瘫，而张诒仙是参加工作后，在观察椰子花授粉过程时，从高大的椰子树上摔下来造成的高位截瘫，是工伤，那年她26岁，青春正好。

张诒仙在回忆录《两院仙藤张诒仙》中写道：她一生命运多舛，一岁时，父亲被洪水吞没，自己也差点被淹死，幸好艄夫及时发现，将她从水中捞出；少年时得了伤寒重症，所幸死里逃生；青年时期因工伤高位截瘫。她说："重重艰难困苦就像影子一般跟我做伴。"

不过，她并没有在痛苦中一直沉沦，痛苦使她涅槃，她像一只折翼凤凰，凭借坚强意志、富有精神、专业知识在热土上翱翔。张海迪说："即使翅膀断了心也要飞翔。""我们活着，就要为人民做事。""我像颗流星，要把光留在人间。"张诒仙则在回忆录中写道："直面现实，承受不幸；只能向前，不准后退，不准消沉颓废。""我要使自己丰满起来，将来把精华给予人民。""每一次苦难都是一次淬火，拒绝苦难，就会拒绝成为有用的钢铁。"

张诒仙是这么说的，也是这么做的。自从26岁高位截瘫后，她一直在寻找更适合自己的路，最后决定为热作科研领域翻译外国科技文献和最新科技动态，她先后翻译出版了《椰子》《油梨》等书籍，与人合作翻译了《印度椰子多层栽培》《椰子湿滑加工工艺》等，共计出版发表600余万字的译文。

■ 山沟沟里飞出"金凤凰"

1934年6月3日，张诒仙在湖南省慈利县江垭镇临江村出生，慈利县是一个山区，十分贫穷。张诒仙出生第二年，她年仅22岁的父亲就被洪水吞噬了生命，留下母亲邓益喜和她相依为命。

孤儿寡母，生存之难难以想象。只识得几个字的邓益喜吃够了没文化的苦，说什么都要让女儿诒仙上学读书。邓益喜种棉、种粮、种菜，养猪、喂鸡、打短工……张诒仙看着母亲操劳，十分心疼，初二时曾经想放弃学业回家陪伴母亲，是邓益喜硬拉着张诒仙到学堂去。不过，那个年代，兵荒马乱，贫困山区求学更难，张诒仙的学业也是读读停停、停停读读。好在张诒仙很聪明也很努力，成绩很好。直到中华人民共和国成立后，张诒仙的求学之路才变得顺遂，1951年她考上了湖南省津市高级农业学校，要步行150公里去上学，1958年她从湖南农学院农学系毕业。张诒仙考上大学成为当年临江村最轰动的新闻，山村里从来没出过大学生，更别提是一个山里妹子，真的是山沟沟里飞出了一只"金凤凰"，张诒仙的母亲颇觉自豪和欣慰。

但是，在张诒仙心里，除了感谢母亲邓益喜辛苦拉扯她，坚持送她上学外，她还感恩党和国家对她的培养，从高中到大学，她几乎是一路保送上学，大学期间免除学费和生活费，学校里还培养她加入了中国共产党。尤其是她读初中时，亲眼看到解放军部队和国民党部队截然不同的军纪，她对这个新的国家产生了很美好的憧憬，渴盼着学好知识，报效祖国。那是1949年胜利前夕，傍晚时分，她家门口来了十几个解放军，大家都悄悄躲在家里不敢吱声，过了一会儿，一位战士来敲门对她们说："老乡，不要害怕，我们是贺龙的人！"贺龙在湘西家喻户晓。听说是贺龙的人，她和母亲悬着的心终于放下，开门请解放军战士进屋吃晚饭。次日凌晨，部队静悄悄启程了，在桌子上留有一张字条和3角钱，那是头天晚上的菜钱，"解放军不拿群众一针一线"，果真名不虚传。而那时的国民党军队狼狈逃窜，一些散兵游勇危害老百姓，不时还有带着尖锐啸声的流弹伤了百姓。

在不同学习时期受到的革命启蒙，一些进步老师的教育和指点，都对张诒仙的思想影响很长远，坚定了她报效祖国的决心。

所以，1958年大学毕业时，张诒仙原本被分配到北京粮食科学研究所，她却主动要求调换到了海南，孤身一人，告别恋人，从遥远的长沙来到当时很

张诒仙

偏僻落后的儋县宝岛新村，进入华南热带作物研究所工作。

■ "凤凰折翼"勇敢涅槃

张诒仙刚到时单位住房很紧张，被安排住在华南热带作物学院的女生宿舍，舍友们还以为来了位插班生。女生宿舍也是茅草房，雨天漏水，寒冬灌风，地板就是黄泥土。

张诒仙刚开始被分配在人事处工作，但她觉得专业不对口，不能发挥专长，便主动要求加入热作系剑麻组研究剑麻。在剑麻组工作时，到澄迈剑麻园调查，要从宝岛新村走路到那大，再坐公共汽车去福山红光农场，那一带的剑麻园都留下过她的脚印。

1960 年，周恩来总理到海南视察，针对当时全国人民缺衣少食的问题，周总理指示，作为大宗木本油料作物，海南的椰子研究要上马。最后，华南热带作物研究所成立椰子科研组，由张诒仙任组长。但她对椰子一无所知，在我国也从未有人专门对椰子进行过科学研究，她可算是国内第一批研究椰子的人。

年轻的张诒仙硬着头皮，带领一组人马去到文昌东郊公社建华山生产队，安营扎寨准备研究椰子。工人们就住在当地一个破庙里，科研人员借住在群众家中。他们白天走遍椰子园搞调查，布置试验，夜里办《椰子科研简报》，还要去庙里给工人们上文化课，工作得热火朝天，个个精神饱满，情绪高涨，就像上满了弦的发条。

研究椰子，必须要观察它开花结果的生物学习性，但椰子树的高度一般在15～25 米，又没有分枝。张诒仙在文昌蹲点研究椰子期间，本来可以由男研究员上树观察，但她为了掌握第一手科研材料，自己也坚持上树，爬上椰树后，坐在宽厚的叶柄上观察研究。不幸的是，有一天她坐着的叶柄突然断裂，26 岁的她从高空摔下来，躺在地上一点儿也不能动，胸背部疼痛得连说话都困难。

同事们赶紧扎好担架抬上她，由梁荫东和徐进喜护送担架乘船去文昌县人民医院，但当年文昌的医疗条件很落后，对重伤的张诒仙不知如何救治，再加上交通不便，直到第三天才将张诒仙从文昌送到海南区人民医院（今海南省人民医院）。X 光片显示，张诒仙第 4、5 和第 7 三个胸椎骨压缩性骨折，并高位截瘫，海南区人民医院也束手无策。第二天一早，张诒仙就被飞机紧急送往广州中山医学院附属医院，正在广州开会的所长何康也立即赶去看望她。

因为受伤第四天才被送到大医院接受治疗，如此一来，伤情加重。张谄仙胸口以下大半个身体失去知觉，医院也不敢贸然给她做手术，只能静养观察。她住院8个月才出院。戴着医院为她定做的一副从脚至大腿根的不锈钢、皮带支架，拄着一双拐杖，一双残腿只能极其勉强地贴着地面磨蹭着向前挪移，医生笑着说恢复得很好，年轻的张谄仙内心却在滴血。

"凤凰折翼"！她才26岁，人不能行走，就像鸟儿不能飞翔，她痛苦自责、内疚不已，觉得自己成为家庭的累赘、单位的负担，拖累着老母亲和丈夫。

1961年1月，张谄仙从广州出院回海南，一路坐车回儋县的路上，她看到一年多前徒步调查的剑麻园，看到几个月前她灵巧攀爬过的高大的椰子树，泪水盈眶，未来何去何从，实在迷惘。

不过，来不及等她伤悲垂泪，出院回到工作单位，有一个紧急任务就等她去完成，是编写《热带作物栽培学》的椰子部分，急等她编好后出版。她只得强作精神投入工作中，有事做，就会忘了伤痛，她写了7万多字，该讲义在1962年1月如期出版。

讲义编完了，张谄仙心中又空落了下来。她想重新回到科研岗位，想能走能跑能跳，便四处求医，连偏方秘方都试过，丈夫张宏定后来还坚持给她做针灸，效果却不明显。"当我确定这辈子再也医不好伤痛，再也站不起来时，心里那个痛苦，十来天粒米未进，度日如年，在生死泥潭里苦苦挣扎。"

领导和同事对她十分照顾，农场一位工人为了给她增加营养，将在河里钓到的几条小鱼送给她；温健一家四口每月硬是从牙缝里挤出半斤油送给她。在那缺油少食的困难时期，食物比什么都金贵，同事的革命友情是她振作起来向上的精神动力。

何康也几次去家里看望她，善于做思想工作的何康鼓励张谄仙："螺丝钉也不会走路，可是机器少不了它。"这句话像一束光照亮了张谄仙，她下定决心要做一个有用的螺丝钉，一个永不生锈的称职的螺丝钉。

为了照顾张谄仙，1961年，张宏定调到热作"两院"工作。他无微不至地照顾她，给她找来邓颖超写的《如何与慢性病作斗争》一书，让她学习，增添她与伤残抗争的勇气和力量。多方医治无门后，在何康所长的鼓励下，张谄仙决定：站着的事做不了，就做坐着的事；走着的事做不了，就做安静的事。一定要找出一条适合自己的道路，根据自身条件做些力所能及的工作。

至此，这只折翼的"金凤凰"沐浴了痛苦之火，完成了生命的涅槃重生，从今后，她要在她一步步丈量过的热土上飞翔。

■ 自学英文日文从事翻译

"我不能移山，但我能照亮！"是张诒仙最喜欢的一句英文诗（此处翻译为中文）。

"我才 26 岁，人生才刚起步，还有几十年，国家培养一个大学生不容易，而自己对这样的工作早已心驰神往，再怎么也不能因为身有残疾就退缩，必须另辟蹊径报效祖国"，张诒仙说。

她要发光发热，她开始自学英语，家中的门、窗、墙、桌、椅等都贴上英文字条，多次接触随时记忆，还写在卡片上，带在身上反复记。到 1964 年，张诒仙的英语水平终于上一个台阶，还为热作系油料作物组翻译了油棕、椰子等科学技术文献资料。

即使在"文化大革命"十年，她也坚持偷偷学习英语，偷偷翻译，从来没落下过一天时间。她想，祖国这么大，一定要使用外文的，一定会有打开国门和国外交流的一天，也一定会与国际接轨。

张诒仙选择的这条路是正确的，这也是基于她对祖国坚定的信心和强大的爱而做出的选择。

张诒仙说，伤痛成了她 26 岁以后主要的生命体验。丈夫张宏定经常利用午休时间给她进行针刺治疗。他对着针灸书，对照着边学习边治疗，针灸一段时间后，她剧烈的腿疼慢慢消失了。翻译是她生命的转折点，她也迷上了这项工作。后来，张诒仙调到了热带作物科学技术情报研究所，做科技文献专职翻译，以及科学技术情报工作，把国际上关于椰子研究和其他热带作物的先进科研成果引入国内。从此后，她如鱼得水，全身心地投入工作。

她没有受过专业的翻译培训，只能凭自己摸索、钻研和不断积累经验，边干边学。每篇文章译毕，她都要仔细认真地找出译文的薄弱环节和错误，不断奠定自己扎实的基本功，还借鉴和分析他人的优秀译品。过了一年，领导就让她校译他人的译稿了。当年有人问她："你发表译文既不署名又没有稿费，一无名二无利，为什么这么努力？"张诒仙回答："一是为了报效国家，不辜负祖国、人民对我的培养和期望。二是热爱工作，工作会带来快乐，为国家、为人民奉献的生命，才最美好。"

1979 年，张诒仙开始翻译英文版科技著作《椰子》，她一是对椰子有感情，二是觉得热作科研事业需要这本书。她利用每天 8 小时以外的时间翻译，腊月三十除夕夜，别人在守夜，她在翻译；大年初一，她在翻译；有时，腿疼得睡不着时，她起床翻译，便很快忘记了疼痛。用了整整一年时间，到 1980 年国庆前夕，一本 20 多万字的英汉译著全部脱稿，并由农业出版社出版，全国发行，填补了我国没有椰子译著的空白。她收到了 600 元稿费和 10 本样书，成功翻译《椰子》一书给了张诒仙新的鼓励，她决定自学日语。

重新工作后，张诒仙坚持像个健全人一样，每个工作日都拄拐杖去上班，而且还早半小时到办公室。直到有一天，她重重摔倒在上班路上，拐杖断成两截，怎么都没办法自己站起来。为避免再出意外，张诒仙决定在家工作。"没有人要求我什么，但我自己觉得，既然要工作，就应该严格遵守各项纪律，这也许是知识分子慎独的传统在起作用吧。"她每天早晨 7 点半开始工作，到中午 12 点才休息，下午也是遵循单位的正常工作时间。

就这样，直到 1989 年退休，张诒仙先后翻译推介了稀有豆类作物翼豆、《椰子》《油梨》，与人合著《印度椰子多层栽培》《椰子湿滑加工工艺》等，写成《叶片蛋白质的开发与利用》《国外文献综述》等著作，《叶片蛋白质的开发与利用》还被选用进科教兴国系列丛书，总计翻译热带作物资料文献 600 多万字。她翻译的文稿被单位同事和出版社评价为"几乎不用再校对"。

因为张诒仙在特殊情况下奋斗不止、认真工作的精神，她多次被评为先进工作者、优秀党员等，1979 年，她当选全国"三八"红旗标兵，并到海口接受颁奖。

张诒仙说，一直以来，有个叫做"大爱"的系统在支撑她的生命，这里面包括单位的照顾、社会的肯定和朋友的关心。"学生们对我进行接力照顾，其中有位大学生，多年来一直不计报酬地照顾我。前年有天晚上热作"两院"突然停电，这个学生正在晚修，她赶紧跑到我家，急急拍我家的门，把我吓一跳，问她怎么了，学生说怕我一个人在家摔倒。还有一个社会上的朋友，是 2002 年来帮我修空调时认识的，他也是个读书人，看到我家有很多书，觉得很亲近，这以后也一直很关心我。2002 年底我到海口做手术，他和妻子一连 23 天每天都来看望我，每次都陪我一两个小时。"张诒仙说起社会对她的关爱，点点滴滴都记在心里。

"我不后悔，从来不后悔。"有一次，张诒仙在接受记者采访时，斩钉截铁地回答，不后悔当年主动调换来海南的选择。即便受了严重工伤，生活不能自理，不能离开房门，她也没有后悔在这片热土上生活，奉献青春。她的心总是在这片热土上翱翔，关切地注视着它发生的美丽改变，并为之奉献全力。

如今，87 岁的张诒仙还在坚强地和伤痛做斗争，腿上还留着骨折时打上的钢板，静脉曲张严重，不能久坐。"我每天早上 6 点准时起床，先按摩、锻炼，然后看看书，中午休息一会儿，下午继续按摩、锻炼，晚上 10 点左右上床，睡前也要看一会儿书。我必须自己用手按摩，不然两腿就僵硬得像木棍，扳都扳不动。但锻炼时，经常摔倒、骨折，先后重做过 5 次手术，现在骨头还没长好，经常腿痛、抽搐，我不得不既当病人，又当医生"，张诒仙说。

虽然足不出户，张诒仙却从不落后于时代，她一直关注着世界的变换和发展。当 QQ 和微信等取代了很多传统的交流方式时，她也用起了微信，还时常发朋友圈记录对生活的感悟。

"当你觉得自己活得对国家、对社会、对他人很有价值，不落后于时代时，就有成就感。这样，个人的悲剧和痛苦便会消失无踪。"这，就是一位高位截瘫、奋斗不止的 8 旬老人的生命感悟。

张籍香

> **张籍香**（1932—），女，广东广州人，中国共产党党员，中国热带农业科学院研究员；1955年毕业于华南农业大学园艺系，主动要求支援边疆建设，分配到华南热带作物研究所工作；享受国务院政府特殊津贴。
>
> **重要成果**：1980年，以她为第一完成人的《胡椒瘟病综合防治研究》通过鉴定，获得农垦部科技二等奖；"咖啡抗病高产选育种及丰产栽培技术"课题获得农业部科技进步三等奖，省科技进步一等奖。

张籍香：落籍热土自芳香

张籍香，是一位痴迷于热带香料作物研究，在咖啡和胡椒病虫害防治研究上倾注了一生心血的老人。她原本是印度尼西亚归侨，跟随父母从印尼回到广州。她就像她所研究的热带香料植物一样，是一粒种子，主动落入海南热土，吸收着热区的光和热，最后长成一株散发着独特芬芳香味的生命之树，让人赞叹、仰望。

■ 主动要求到边疆去

1955年，张籍香从华南农学院园艺系毕业，本是青春豆蔻年华的她主动要求到祖国的边疆工作，为改变边疆地区的落后面貌贡献青春的智慧和力量。

她虽然如愿以偿被分配到了海南——当时祖国的南海前哨，但是她被分配到海南农垦，到琼海东红农场从事橡胶生产研究。可张籍香对橡胶一无所知，专业不对口，让当时的她很是苦闷。

不过，张籍香并没有沉溺在忧虑和苦闷之中，她很快振作起来，决定跟农场的老工人从头学起。"有个老技术员常带我下基层，到田边地头和胶园里，手把手地教我关于橡胶种植的技术和知识。他们扎根基层，埋头苦干、无怨无悔。别人能干，我一个刚刚毕业的大学生为什么就不能扎根基层，从头学、从头干！"

偏命运无常，总是捉弄人，刚刚在东红农场工作了半年，她又被调到临高加来干校去搞校园植树绿化。后来又几经调动，反复折腾，直到 1957 年调到华南热带作物科学研究所才稳定下来。但命运似乎总喜欢和年轻的、对未来充满幻想的张籍香开玩笑，到研究所后不久，她又于 1958 年 3 月被调到兴隆，创办兴隆试验站（香料饮料研究所前身），从事热带香料植物研究。

原来，在 1951 年春夏之交，一批批马来西亚华侨回到祖国，国家特意建起了兴隆华侨农场安置他们。归国华侨虽然带回了热带作物种子，但是缺乏种植技术，生活过得艰难。1955 年，华南热带作物科学研究所所长何康到兴隆考察后，决定助力华侨农场，提高热作种植技术，发展热作产业，改变落后的生产局面。

建站地点是何康所长定下来的，就在当时兴隆唯一一条公路的入口处，兴隆华侨农场大力支持，划拨 500 亩土地作为建设用地。1957 年，兴隆试验站成立了，1958 年 3 月，时任所长何康派田之宾、郑立生、温健、张籍香、李法涛等人到海南万宁筹建兴隆热带作物试验站（香料饮料研究所前身），把咖啡、胡椒、可可、香草兰等热带香辛料植物收集到一起，开展丰产栽培、种植管理、产品研发等工作，帮助热区农民发展生产，提高生活水平。

其间，张籍香又经历了兴隆试验站被撤销、重建、归部队建制、再重建的戏剧性变更。直到 1974 年，在时任农业部部长何康的关怀下，兴隆试验站重回华南热带作物科学研究所，科研工作得以恢复，并一直正常开展下去，迈入了又好又快的发展轨道。

张籍香这枚落在热土的种子终于等来了合适的时机，她多年蓄积的力量爆发出来，开始茁壮地发芽生长。

■ 积极建设兴隆试验站

兴隆试验站建站初期，条件很艰苦，大家寄居在兴隆华侨农场小学的草房里，每天往返数千米，开荒垦地，建立科研试验基地，搞基本建设，还要千方百计创造条件搞科研。那时，试验站主要开展咖啡和胡椒研究，这对学习园艺专业的张籍香来说，又要从头学。

当时划归兴隆试验站的 500 亩土地上，生长着归侨们来到兴隆后种植的香茅，茅草长得有一人多高，很少有树木。9 名科研人员和 10 多名工人不分白天黑夜地砍茅草，将砍下来的茅草作为青肥，然后再把茅草根清除掉，整理土地，建设咖啡、胡椒等热带作物基地。茅草边缘很锋利，容易划伤皮肤，出生书香门第的张籍香和大家一样劳动，四肢常常被茅草割伤，汗水浸过后又痒又疼，还很快就晒得黑黑瘦瘦的，与当地农民没有什么分别。

"那个时候非常艰苦，真正的白手起家。大家一锄头一锄头地在一片荒地上，挖出了一座植物园"，张籍香回忆。当时，兴隆非常贫穷落后，是疟疾高发区，海南曾有一句民谣："兴隆陵水，有命去没命回"，说的就是兴隆地区疟疾盛行。

"所有的工作都要自己动手，开荒、除草、育苗、搭棚、制作胡椒桩，等等，双手都被锄头、镰刀磨得起了泡。这些水泡破了后结痂，结痂后再起泡，旧痂叠新痂，双掌布满厚厚的老茧"，张籍香笑着说，"当年创建植物园的小伙子、姑娘们都已是白发苍苍了，而那些亲手种下的树木依然生命繁茂。"

完成基建工作后，就是建设香料种植基地。为了让新育的种苗生长得更好，全所的科研人员晚上还和工人一起到太阳河边挑沉积土，这些土很肥沃，可以当肥料用。当时大伙都还年轻，真不知道累，白天一碗稀饭两个馒头，晚上打着火把去担肥，一路还唱着歌回来。那段最为艰苦的岁月，却是张籍香最难忘的岁月。

在繁重的垦荒任务之外，大伙还要垦荒开地、拣粪积肥、割草沤肥、修房铺路，粮食定量又少，每天都在忍饥挨饿。有限的食物远远不能支撑体力、脑力劳动的付出。张籍香坚持克服困难，利用一切可以利用的时间抓紧学习热带香料植物的专业知识，这样一旦基地建设好就能派上用场。凡能找到的专业书籍，她一页页啃，认真做好读书笔记；找不到书，就写信问老师、问学友，并请他们代找资料。

张籍香的书房里保存着一摞摞笔记本。她说，那是她的学习笔记，记了好多本，至今珍藏着。除了学习笔记外，她的每天工作都有详细的记录，再和学习笔记相互对照、印证、充实，增长知识。学习成了她的兴趣，她又让这种兴趣成为一种旺盛的热情、成为一种自觉的行动，一种前进的动力。她在学习中不仅找到了兴趣，也找回了自信，找到了人生的坐标。

■ 守护热带香料植物

胡椒是一种热带香料作物，经济价值很高。

1964 年 9 月，兴隆农场大面积发生胡椒瘟病，流行很快，造成胡椒大面积死亡。这牵动着张籍香的每一根神经，她心急如焚！她和站里的几位科研人员一头扎进疫病区进行调查，开展了病原鉴定、病害发生流行的规律研究，以及药剂和大田综合防治试验。通过不断地试验实践，她终于找到比较有效的控制病害流行的综合措施，有效地预防和控制了胡椒瘟病的流行，促进了海南胡椒生产的发展。1980 年，以她为第一完成人的《胡椒瘟病综合防治研究》通过鉴定，获得农垦部科技二等奖，她的这一成果被迅速推广到生产中，使胡椒病区的死株率由原来的 5% 下降到 0.12%～0.4%。

咖啡是海南热作的另一个拳头产品。由于种子变异，海南中粒咖啡产量越来越低，1987 年全岛种植面积不足 4 万亩。通过张籍香对其进行优质无性繁殖的研究，从 1994 年起，中粒咖啡亩产猛增到 240 公斤。为了改造低产咖啡园，研究咖啡的增产措施，张籍香和课题组的同志对咖啡进行了深入系统的研究。在做中粒咖啡根系调查时，为了不破坏极易损伤的根系，他们采用水洗办法采根。张籍香抱着水管冲，花了三天时间才把一株咖啡连根完整地冲出。她浑身溅的泥巴一层摞一层，厚厚的，洗都洗不掉。

在咖啡生长期，她每天晚上每隔两小时就去观察咖啡开花的情况。夜黑路远，又常有野兽蛇虫出没，但为了取得科学翔实的数据，她不畏艰险、毫不退缩，全身心地投入，把咖啡的生物特性摸得透透的。有了这个基础，研究咖啡丰产技术就有了科学、坚实的依据。

1990 年，张籍香主持完成了国家"七五"攻关课题"海南岛咖啡种质资源考察"的研究，之后又完成了"热带作物种质资源主要性状鉴定评价"的研究，分别获农业部科技进步二、三等奖。"中粒咖啡栽培技术"是张籍香另一个研究了近 40 年的项目，这项研究成果获得农业部科技进步三等奖，海南省科技进步一等奖。

一个任务接着一个任务，一项成果接着一项成果，张籍香用扎实的行动，用自己的坚毅和对事业的责任心，诠释了一个热带作物科研工作者的本色。几十年来，张籍香的研究涉及海南 10 多种主要热带作物，而胡椒和咖啡更是她毕其一生的研究对象，她成了热带香料植物的守护女神。她在工作中，把植物的名称、性状、习性、生长环境、管理要点、原产地等记录在一张张小卡片上，最后竟然记录了 2 000 多种热带植物、上万张小卡片，退休后她又把这些卡片整理成《热带植物名录》加以出版。

张籍香先后获得全国农业科技推广工作贡献奖、广东省农业科技先进工作者、全国"三八"红旗手、海南省侨务工作先进个人、全国农垦系统科研先进工作者称号，以及海南省两个文明建设贡献奖；1992 年被批准为享受国家政府特殊津贴专家，担任广东省第五届和海南省第一届政协委员，全国第六次妇女代表大会代表、执行委员。

■ 生如沉香愈老愈芬芳

如今，退休多年的她，人生追求并没有停。她给自己找了四种义工活：承担起培训植物研究所讲解员的任务；搜集整理植物研究所每种植物的信息资料；定期下承包点，负责指导农户；按时到研究所咨询室"坐诊"，解答游客咨询。

早期，兴隆热带植物园对外是保密的，不允许人参观。随着国家改革开放的深入，兴隆植物园也搞起了旅游，要让更多人认识热带植物。退休的张籍香专门负责编写植物解说资料，负责培训讲解员，从 1998 年一直干到 2008 年。

张籍香的生命就是一株沉香树，随着年轮的增长，不仅枝繁叶茂，而且香味愈加醇厚。退休后，她主持的"中粒种咖啡 8 个无性系的选育"课题在1998 年通过成果鉴定，1999 年获海南省科技进步二等奖、国家科技进步三等奖；参加编写《中国热带作物栽培学》《科研、开发、旅游三位一体研究所的创建》《中国农作物及其野生近缘植物——经济作物卷》《兴隆热带植物园植物名录》《科研、开发、旅游三位一体植物园的建设与示范》等著作和文章；出版了《兴隆热带植物园植物资源简介》等书籍。

张籍香一生未有婚娶，独善终身。在海南工作的几十年里，她的弟妹们看到她单身一人在海南生活不便，多次劝她调回广州；母校的教授来海南时，也曾邀请她回到广州工作，张籍香一一谢绝。她对导师说："搞热作科研最佳的选择是海南，我的事业在这里，我不能离开海南，不能离开热作生产基层。"

她的爱，都给了脚下这片热土、热土上的人民，以及那繁茂生长、味道芬芳的香料植物。她说："我的生命长在植物园，我的幸福种在植物园。"她是大爱无疆，把自己的信念与爱浸透在一粒粒咖啡、胡椒种子里，写在一片片绿叶上，用行动表达对热作科研事业的热爱。爱，在张籍香这里获得了更重的分量。

吴云通

吴云通（1935.10—），男，中国热带农业科学院退休研究员，全国橡胶育种攻关课题负责人；享受政府特殊津贴优秀专家，全国农垦系统"七五"科技攻关先进个人。

重要成果：一生致力于橡胶选育种工作，大规模推广优良品种热研7-33-97和中规模推广优良品种热研88-13的育成，分别于1995年和1992年获国家科技进步三等奖；"橡胶树优良无性系的引种、选育和大面积推广应用"于1998年获农业部科技进步一等奖、1999年获国家科技进步一等奖。

吴云通：他总结了国家科技进步一等奖

1999年底，中国热带农业科学院喜捧国家科技进步奖一等奖，这是国家科学技术奖5大奖项之一。

这项科技成果名为"橡胶树优良无性系的引种选育和大面积推广应用"，它极大地促进了我国橡胶事业的发展。仅在1981—1995年就为农垦系统增加产值151亿多元，上缴税金8.49亿元。该成果是我国橡胶产业第二个国家级科技成果大奖，第一个科技成果大奖是"橡胶树北纬18—24度大面积种植技术"，于1982年获得国家自然科学发明一等奖。

中国热科院退休橡胶选育种专家吴云通是这项大奖的第6完成人，也是该项成果的牵头总结人。2021年夏天，吴云通老人86岁，他腰板挺直、精神矍铄、衣着朴素，谈吐条理清晰、十分严谨，始终保持着一个科学家客观求实的品质。

"这个科技成果奖来之不易，它是中国热科院和海南、云南及广东三省农垦总局经过35年大协作获得的重大成果，是一代代橡胶专家科研成果不断传承沉淀、累积，以及无数胶工共同努力的结果，它是一场长达35年的接力赛，我只是很幸运地接跑了最后一棒。"谈到这个国家科技进步奖一等奖，吴云通很谦虚，他说荣誉并不专属于他个人，也不专属于大奖上列出的获奖人，而是我国所有从事橡胶产业的人共同的荣誉，他们只是作为代表去领奖罢了。

吴云通，琼海龙江人，1935年出生。他出生时，家里就有开割的橡胶树，割胶生产烟胶片。

"琼海是侨乡,家族中有叔伯闯南洋谋生。从我记事起,橡胶园里的橡胶就已经长得很高大了,那些橡胶树应该是华侨们想方设法从东南亚一带引进的",吴云通说。他家非常贫困,靠着祖父、父亲和几个乡亲合作种植橡胶的收入,勉强供他上学。

新中国成立后,吴云通进入海口农校学习,毕业后考入华南农学院(今华南农业大学)农学系学习。1959年,吴云通大学毕业,分配进入华南热带作物研究所橡胶系育种组工作。此后,他就像他研究的橡胶树,终其一生根植热区,致力于橡胶选育种科研攻关。

"我这一生虽然有点小成就,但更多的是运气好,站在了前人的肩膀上",吴云通说,"橡胶是乔木,它的育种周期比瓜菜、水稻等草本农作物的育种周期长得多,需要30~40年,从事橡胶育种的人,往往穷尽一生也可能育不出一个新品种。"

吴云通介绍,1951年8月,我国决定"扩大培植橡胶树",以打破美国对中国的封锁禁运,并于1952年在联昌胶园建起了第一个橡胶选育种研究单位——那大橡胶育种站。这以后,我国一代又一代橡胶科研工作者通过不同渠道,大规模引种或者培育新的橡胶优良品种,到1995年为止已引进208个橡胶树无性系。

"不过,虽然从事橡胶科研的专家很多,规模也很大,但是到上个世纪60年代初,全国都没有统一部署并贯彻始终的橡胶科研协作试验计划",吴云通说。直到1961年,当时的农垦部向华南热带作物科学研究所橡胶系下达了"橡胶树优良国外无性系在我国橡胶垦区适应性研究"课题,由刘松泉和郑学勤牵头主持。1963年,农垦部召开该课的大协作会议,决定在全国不同生态类型区选定21个试验点统一试验,并在国家"六五""七五"和"八五"期间,将其列入国家重点项目科技攻关的内容,分阶段由刘松泉、徐广泽、潘衍庆和吴云通主持。

这项研究工作时间跨度长、课题变动大,主持人更迭多。我国热作科研单位和生产部门通力合作,在35年历程中有计划地在不同生态类型区共同布置多点试验试种,经历多次分分合合,才终于取得了理想的科研成果:在引进推广国外橡胶树优良无性系品种的基础上,培育我国新一代橡胶树无性系新品种,使我国培育推广无性系的产量与世界主要植胶国处于同一水平。主要品种有橡胶树热研7-33-97、大丰95、海垦2、云研277-5,以及抗风高产双超亲的文昌217、徐育141-2等。伴随着选育种科研攻关,橡胶种植、割胶等技术也在不断改进。比如研究推广了环境类型小区与品系对口配置相结合的技术;抗寒、抗风"三合树"的选配,以及提高品系抗风性的修枝整形技术;抗寒特性的人工冷冻预测技术，该技术的研究成功与应用是我国抗性品系培育和栽培技术的一个重大创新。

"我在'八五'时期负责主持这项课题，这一棒，是马拉松赛的最后一棒。"吴云通回忆。这项成果的经济效益非常显著，仅海南、云南和广东三大垦区农垦系统，于1981—1995年累计增产干胶194.5万吨，增加产值151.65亿元，获利44.8亿元，上缴税金8.49亿元，税利共53.32亿元。课题结题验收时，专家们认为该成果属国内首创，处于世界领先水平。

不过，历经35年的漫长科研攻关，一些最早负责这项课题的老专家没能见到最终的成果就与世长辞，这其中就包括并列排名第一的多位完成人，如刘松泉、徐广泽、邓鸣科等人。

1995年，吴云通赴京参加国家科技进步奖年度评选"橡胶树优良无性系热研7-33-97的育成"成果答辩，得悉我国甘蔗引种选育和推广项目经全国有关单位大协作攻关的科研成果，获国家科技进步一等奖，深受启发。他认为橡胶树优良无性系的引种选育和推广研究成果与甘蔗非常相似，如果对该课题35年的研究历程和成果进行梳理总结，也能拿到重大国家科研成果奖。

于是，吴云通向中国热科院、海南、云南和广东三省农垦总局科技处提出联合总结橡胶选育种工作，争取申报国家科技进步奖，并获得了积极响应。由于吴云通在"七五"期间参与、"八五"期间又直接主持该课题，大家便推举他牵头，带领何世强、罗仲全、姜天民、黄华孙等人组成总结小组，着手开展这项任务繁重的总结工作。

1996年春节，吴云通在中国热科院海口院区不小心摔倒，造成右手桡骨粉碎性骨折，被送进医院治疗。经过几十天治疗后，他的伤情虽有好转，但伤口酸麻疼痛，手部活动极为不便，写字更是艰难，当年6月，办理了退休手续。家人劝说他好好养伤，放弃正在进行的成果总结工作，不过严谨负责的吴云通不愿意半途而废："这件事是我倡议并组织起来的，老一辈橡胶专家毕生的研究心血和对橡胶事业的无私奉献成果不能被湮没，我一定要坚持到底。"吴云通认为，坚持总结橡胶选育种35年的成果，不仅是对橡胶育种老专家的尊重和认可，更有利于将老一辈的科研成果传承下去。于是，他忍住手部疼痛，继续牵头组织三省有关同行收集资料、撰写总结报告、申请成果鉴定、上报申请奖励等工作。

1997年，吴云通完成了"橡胶树优良无性系的引种、选育和大面积推广应用"的总结报告（讨论稿），经大家反复讨论定稿后，向农业部提交成果鉴定申请。

1998 年，"橡胶树优良无性系的引种、选育与大面积推广应用"，是中国橡胶科研的压轴之作，是在巴西三叶橡胶树在中国高纬度大面积种植成功之后，这一事业新的高峰。

它不是一个孤立的科研项目，是许许多多同一方向的研究把它撑起来的，它也不是靠几个人去成就的：中国热科院刘松泉、徐广泽、郑学勤、梁茂寰、吴云通、黄华孙等，海南农垦何世强、王绥通、陈怀楠，广东农垦姜天民、区晋汉、黎炎、丘蒙等，云南垦区林玉文、杨少斧、罗仲全等，都在这个国家科技大奖上闪闪发亮，他们先后选育出 34 个推广级新品种……

这些名字还只是其中的一部分，"橡胶优良无性系的引种、选育与大面积推广应用"成果，是数以千计的科技人员，数以万计的农垦职工共同浇灌出来的大协作之果实。

"吴云通在国家科技进步一等奖上位列第 6 完成人，但是论这个奖励的获得，他的贡献应该排第一"，中国热科院橡胶所所长黄华孙说。吴云通对这个科技大奖的贡献不仅仅是直接协助和主持"七五""八五"国家重点科技攻关课题，在完善我国橡胶树育种技术规程，规范橡胶树选育种等方面做出了重要贡献，更重要的是他倡议并牵头完成了成果总结工作。如果没有吴云通的努力，"橡胶树优良无性系的引种、选育和大面积推广应用"这一为我国橡胶产业做出了巨大贡献、汇聚了 3 代橡胶专家心血的科技成果，有可能会蒙尘于历史深处，渐渐被人遗忘。

橡胶育种的周期太漫长了，甚至可以跨越一个科学家的学术生命，所以，当橡胶优良品种选育的成果最终大功告成时，早期的研究人员中已有人与世长辞。比如热研 7-33-97 在培育出新品种后，还要经历多个不同规模的推广，试种级推广—小规模推广—中规模推广—大规模推广，才能最终判定这个新品种是否适宜大规模种植，适宜大规模种植则说明育种成功，若不适宜规模化种植，新品种即使成功培育出来，也没有经济价值。

"吴老专业扎实、学术严谨、工作踏实、为人高风亮节，非常重视科研的传帮带，可以说是他一手带着我走上橡胶科研的道路，并在他的影响和提携下成长起来的"，黄华孙说。1984 年，黄华孙从华南热带作物学院毕业后，就加入吴云通课题组，从事热研 7-33-97 橡胶树新品种培育工作，是吴云通手把手带着他开展橡胶选育种研究。当时科研条件很落后，育种经费捉襟见肘，吴云通带着他骑上自行车在各个橡胶基地、实验室之间往返穿梭，最远的距离有 10 多千米。每次的接芽、割胶、搭架、授粉、采果……，吴云通像个地道的胶农那样自己动手完成。

　　黄华孙说，中国热科院的橡胶育种研究工作曾出现过短暂的断层。吴云通担任全国橡胶育种攻关课题组组长后，为了防止科研出现断层，着力培养黄华孙，有意识地给他压担子、上课题，出科研成果也把黄华孙推到前面去。比如橡胶热研7-33-97新品种成果鉴定，吴云通坚持将黄华孙列为第一完成人，黄华孙深受吴云通的鼓励，自己也非常努力，深知自己身上承载着一代一代橡胶科研工作者传承下来的使命，他成长迅速，已是国家天然橡胶产业技术体系首席科学家。他带领团队选育出橡胶树新品种15个，查明了国内外橡胶资源分布，完成了橡胶种质资源的收集、整理、保存，为橡胶树遗传育种提供了种质支撑。黄华孙认为，这些成就与吴云通的传帮带密不可分。

　　吴云通本人先后撰写有《橡胶树初生代无性系母树产量鉴定新方法的研究》《PR107在海南岛西部地区适应性的研究》《橡胶树优良品种热研88-13的育成》等论文40多篇。他退休后，还协助中国热科院橡胶所遗传育种研究室与海南、云南和广东三省农垦科技处有关专家，共同撰写了《橡胶树育种规程》《橡胶树品种行业标准》。

彭光钦

彭光钦（1906.05.12—1991.09.21），男，重庆市长寿县太平乡人；我国橡胶科技界资深且卓有成就的科学家，两院的创始人之一，曾任华南热带作物科学研究所副所长；1956年12月加入九三学社，历任九三学社中央参议委员会委员、九三学社广东省委会副主委、九三学社中央委员会顾问广东省文史馆副馆长，第一届广东省政协常委、副秘书长等职。

重要成果：编著出版论文集6册、共65篇，其中英文7篇；出版译著2本，专著1本；率先研究并作理论奠基的"橡胶树在北纬18—24度大面积种植技术"于1982年荣获国家发明集体一等奖。

彭光钦：将科学和爱国进行到底！

彭光钦，第一个考察我国天然橡胶资源，最早从事天然橡胶科研工作的学者，中国热带农业科学院发展史上举足轻重的人，中国热科院创始者之一；我国橡胶事业发展史上绕不过去的一座丰碑。他在国内率先开展橡胶科学研究，并且第一个大胆提出橡胶在我国可以北移至北纬18°—24°种植。

他一生求真求实、坚持真理、忠于祖国，虽百折而不悔，虽千难而勇往，将科学和爱国进行到底、至死不渝。

■ 国际生物界崭露头角

彭光钦是重庆长寿人，从小就非常聪明，先后在家乡的太平小学、长寿中学读书，勤奋好学，成绩优异。

1922年，彭光钦在四川家乡被保送清华学堂留美预备部学习，时年16岁。少年英才的彭光钦在校期间，初露峥嵘，翻译出版了三本专著，即《生物学与人类自由进步》《会议法研究》（梁启超署检）和《普通生物学》（蔡元培署检），还担任过学生代表大会主席。

1927年秋，彭光钦从留美预备部毕业，进入斯坦福大学攻读生物学。1929年，彭光钦进入美国约翰·霍普金斯大学研究院生物科学部深造，1933年获博士学位，后到德国威廉皇家生物研究院从事研究工作。1934年，彭光钦担任意大利那波动物学会研究员。彭光钦留学欧美期间，先后发表了许多出色的科学论文，在国际生物学界引起轰动。

■ 归国开启橡胶研究

1934 年底，彭光钦怀揣报效祖国之心回国，先后任教于清华大学、北京大学、北京师范大学、西南联大、广西医学院、广西大学、重庆大学等学府，1948 年获一级教授衔。

20 世纪 40 年代初期，我国大片国土被日军占领，国际交通被截断。为了解救国家危难，"国防科学策进会"登报呼吁科学界解决国家刻不容缓的十大难题，其中之一就是寻找和开发国产橡胶资源。

当时，彭光钦正在广西大学潜心研究物理化学，并取得了相当高的成果，发表了《分子旋转容积假说》《水分子之聚合》《定压气体克分子热容量与克分子气化热之关系》《苦楝树茎皮之化学分析》和《苦楝树驱蛔剂之临症试验》等十多篇学术论文，在物理化学界引起高度重视，评价极高。在这期间，彭光钦学术成果累累，仅 1946 年和 1948 年就出版了两本论文集，收编论文 45 篇。1946 年他被聘为中国化学和化工学会会长。

不过国难当头，拯救祖国比埋头做学问更重要，彭光钦见到报纸上登载的呼吁后，毅然改变自己的科学研究方向和研究领域，将自己的研究设置为两个领域，一是寻找国内橡胶植物，二是引种巴西橡胶树和印度橡胶树。

1943 年春的一天早晨，彭光钦在散步时偶然发现了一种能从伤口处滴出浓浆的藤本植物，这种浓浆很黏稠又能很快凝固。彭光钦欣喜若狂，他想这不正是国家要寻找的橡胶类植物吗？他把那株小藤拔回学校研究，了解该藤本植物学名为薜荔，与印度橡胶树为同属植物，但在世界橡胶植物中尚无关于薜荔的记录。

彭光钦怀着极大兴致对薜荔分泌的浓浆进行胶浆保存、凝固、烘干、提纯、橡胶溶解、燃烧、熏烟、冷法调硫、热法调硫和调硫加速等十项试验，证明薜荔干枝叶流出的乳状浓浆为胶浆，由这种乳浆制成的橡胶与其他天然橡胶无异。随后，彭光钦把制成的橡胶送给当时的广西绥靖公署橡胶厂造成多种胶制品，包括汽车轮胎模型等胶制品，并于 1943 年 10 月 3 日在广西滑翔分会公开展览。各界人士闻讯纷纷前往参观，赞声不绝。

后来，彭光钦又在桂林南部的兴业县乡间发现另一种橡胶植物大叶鹿角果。其干、枝、叶、果均有胶浆。此种橡胶曾由广西绥靖公署橡胶厂王衍蕃副厂长协助，制成飞机零件、汽车零件、自来水管零件、瓶盖和鞋底等用品三十多种，品质极优，胜过进口产品。

根据对上述两种橡胶植物的研究，彭光钦与广西大学校长李运华和谭显明合作撰写了一篇著名论文《国产橡胶之发现及其前途》，在当年桂林举行的中国工程师学会第十二届年会上，彭光钦亲自宣读，被评为第一类论文，获得了第一奖。论文断言："一、在桂林发现之薜荔所产橡胶与外国所产者相同；二、兴业发现之大叶鹿角果，为一新型橡胶，品质甚为优良；三、长江以南各省均产薜荔，宜择原料集中地设厂生产；四、大叶鹿角果仅产于粤、桂、滇三省南部，应大量种植。"

■ 率先践行橡胶树北移

1944 年秋，彭光钦在当时的国家经济部资助下，加上自己的科研奖励，在广西大学组织我国第一支"国产橡胶调查队"，开展调查工作。此行横跨桂、粤、滇三省，全程 4 000 余里，历时半年，最终发现橡胶植物共 110 余种，且胶质优良、产量较大、有经济价值者 8 种。

随后，彭光钦还深入考察重庆引种印度橡胶树 20 余年的历史以及产胶质量，派人深入云南西南边境考察当地气象、地貌和生态，参照海南岛引种巴西橡胶树的情况，反复对比研究，认为云南西南部受印度洋热流的穿透，气温和雨量都特别高，也适合大面积引种巴西橡胶树。

经过详细考察后，彭光钦从理论上提出，我国北回归线以北地区可种巴西橡胶树的面积，可能比海南岛的还大，成绩也可能更好，可大面积推广。与此同时，他通过对印度橡胶树与巴西橡胶树生理生化共性的研究，判定在我国亚热带地区如粤、桂、滇三省的南部，海南岛、澜沧江河谷等地都可以种植。以上推论归结到一点，就是橡胶树可以北移，中国能实现橡胶自给。这一结论不仅让彭光钦感到兴奋，也鼓舞着正在抗日战争中为国家独立自由而奋斗的全国人民。

彭光钦不仅率先提出了橡胶树北移理论，还率先践行这一理论，开展了一系列橡胶树北移的研究。他主持和指导了"重庆地区印度橡胶树割胶产胶试验""重庆地区印度橡胶树乳胶系统分析（全年候分析）""重庆地区印度橡胶树栽培实验""云南（河口地区）橡胶树生态考察和割胶观察""云南藤本橡胶生态考察""云南藤本橡胶的品质分析"等 12 个科研项目；在重庆工业试验所创立了全国第一个橡胶研究室，率先对国产天然橡胶开展广泛、深入、系统的研究。1951年8月，西南军政委员会农林部遵照中央财经委员会指示，专派蒋克难等6人组成的天然橡胶资源研究工作队（蒋任队长）到彭光钦主持的橡胶研究室协助研究。

为了实现橡胶树北移的宏伟目标，必须彻底摸清橡胶树的生理机制和生化规律，包括橡胶树生化分析与鉴定，生理诊断与全面处理，增产刺激措施，加上胶园抚育与管理体制领域，以至越冬品种的培育等共有30多个项目。彭光钦和同事们共同奋力攻关，特别着重研究橡胶生物合成和生理机制中最难解决的问题，如华南橡胶化学性质变异的研究、胶乳膏化浓缩化问题、膏化剂的制备、排胶障碍的分析及其化学防治与处理、产量刺激剂的作用机制等。

■ 筹建华南热带作物科学研究所

外国学者一般认为，橡胶树仅适宜在赤道以南10°至赤道以北14°的热带地区种植，北纬15°以北一向被视为"植胶禁区"。我国最南端的海南岛也位于北纬18°～20°。因此，二十世纪以前中国没有种植巴西橡胶树，国家国防和民用所需橡胶原料及其制品几乎完全依赖进口。

1950年美国发动侵朝战争，并企图将新中国扼杀在摇篮里。由于美国对我国实行禁运封锁，我国急需的橡胶无法进口，为了打破封锁，党中央决定发展橡胶事业，在华南部分地区建立橡胶基地，并于1951年召开全国橡胶工作会议。彭光钦作为四川省代表应邀参会，他带去了用野生橡胶植物提炼乳胶制成的实心皮球和一些野生橡胶植物标本，引起与会者极大兴趣。

1952年，党中央为了粉碎外国的封锁、垄断，决定自力更生开发国产天然橡胶这一战略资源，成立以叶剑英为局长的华南垦区总局。身为橡胶科研第一人的彭光钦进入了我国开发天然橡胶先驱者的遴选行列。1952年年底，政务院副总理兼财经委员会主任陈云亲签调令，调彭光钦到广州与李嘉人、林西、乐天宇共同筹建我国第一个以开发天然橡胶为主的专业科研基地"华南特种林业研究所"，李嘉人任筹委会主任，彭光钦任筹委会副主任。

1953年2月上旬，彭光钦带领重庆工业试验所从事橡胶研究的同事，从重庆乘民生公司轮船顺长江东下，穿三峡、抵武汉，又渡长江到武昌改乘粤汉铁路火车直趋目的地广州。一路上，他们意气风发、谈笑风生，畅想在未来如何为祖国的橡胶事业奉献毕生智慧与力量。到达广州后，所有人进驻广州沙面，接着从全国各地抽调的各个学科的高级研究人员也陆续到位，如陆大京教授、曾友梅教授、尤其伟教授、李运华教授、何敬真教授及邓励，等等。

彭光钦接手创建热作"两院",自此全身心致力于橡胶科研事业,潜心研究橡胶树的栽培、产胶课题。但是,我国天然橡胶和多种热带作物都是从国外引进的,国内缺乏种植经验和参考资料。1956 年,华南垦殖局副局长兼研究所所长李嘉人就带领彭光钦、温健、赵灿文等人到印尼考察。同年,彭光钦组织翻译出版《三叶橡胶研究三十年》。后来,他又把多年综合研究成果,写成《橡胶树的产胶生理》,作为教学讲义,1960 年,主持翻译了《马来亚橡胶栽培手册》。

■ 荣获国家发明一等奖

橡胶北移课题是集遗传育种、生理解剖、生态造林、植物保护、土壤肥料、气象、地理等各方面科研成果为一体的综合性重大课题,彭光钦是这项重大课题最早的组织者之一。他在几十年生物化学研究基础上,从橡胶树生理生化、栽培、遗传等方面进行攻关,然后总结经验和指导生产实践。

1962 年,何康和黄宗道、彭光钦、许成文一起写出《关于发展我国天然橡胶生产的几点建议》,提出以海南、云南南部为重点,优先发展一级宜林地的意见。邓子恢副总理看后作了批示:"这是一个关于橡胶生产和制造的报告,把国内外橡胶生产的历史现状、橡胶的特性和生产管理、经营方针、橡胶制造与科学研究等讲得很周详、很恰当,负责橡胶经营管理的干部不可不看。"

中国热科院老同志关其能说,他来到华南热带作物研究所工作时,所长虽是由华南垦殖局副局长李嘉人兼任,但他很少露面,研究所主要工作由副所长彭光钦主持。可以说,彭光钦对橡胶生理领域的许多环节进行了广泛的探索研究,并在取得初步成果的基础上深入广东、广西和云南等地反复调查研究,然后制定出一套完整的规划付诸实施。1953—1967 年,他在极端艰难恶劣的环境下,坚持撰写了《橡胶树北移研究》《排胶障碍的化学防治》《橡胶的生物合成与呼吸》等有关橡胶科研的论文与成果报告 29 篇。

后来,彭光钦曾专门撰文《橡胶北移研究的回顾》,详细介绍了橡胶北移的整个历程,他谦虚地将橡胶北移的成果归纳为集体创作的成果,是广大科技工作者和农垦无名英雄的共同成果,他只是最早的参加者之一。彭光钦在文中将橡胶北移分为三个阶段,即酝酿阶段(20 世纪 40 年代)、着手研究阶段(新中国成立初期)和发展阶段(50 年代中叶以后)。通过这三个阶段,基本上可以理解我国橡胶树北移课题提出的背景、摸索过程和所取得的科研成果。

彭光钦等老一辈橡胶科研工作者的努力,终于使我国橡胶树种植扩展至北纬 18°~24° 的地域，使我国成为世界上唯一能在北纬 18°~24° 地区大面积种植和收割橡胶的国家。这是了不起的贡献。

这项重大科研成果使我国橡胶产量从最初的 200 吨提高到数十万吨，从根本上解决了我国对橡胶的需求，在 1982 年荣获国家发明一等奖。

■ 将科学真理坚持到底

彭光钦在主持橡胶树北移科研工作中敢于坚持真理，坚持实事求是，这却给他带来了灾难。

1953 年 11 月，华南垦殖局召集有关橡胶科研与生产部门的专家，与苏联专家一道研究橡胶树良种繁育的途径、规模和速度等重大技术问题。对采用哪一种橡胶树育种方法，当时有两种迥然不同的意见，即有性繁殖和无性繁殖。

以苏联专家为首的大多数人主张用有性繁殖的方法育种，认为这样可靠，而以彭光钦为代表的少数人主张用无性系嫁接法育种，将华侨从国外引进的优良品种作为无性繁殖的接穗。无性繁殖是美国人摩尔根的理论，在当时被视为资本主义的"毒草"，彭光钦的正确主张自然被否定。

为了不误祖国橡胶事业发展的大事，彭光钦冒着极大的政治风险，写信给中央林业部，详细阐明自己对橡胶育种的观点。在当时的历史背景下，如果没有足够的胆魄与刚直的人格，没有求实的科学精神和对国家高度负责的强烈责任感是不可能这样做的。不幸，彭光钦为此付出了沉重的代价。后来他被妄加的一条"罪状"就是狂妄自大，反对苏联专家。

可是，之后的橡胶育种与生产实践证实了彭光钦等专家提出的选育种观点是正确的。

1961 年，粤西建设农场的橡胶树发生严重排胶障碍，彭光钦被派去那里"蹲点"。在长期栉风沐雨、风餐露宿的艰苦条件下，他完成了治愈橡胶树病害的任务。在这期间，他还首创中药"三黄汤"治愈橡胶树褐皮病的技术。同时，他还悄悄地进行化学刺激橡胶树增产试验，并取得了初步成果。他设想，化学刺激橡胶增产试验一旦成功，在橡胶园里全面推广，产胶量将会有一个很大的飞跃。

1966 年，正当彭光钦忘我进行橡胶树增产科研攻关，成功在望之时，他被召回热作"两院"，并要求他将全部科研总结上交，还被扣上"九顶帽子"，不准他进实验室搞科研。这让与橡胶科研事业结下不解之缘的彭光钦痛心疾首。但彭光钦始终坚持实事求是、刚正不阿、仗义执言。

■ **将爱国进行到底！**

　　彭光钦教授已于 1991 年去世，笔者写这篇文章时，只能从资料和故纸堆中去勾画这位科学家的轮廓和精神风貌，发现这是一位彻底的伟大的爱国者，为国家为民族九死不悔。

　　他原本在欧美多国留学，其生物学领域取得的成就为国际生物学界所瞩目，美国的科研机构多次以高薪挽留他。但是彭光钦惦记着苦难深重、被日军觊觎的祖国。

　　1934 年 4 月 20 日，由中国共产党提出，经宋庆龄、何香凝、李杜等 1 779 人签名，发表《中国人民对日作战的基本纲领》，呼吁中华民族武装自卫，把日本帝国主义驱逐出中国，一时间，抗日风潮涌动。当年底，彭光钦毅然回国。

　　1945 年，当彭光钦胜利完成考察任务，大有所获而返抵桂林时，向大西南进犯的日本侵略军已直逼这座文化名城。局势紧张，广西大学提前放假，师生纷纷离校。彭光钦临危受命，先任理工学院代理院长，后任教务长，率领广西大学师生员工历尽艰辛，徒步跋涉千里，迁校到贵州省榕江。在一度与当局联系中断、经费不继的绝境下，他通过私人关系，临时向一位富有的老乡借钱开学，使学校不致溃散。

　　抗战胜利后，彭光钦任当时国家经济部重庆工业试验所（前身为中央工业试验所）所长，同时兼任重庆大学教授。在此期间，他除了担负繁琐的行政事务外，在有关国防科学如尿素的提炼（当年国防科学策进会呼吁科学界解决的十大难题之二）、糠醛的制造、石油的检定等方面都取得了令人满意的成果。

　　由于彭光钦在生物化学界的名望，留美回国后，美国又有几所大学曾多次邀请他去任教。1941 年，他在赴美途经香港时，适逢珍珠港事件爆发，他感到"国家兴亡，匹夫有责"，毅然折返回国，继续从事科学与教育工作，立志以科学报国，写下"我要永葆为祖国科研事业献力的一颗赤子之心"的誓言。

　　抗日战争胜利后，美国又有几所大学曾多次邀请他赴美任教，并允诺可携带其家属同行，有一所大学甚至在暑假汇来巨款，请他务必前往。当时彭光钦一家 8 口挤在重庆研究所一幢旧楼 20 米² 的小房间内，没有厨房、卫生间，在走廊烧煤炭炉子做饭，用公共厕所。彭光钦的妻子、复旦大学新闻系才女吴湘为了支持丈夫工作，放弃自己的工作，一路陪伴着他，默默地为他支撑起全家。生活条件如此艰苦，彭光钦仍不为国外优厚待遇所动，又一次婉言谢绝国外邀请，甘愿与祖国同甘苦，共患难。

解放战争胜利前夕，国民党当局要带走包括彭光钦在内的七位名流学者，撤离重庆前往中国台湾。他获悉后设法躲避，逃过了被强行劫持的危险，迎来了胜利。就在重庆刚解放的第三天，当时主持西南军政工作的刘伯承、邓小平就在重庆接见了彭光钦，勉励他和全国人民一道建设新中国，继续留任重庆工业试验所所长。他深受鼓舞，心情无比激动，更加热爱祖国，决定响应党和国家的召唤，把整个身心倾注在橡胶事业的科研、教学和实践上。

1957年，作为民主党派九三学社广州分社负责人之一的彭光钦，响应党中央发出的帮助党整风的号召，本着"知无不言，言无不尽"的精神，提出了一些善意的建言，却被肆意歪曲和无限上纲，撤销副所长等职务，降职降薪，下放到海南岛儋县联昌试验站劳动改造。1961年，粤西建设农场的橡胶树发生严重疾病，彭光钦被派去"蹲点"治病。在那里，他长期栉风沐雨、风餐露宿，排除重重困难，治愈橡胶树疾病，并给该病起名为"排胶障碍"，这一名称现已成为橡胶种植专业的通用术语。

1966—1976年，彭光钦不为个人得失所痛心，躺在病榻上仍念念不忘橡胶树北移的工作，每当听到国家建设和科学文化事业遭受破坏和损失的消息时，他便发出沉痛的叹息！他在北京治病时，有一次从杂志上看到国外正用最新的分子生物学技术，即单性繁殖改造橡胶品系，他大受启发，连夜奋笔疾书，建议单位选派两人和国家农业科学院植物研究所合作，由他带病亲自指导，进行单性繁殖改良中国橡胶品系的研究，遗憾的是他的建议和方案如石沉大海。好心人劝他静心休养，别枉费心机，但他说："一个愿把生命献给科学的人，一天不动脑筋是不可思议的。"

1980年1月，彭光钦获得平反。不久，单位派人动员他填表退休。他像触电一般猛地坐直身子，目光盯着对方发火道："我不填表！我不退休！国家拨乱反正，我内心充满希望和喜悦，我还不考虑这个问题。我要把失去的时间追回来，在我有生之年，要为祖国橡胶事业，尽我应尽而未尽的余力！"女儿彭菩彩也顺势劝他退休回广州，他猛拍茶几，固执地说："我的单位在海南岛，我的工作在橡胶园，我要回'两院'。"至此，家人再不敢劝他退休。

不过，由于健康和其他原因，彭光钦最终含泪离开热作"两院"，调回广州，任广东省文史馆副馆长。回广州后，彭光钦日夜思念热作"两院"，整天唠叨着要回热作"两院"看一看，以致夜不能寐。1981年9月，彭光钦在女儿彭菩彩陪同下，回到阔别多年的热作"两院"。抚摸着橡胶树，75 岁的彭光钦思绪万千，这不单单是一株树，是他为之奋斗大半生的爱国事业！

1991 年 9 月 21 日，彭光钦因病在广州逝世，享年 85 岁。他至死都葆存着那颗坚持科学、坚持真理、为国为民的赤子之心！他为我国橡胶科技事业做出的开创性贡献必将永载史册！

庞廷祥

庞廷祥（1923.08—2017.04），广西博白人、中国共产党党员、中国热带农业科学院研究员、国务院政府特殊津贴专家；1949 年毕业于国立广西大学农学院林学系，进入广西桐油技术研究所工作；历任华南热带作物科学研究院粤西试验站副站长、南亚热带作物研究所副所长、湛江市政协常委。

重要成果：国家发明一等奖项目"橡胶树在北纬 18°～24°大面积种植技术"主要完成人之一；农业部科技进步一等奖、国家科技进步一等奖"橡胶树优良无性系引种、选育与大规模推广应用"主要完成人；主持国家重点课题"橡胶树抗寒高产品种选育的研究"，担当学科带头人，与人合作选育出橡胶抗寒品种"湛试 93 - 114"，被国家指定为我国国际交换品种，获农垦部科技成果一等奖；"七五"期间选育 IAN873，获农业部科技成果三等奖；撰写与合作专著有《粤西地区热带作物区划报告》《粤西地区热带作物引种志》和《橡胶树抗寒高产品种选育工作的回顾与展望》等。

庞廷祥：另类研究——寻找橡胶抗寒基因

　　橡胶，本是来自亚马逊热带雨林的热带树种。中国热带农业科学院研究员庞廷祥的毕生研究很另类，在热带橡胶树中寻找抗寒性基因，培育抗寒抗风高产品种，而这正是为了在那个特殊年代，将祖国非常需要的橡胶树种植到更多更广阔的地方去。

　　他一生获得许多重大科技成果奖，国家发明一等奖、国家科技进步一等奖、农业部科技进步一等奖，等等，他选育出来的橡胶抗寒高产品种"湛试93 - 114""IAN873"在广西、广东等省区获得大面积推广种植，产生了良好的社会经济效益。

■ 与橡胶科研曲折结缘

　　庞廷祥和橡胶的结缘很曲折，这要从新中国的曲折命运说起。

　　抗日战争胜利后，中国油脂公司总经理刘瑚和马保之、陆大京教授（时任国立广西大学教授兼联合国救济总署广西救济署负责人）利用联合国救济总署的资助，在广西桂林（君武植物园）建成桐油研究所。1949 年新中国成立，这一年，庞廷祥从国立广西大学农学院毕业，国家正值用人之际，他被分配到桐油研究所工作，正好大展拳脚。

新中国百废待兴，物资极其匮乏，尤其是粮食和能源，非常紧缺。国家非常重视桐油的生产和利用，于 1951 年初把桐油研究所迁至广西，划地重建，改名为广西桐油研究所。朝鲜战争爆发后，西方各强国宣布对中国实施严密封锁禁运措施，致使我国桐油出口和生产利用面临转向问题。

1952 年 3 月，华南垦殖局广西垦殖分局派专人送来橡胶树实生苗 200 株，指定桐油研究所派专人负责试种。来人特地介绍，橡胶、石油、钢铁、煤炭是工农业生产和国防建设不可缺少的物资，没有橡胶轮胎，飞机不能起飞，汽车也走不动，国家就会处于被动挨打的局面，所以，党中央决定大力发展我国橡胶生产事业，打破帝国主义的封锁。

当时，橡胶种子有钱也买不到。华南垦殖局局长叶剑英统领垦区全体军民，号召把落在胶园的每一颗种子捡回来；没有橡胶种子，橡胶生产大发展就不可能，所以一粒橡胶种子比一两黄金还重要，一定要把这些橡胶树种苗种好、管好。时任桐油研究所所长的吴启增立即表示有信心把它种好，并宣布由庞廷祥负责规划、试种。庞廷祥当即表示接受任务，不负党的重托。从此，庞廷祥与橡胶结缘，开启了他长达数十年的橡胶科研生涯。

庞廷祥大学专业是林学，却对橡胶树的生物特性所知不多。为了把试种工作做好，他像呵护孩子一样地精心照料这些橡胶幼苗：第一件事是防止人为破坏和灾害性事件发生，他特地选择宿舍西侧排水良好的耕地试种，这样不管是白天或黑夜发生什么事，都能及时发现、处理；在试种地的交通道口都挂上铁刺，竖起"人、畜免进"的警示牌；在每行胶树的北侧一米外种两行甘蔗以防御冬季寒风，同时防人、畜进入。第二件事是夏、秋季节在距橡胶树根茎 10 厘米外覆盖稻草，以防旱、保湿，8 月下旬每株增施硫酸钾 50 克，期望提高植株越冬抗寒能力。当年 10 月下旬，庞廷祥测定橡胶苗的生长量：株高 123～152 厘米，木栓化高度为平均 32 厘米，离地面 5 厘米处直径 1.8 厘米，未发生病、虫危害，试种初步成功。

1952 年 11 月初，植物生态学家、原北京农业大学校长乐天宇带队专程来广西桐油研究所检查橡胶树试种工作。庞廷祥把试种工作和胶苗生长情况作了详细汇报。大家一起到试种地检查，对试验的各项工作表示认同，认为橡胶树可以向海南以北地区移植。

■ 正式加入橡胶科研队伍

由于试种橡胶工作完成出色，加上大面积扩大橡胶种植的战略需要，1952 年 11 月下旬，广西农林厅和广西垦殖分局联合转达中央林业部的决定：撤销广西桐油研究所，全体科技人员和试验工人并入华南特种林业研究所编制，尽快做好科学仪器安全包装，于 1953 年 1 月到广州特种林业研究所报到。不久，天然橡胶专家彭光钦教授也带领四川重庆工业试验所橡胶研究组科技人员来报到。

报到后，邓励和庞廷祥分配到栽培部生态造林室工作。从此，庞廷祥正式加入了橡胶科研的大家庭，他跟随我国早期的橡胶专家乐天宇、何敬真等人从事橡胶科研工作，边学习边实践。

当时，特林所所长由华南垦殖局副局长李嘉人兼任，乐天宇教授任第一副所长兼栽培部主任。栽培部设生态造林、土壤肥料、解剖生理、植保、遗传育种五个研究室，何敬真教授任生态造林室主任。他们的办公室与乐天宇副所长办公室仅一墙之隔，因此庞廷祥能经常接近他们。他们对青年人十分关爱，讨论工作时大家都可以聆听，他们的工作思路和方法让大家受益匪浅。乐天宇给庞廷祥的第一个任务就是收集垦区气候、地形地貌等自然景观资料。庞廷祥高兴地接受了任务，他白天跑广东气象局、中山大学地理系等单位，拜访有关专家，抄录资料，晚上便查阅资料。

■ 跟随乐天宇调查橡胶寒害

海南是热带岛屿，可开垦种植橡胶的土地并不多，为了大规模种植橡胶树，满足国家对天然橡胶的需求，就必须提高橡胶树的抗寒能力，向海南以北的广西、广东、云南等地区移植。慎重起见，特林所早期北移橡胶树时，要先做小规模试点种植试验。

1953 年 4 月中旬，橡胶树越冬抗寒害情况基本稳定。乐天宇带领栽培部的部分教授和青年科技工作人员，包括庞廷祥在内的 30 多人直赴广西柳州、百色、合浦试种点调查。

调查中，柳州橡胶试种点最低气温达−2 ℃，试种的橡胶植株全部受寒害死亡，百色试种点寒害达三级以上。然后，调查队转赴龙州垦区三个农场调查，特别关注不同坡向，不同地形、地貌与寒害的关系。乐天宇还特地登上龙州大青山林场步行到中越边界考察两天，再转赴钦州华山农场、浦北县东方农场和合浦县各农场考察。

经过这次实地考察，乐天宇在国内最早提出橡胶宜林地选择的指导性意见：钦州以西的橡胶宜林地应该选择在十万大山以南；六万大山山体不大、山不高，橡胶宜林地只能选择在六万大山东南侧的小环境和近海台地地域。

庞廷祥也在这次调查中，对粤西垦区橡胶树种植的历史和当前生产发展情况有了深入了解。尤其是在调查途中，从湛江经雷州半岛到海南儋县联昌试验站，沿途看到许多苏联友人驾着苏制拖拉机拔树、挖根，很多粗大有用的木材在烈火中燃烧，让他很痛心。毁林开垦出现两大问题：①预留的防护林网按苏联西伯利亚农田防护林网模式设计，不论地形高低，一律以 10 公顷为一网格，在台风频率高、风速快、风力强的平原植胶区，根本起不到防护作用；②自然资源（木材、土壤有机质）遭受破坏。

看到这些情景，坚定了庞廷祥为祖国橡胶事业奋斗的决心，一定要提高我国橡胶科技能力，摆脱对其他国家的依赖，独立发展成一个橡胶科技强国。

儋县是海南岛新、老胶园比较集中的地方。广西橡胶寒害调查结束后，为了使庞廷祥等刚接触橡胶的年轻人对橡胶有更深刻的了解，特林所又组织他们到联昌试验站考察胶园，还多次邀请联昌、侨植、天任胶园的老模范及割胶、芽接能手讲述老胶园的历史与割胶、芽接等栽培技术和经验。

一次，庞廷祥在参观胶园时，看到橡胶树树干粗大，树冠郁郁葱葱，割口胶乳畅流，便虚心请教胶工怎样才能种好橡胶树，老胶工回答，选好依山靠林的适生环境，搞好抚育管理。简洁明确的回答让庞廷祥感受到了群众在生产实践中的智慧。

考察完海南不同形态的新老胶园后，乐天宇教授给年轻的橡胶科技人员作了题为"橡胶栽培森林抚育法"的报告。我国植胶区自然条件与东南亚国家不同，我们的植胶区有台风，寒流低温，而东南亚国家既无台风，也无寒流低温，雨量分布比较均匀。乐天宇鼓励在座的青年科技工作者，说他们肩负重任，一定要利用森林抚育法种胶，选育速生高产的橡胶树，未来必将大有作为。

此次在海南考察为期很长，一是考察，二是学习。从海南回到广州后，1955 年，庞廷祥被任命为生态造林室行政秘书，跟随何敬真一起工作，深受其教诲。何敬真教授是我国著名树木学专家，陈嵘教授的得意门生，大学毕业后曾与乐天宇教授在西北从事林业工作，后到美国学习植物分类学、拉丁语文。他植物分类学造诣很深，回国后从事大学林学教学多年。到热作所后，为了营造较理想的胶园防护林网，落实"森林抚育法"措施，何敬真大力开展防护林树种调查，选择优良树种和胶园绿肥覆盖作物。每次调查，庞廷祥都跟随参加，学到了不少橡胶种植、管理、育种方面的知识。

■ 创建粤西试验站

1957 年 4 月，何康调任特林所所长，对特林所未来的发展有了新的思考：创建兴隆试验站（即香料饮料研究所前身），加强联昌和徐闻试验站的领导，任张连三任徐闻试验站（南亚热作所前身）站长、庞廷祥为副站长，准备试验站迁移重建工作。就这样，庞廷祥到徐闻试验站从事行政和科研工作，直到退休。

1957 年 4 月下旬，庞廷祥、陆行正、胡继胜、郑心柏、陈有义、邱绍先等先到湖光农场为徐闻试验站选址。经过调查，他们将新站址定在湖光农场场部及其第二生产队，总面积约 7 000 亩。湖光农场以橡胶为主业，经过 1954—1955 年冬期低温寒害后改为多种经营，在橡胶行间扩种香茅，橡胶种植对重建试验搞科研非常有利。

何康带领张连三站长和庞廷祥拜访粤西农垦局领导，庞廷祥才知道中央农垦部张林池副部长就试验站迁址的事早已对粤西农垦局领导有指示，迁址工作非常顺利。何康嘱咐站长张连三抓紧把基建款拨给农场，搬站后即把徐闻试验基地、试验室、职工宿舍移交粤西农垦局，办理相关手续。

1958 年春，徐闻试验站迁至湛江市郊区原湖光农场部，更名为粤西试验站。何康明确指示，新试验站基地要抓紧环境改良，要先改良后利用。根据何康所长的指示，新试验站的建设在何敬真、黄宗道教授的指导下开展。庞廷祥一方面带领全部职工继续开展早年布置的土壤肥料试验、不同防护林结构防护效能测定工作，利用两个多月时间，新站调查、规划工作告一段落，特别是使原来橡胶树处理的难题初步得到解决，对保留下来的少数橡胶树加强抚育管理，同时完成了补换植任务；另一方面连续 5 年增植防护林 60 万株，建成完整的防护林网，为新的科学试验创造了条件。

经过一段时间的艰难工作，粤西试验站初具规模，庞廷祥还写下一首小诗表达内心的激动喜悦之情，以及对农垦工人早期垦荒精神的赞叹与崇敬。

湖光平岭山坡的传说

高草灌木满山坡，毒蛇猛兽出没多。
三山压顶加虎害，鼠疟流行鬼唱歌。
解放大军到山坡，牛鬼蛇神打哆嗦。
妖魔鬼怪全灭迹，农垦工人贡献多。

■ 接待朱德委员长

庞廷祥一生中还有一次难忘的经历：1963年春，朱德委员长到粤西试验站考察，全程两个多小时，都由庞廷祥接待。

朱德委员长到来那天，粤西试验站和往常一样，大家各尽其职，忙碌而平静地工作着。突然，楼上有人高兴地大喊："朱德委员长来了！"听到喊声，群众蜂拥而至，果然，朱德委员长正在办公楼前频频地向大家挥手致意。

试验站党委书记张汝法请朱德委员长和陪同领导先到接待室休息，朱德却说："不休息了，抓紧时间参观！"此时已是站长的庞廷祥陪同朱德来到引种园，他把建立引种园的目的和1958年以来的筹建工作向朱德作了详细汇报。当庞廷祥介绍伊拉克蜜枣时，朱德问："伊拉克气候炎热，干旱又有低温，引到这里能结果吗？"庞廷祥作了补充后，朱德又说："你们再引进一些优良品种的两性苗试种吧。"后来庞廷祥介绍木楠科大乔木——油楠的情况：树干产油，可做燃料。朱德听后高兴地说："我们是能源不足的大国，你们要注意搜集再生能源树种，将来还要研究高产和科学采油方法，要做的事多得很呢！"朱德委员长知识渊博，他的讲话给了庞廷祥十分有益的启示。

朱德委员长参观完引种园并听取了庞廷祥的汇报后，叮嘱庞廷祥："种好橡胶，发展生产，巩固国防很重要。你们要把主要科技力量放在橡胶抗寒高产研究工作中，同时也要安排一定的力量对其他作物进行研究，对科研人员生活给予关照。希望你们继续努力工作，做出更大的成绩，为社会主义建设服务。"朱德委员长的谆谆教导深深铭刻在了庞廷祥心中。

参观完引种园后，朱德又十分关切地询问了科技人员的工作和生活情况，指示实验站领导在工作中注意多听科技人员的意见和建议，在力所能及的情况下创造好的工作条件，让同志们心情舒畅，充分发挥出创造性和积极性。

■ 选育橡胶抗寒良种

1954—1955年冬期，华南橡胶区遭受百年一遇的强辐射低温冻害，粤西垦区橡胶幼树74.9%植株地面部分被冻枯后复生，海南岛西北部橡胶幼树寒害也达2~3级，联昌、侨植老胶园成龄大胶树寒害达1~2级。因此，庞廷祥深刻体会到，选育橡胶树抗寒高产新品种以解决橡胶树寒害的问题十分紧迫。

可橡胶树是典型的热带雨林树种，高温高湿是它系统发育的环境条件。从种性规范上看，橡胶树的抗寒性基因范围不会很大，要从原始材料中选出抗寒性强、产量高的品种不现实。但要从茫茫橡胶园中选择出抗寒性强、产量高的品种，又无异于海底捞针。不过，庞廷祥在实践中看到，品系间的抗寒性有明显差异，若通过亲本选择，利用它有限的抗寒性和杂种优势，逐步提高后代抗寒性和产量是可能的。他立即改变研究策略，从最早的高产实生母树的初生代无性系中鉴定选择出抗寒性强、产量高的无性系，再杂交选育新品种。

1962 年，国家农垦部刘型副部长在湛江海滨宾馆主持第一次橡胶育种工作会议，指示粤西试验站要加强橡胶树抗寒、高产、优质新品种选育。根据这次会议精神，1963 年，国家农垦部发文件下达任务：由华南热带作物科学研究所会同各省（自治区）农垦局选择不同环境类型 20 个农场，对已引进的 20 多个国外橡胶品种进行适应性试验，粤西试验站也是粤西垦区试点之一。

随后，何康更具体指示，粤西试验站以橡胶科研为主，橡胶科研力量要占 70％。橡胶树抗寒、高产、优质新品种选育是重中之重，希望能选育一个树干粗大、树冠小的既抗寒又抗风的新品种。其余 30％的科技力量放在当前生产上亟待解决的课题和热带作物引种试种上，为热带作物发展创造条件。1964 年，何康又宣布，将广州橡胶北移组并入粤西试验站，橡胶北移栽培任务由粤西站承担。

此后，庞廷祥一直恪尽职守，忠实地执行何康安排给粤西站的橡胶树北移栽培研究任务。他在重寒害区、中寒害区、轻寒害区各选了一个试种代表点，带着课题组人员开展抗寒生理指标测定，同时开展人工模拟低温鉴定的探讨。最后，庞廷祥确定采用芽条采样、低温试验室混合型变温的鉴定方法和冷冻后在大棚下将芽条插水的方法观察抗寒害表现。这样，所得的结果与前哨苗圃鉴定的结果基本一致。他还把人工模拟低温鉴定和不同梯度前哨苗圃系比试验相配合，形成常规鉴定程序；选择抗寒性强的品系，淘汰抗寒性弱的品系，提高鉴定的可靠性，从而促进橡胶树抗寒性高产新品种选育工作的开展；先后选出大规模推广级 GT1 和中规模推广级的 LAN873 等优良无性系。

20 世纪 60 年代末期，庞廷祥带领课题组收集国内外所有高产无性系橡胶品种，对其抗寒性进行系统鉴定，选择抗寒性较强、产量中等的合口 3-11 与抗寒性强的天任 31-45 杂交，从中选出湛试 93-114 和湛试 93-110 等抗寒新品种。尤其是湛试 93-114 表现特别出色，经历连续两年寒害后，不少农场主要是重寒害区农场主动前来引种，不到 10 年时间，湛试 93-114 种植面积已达 15 万亩以上，平均亩产约 70～80 公斤。更可喜的是，它的胶乳机械稳定性和生胶性能良好。如今，在我国重寒区农场，湛试 93-114 成为当家橡胶品种，还被国家指定为我国的国际交换品种。

"湛试 93-114 的选出和人规模级推广"于 1980 年荣获农垦部科技成果一等奖，随后，"人工模拟低温鉴定橡胶树寒害成功"荣获湛江市科技进步三等奖。1987 年全国橡胶育种工作会议上，与会专家一致指出："湛试 93-114 的选出，巩固了北部重寒区的橡胶农场，粤西试验站立了大功。"这其中，庞廷祥居功至伟。

这次会议还将"橡胶树抗寒、高产、优质新品种选育研究"总课题进行分解，粤西试验站承担抗寒分课题。庞廷祥更清楚，粤西区的雷州半岛强台风登陆频率很高、风速大，而且在海南中北部登陆的强台风向西北方向转移，绝大多数在雷州半岛二次登陆进入北部湾。因此，雷州半岛实际上是风、寒交加的地方，也是橡胶树抗风、抗寒选育的好地方，课题组必须面向生产、为生产服务，对风害问题不能掉以轻心。因此，庞廷祥主动带领课题组，在选育橡胶新品种时考虑抗寒抗风两大因素，选育出大规模推广级新品种两个（湛试 93-114、GT1），中规模推广级的品种一个（LAN873），小规模推广级的品种两个（有性系湛试 327、湛试 366），试种级的品种共 14 个。

正因庞廷祥带着课题组选育出一批抗风抗寒高产橡胶新品种，才有条件打破国际权威认定的橡胶树种植传统禁区，使橡胶树在中国北纬 18°～24°地区大面积种植成功。

1986 年，庞廷祥作为主要完成人之一的"橡胶树在北纬 18—24 度大面积种植技术"获国家发明一等奖；1998 年，庞廷祥作为项目完成人之一的"橡胶树优良无性系引种、选育与大规模推广应用"获农业部科技进步一等奖、1999 年获国家科技进步一等奖。

退休后，庞廷祥舍不得离开他奋斗了几十年的科研岗位，被中国热科院、热科院南亚所、热科院湛江实验站分别特聘为离退休高级专家，继续从事橡胶科研。许多科研项目都是在他退休返聘后完成的。2016 年，庞廷祥参与的"橡胶树抗寒高效育种体系的建立与应用"项目还获得了海南省科技进步二等奖。

王泽云

王泽云（1937.10—），男，浙江义乌佛堂三蒲潭村人，中国热带农业科学院研究员；1953 年 7 月大成中学毕业，1964 年毕业于北京农业大学研究生院，获硕士学位，分配到中国热科院从事橡胶育种的科研与教学工作数十年，是国务院颁发的政府特殊津贴享受者；1986 年被国家科委授予"国家级有突出贡献中青年专家"称号；1990 年由国家计委、教委、中科院、农业部联合授予"在国家重点实验室建设中作出突出贡献先进工作者"称号。

重要成果：在橡胶花药植株的诱导和移栽及橡胶花药培育优良品种技术中，部分成果处于世界领先水平，主要有：1977 年在国内外首次诱导出橡胶花药体胚植株，并于翌年移栽成活世界第一批花药植株；研究出一套完整诱导成苗和移栽技术，通过该技术培育出多个高产速生的自根幼态无性系，成为橡胶树新一代种植材料，使全球天然橡胶产量提升到一个新的水平；1980 年主持完成的"巴西橡胶花药体细胞植株的诱导和移栽"项目获农业部科技成果一等奖；1985 年主持完成的"巴西橡胶花药培养优良品种技术"获国家科技进步三等奖。

王泽云：首位成功"克隆"橡胶的人

用花药体培育橡胶，通俗地说就是"组培"或者"克隆"，它是利用橡胶的花药组织进行细胞培养，从而培育出橡胶幼苗。

1973 年，中国热科院橡胶所一位年轻的科技人员王泽云，受水稻、小麦花药培养诱导植株成功的启发，决定开展橡胶花药组织培养及其应用，并在四年后成功培养出首批橡胶花药植株。

由此，在橡胶科研领域又诞生出一个持续研究的重大课题：橡胶组培育苗。直到 2011 年底，中国热科院公开宣布：成功培育出自根幼态无性橡胶苗，并实现了大规模工厂化生产，解决了天然橡胶良种良苗的标准化生产。这是一项重大的科研成果，它意味着我国橡胶育苗技术进入世界领先水平。

王泽云 40 年前的科技梦想与设计，经过一代代人艰苦卓绝的努力，终于看到了将科研成果大规模应用于生产的希望。

■ 奇思妙想得到科学验证

1964 年，王泽云从北京农业大学研究生院毕业后，分配到华南热带作物研究院从事橡胶育种的科研与教学工作。1973 年初，王泽云从一本小册子上看到水稻、小麦花药培养诱导植株成功的消息，爱思考的他立即冒出一个奇妙的联想："橡胶树种质资源日趋狭窄，可不可以用橡胶的花药培养选育新品种呢？"

想到此，王泽云特别激动，他立即写好立题报告，送交给时任热作"两院"教研部副部长黄宗道审批。黄宗道看到报告后非常高兴，他叫来王泽云询问："如果立题，你愿意带头研究吗？"

王泽云求之不得："只要领导支持，当然愿意！"

于是，橡胶花药组织培养及其应用的研究课题就这样审定了，王泽云成立了课题组，并于 1973 上半年采摘橡胶树春天开的花朵，着手培养橡胶花药。王泽云率先而动，迅速带动起国内从事橡胶育种的其他科研机构也立题进行科技攻关。比如中国科学院遗传研究所、保亭热带作物科学研究所和海南农垦橡胶研究所三个单位协作，也采用橡胶春花进行花药培养；云南热带作物科学研究所、福建热带作物科学研究所、广西橡胶所、华南热带作物科学研究院粤西试验站、广东徐闻育种站等单位相继开展相关研究。

"20 世纪六七十年代，我就下令对橡胶组培育苗进行科研攻关。"2012 年11 月初，笔者在北京访问原农业部部长何康老人时，他曾向记者回忆过这段历史。"当时，我国正在大面积引种橡胶，种子资源非常宝贵，有一粒种子一两黄金的说法，为了更快地获得橡胶种苗，我们要在世界上率先着手研究橡胶组培育苗。"

何老的回忆证实了我国当年开展橡胶花药组织培育研究的现实需求和超前意识。

那个年代，我国科技发展整体水平落后。华南热带作物研究院地处偏远，科研条件更差，当时科研人员少，科技条件和设备差，也没有任何借鉴资料。王泽云的课题组可以说要设备没设备，要经费没经费，一切只能因陋就简。没有培养架，培养材料就放床铺上；没有控温设备，便洒水降温；缺少冰箱，便把配制培养基的母液送到热作"两院"医院保存；缺少经费，塞试管的棉球是育种组老师制作的；缺少接种室，灭菌后的培养基是从学院用肩膀挑到研究院接种的。接种转移培养材料都在四周密封的又矮又小的玻璃房内进行。房间经紫外线照射杀菌，氧气少、臭氧多，人呼吸困难但又必须点燃酒精灯，二氧化碳剧增。因此，研究人员进入接种室常有呕吐、呼吸加速的症状。在炎热季节，人穿上白大褂，工作不到十分钟，脸上汗珠就往下滴，工作 2～3 个小时出来，全身衣裤就像被雨淋过一样。

课题组科研人员连续几年在恶劣的条件中开展科研，体质明显下降。有一天，课题组成员李琼英突然头晕，到医院检查发现，她的白细胞竟下降到 3 200，不到正常人的一半，医生立即让她全休治疗。同事劝王泽云也去检查，结果他的白细胞亦降至 3 500，经透视，又发现两肺纹理增粗。

尽管条件艰苦，王泽云还是带领课题组咬定青山不放松。他们深入研究了橡胶花药体胚发生、发育和萌发的诸多内外因子，经过四年努力，终于在 1977 年与马来西亚同期培养出世界上第一批花药体细胞植株，王泽云一个偶然的奇思妙想得到了科学验证。

1978 年，王泽云又移栽成活世界第一批花药植株，这意味着我国成功"克隆"橡胶，当时的农牧渔业部还特意发来专电祝贺。

■ 挑战世界性难题

橡胶是多年生异花授粉植物，而且自交不孕。自然界里，橡胶的繁殖都是通过种子完成的。所以，在橡胶大面积人工栽培的 100 多年历史中，一直使用实生苗和芽接苗培育繁殖橡胶。

但这两种育苗方法都有其致命的弱点，一是培育过程慢，从育苗到开割，需要七八年时间，甚至更长，而且不能稳定地保持母树的优良性状；二是产量低，要大量收集种子。芽接苗生长更慢、经济寿命也短，抗性又差，但它能保持母树干胶产量较高的特点。

王泽云探索的橡胶花药组织培养是世界公认的难题。号称天然橡胶科技强国的马来西亚，1971 年就开始橡胶花药培养，经过长达 6 年研究，1977 年诱导出第一株花药体细胞植株，却多年不能重复，直至 1984 年才重新出苗。

橡胶花药培育不仅植株诱导难度大，移栽难度也大。马来西亚头几次移栽均告失败，到 1986 年才移栽成活第一棵植株，英国学者 H. M. Wilson 曾在橡胶组织培养中深有感触地说："巴西橡胶是许多木本植物中较难进行组织培养的树种"。而王泽云在 1978 年就移栽成功了橡胶花药体植株。

天然橡胶是重要的工业原料，是战略物资，为了提高产量，30 多年来橡胶组织培养一直成为国内外竞相研究的领域。在国外，花药培养保持先进地位的是马来西亚。其在 1977 年培养出苗。与马来西亚相比，王泽云研究起步晚了 2 年，移栽成活早了 8 年，没有发生多年不能重复出苗的问题。

新型无性系具有明显的幼态形态和特性，表现与桉树、杉木等林木一样的幼态效应，证实发育阶段从老态回复到幼态，实现幼态复壮，这是高产速生的重要依据。吴继林等人在 1998 年也从树皮结构和生化方面提供了高产速生的证据。研究表明，与相同品种的芽接树相比，来自体细胞植株的芽接幼态无性系的茎围增大，乳管层数增多，干胶、胶乳糖和无机磷含量均增高，平均最初流速率加快。两者种种差异的实质是相关基因表达在时间、空间和强度上的差异。

1981 年，马来西亚橡胶研究院院长 A. B. Aroped 在橡胶研究国际会议上宣称："中国橡胶花药培养的成果是国际领先的，已超过马来西亚。"在 1985 年召开的国际天然橡胶会议上，马来西亚原产部部长梁棋祥致开幕词中说："中国在组织培养方面，在世界上居领先地位，值得大家高兴，也值得各国学习。"

1984 年，王泽云主持的"巴西橡胶花药培养优良品种新技术"成果，提高了我国橡胶育苗科技地位，获得当年国家科技进步三等奖。

我国花药体细胞植株的培养和移栽成功，轰动了世界植胶国，纷纷派专家前来中国热科院访问、参观、学习。

1980 年，马来西亚原产部部长梁棋祥率团访问中国热科院，对橡胶花药培养表现出浓厚兴趣。随后，两国举行部长级会谈，马来西亚方面提出并经会谈签订协定，派人来中国热科院学习花药培养技术。

1984 年，受国际橡胶研究和发展委员会委托，中国热科院举办国际橡胶组织培养培训班，学员来自马来西亚、泰国、斯里兰卡、法国、象牙海岸（科特迪瓦）五个国家，历时半个月。有的学员用培训班带回去的材料很快培养出花药植株，推动了橡胶组织培养的发展。

1986—2002 年，法国橡胶研究所组织培养负责人 M. P. Carron 多次前往中国热科院参观学习。他特别关注花药体胚形成的相关问题，参观了王泽云课题组的实验室、苗圃和大田试验区。

1988 年，橡胶花药培养研究得到国家重视，经农业部、国家计委和国家科委批准，成立了热带作物生物技术国家重点实验室，而花药组织培养分别列入"六五""七五""八五""九五"国家攻关计划，连续几十年对这一课题进行科技攻关。

如果说，芽接苗实现了橡胶良种繁育制度和种植材料的第一次变革，那么橡胶花药组织培育则是第二次变革，它将我国乃至世界天然橡胶产量提升到一个新的水平。

■ 课题传承研究

中国是橡胶大国，种植面积已突破 1 000 万亩，每年需更新面积 30 万～40 万亩。国内外植胶历史证实，选用高产无性系更新胶园，会使产量剧增。所以，高产速生新型无性系的应用前景十分广阔。

橡胶花药组培育苗则是一种橡胶苗繁殖的新方向。王泽云从实际应用出发，创新地采用花药培养和微体繁殖相结合的技术路线，不仅成功培养出自根无性系，还实现了橡胶幼态复壮。

但是，农业科研课题的周期很长，橡胶作为一种常年生乔木，它的育苗育种周期更加漫长。橡胶花药组织培育及应用研究项目，从 1973 年王泽云立题扛起这面大旗以来，接近半个世纪了；如今，中国热科院的橡胶育种科研人员接过王泽云手中的大旗，继续深入研究该课题，一代一代不断完善研究成果。

中国热科院研究员华玉伟主持建设的国家橡胶树种质资源圃，一直在研究橡胶自根幼态无性系橡胶苗的培育。研究表明，与相同品种的芽接树相比，来自体细胞植株的芽接幼态无性系的茎围增大，乳管层数增多，干胶、胶乳糖和无机磷含量均增高，平均最初流速率加快。

在中国热科院愚公桥旁，生长着一批特殊的橡胶树，这便是世界上第一个橡胶花药体细胞植株试验区。经多试验区的多年观测，新型无性系——自根幼态无性系和芽接幼态无性系，与相同品种传统芽接树相比，展现出许多优异性状：①产量提高 20％～30％；②生长加快 5％～15％；③抗逆性增强，在遭受风害、寒害后有较强的萌生枝条、恢复树冠、重新割胶能力；④自根幼态无性系还可免去芽接工序，选用的抗寒品种有可能克服"烂脚病"。

据了解，1988 年，王泽云又以橡胶果实内种皮为外植体经胚状途径获得完整植株，但是，自第一株橡胶组培苗诞生后的数十年，我国一直难以突破大规模生产橡胶组培苗的技术瓶颈。

可喜的是，我国橡胶育种专家没有放弃，他们一代代在前人研究的基础上，不断前行，终于取得了成功。在中国热科院橡胶组培苗的培养室，工作人员正在无菌环境下对胚状体进行切分装瓶。准备育苗的胚状体则植入经过高温高压消毒的培养基中；另一些车间，橡胶组培苗的幼苗正在发芽生长，透明试管里的幼苗清新嫩绿，已开始生长根系。这些幼苗将马上移栽到室外，待长至四五十厘米后，就可以交给农民种植了。

"橡胶组培苗的成功研发，使本来通过农业手段育苗的橡胶育苗产业工业化，可不受季节限制、种源限制，大规模且快速地进行标准化育苗"，中国热科院橡胶所所长黄华孙说。30多年不间断实验的科研成果表明：橡胶组培苗比实生苗的培育时间短，从2年缩短到8个月，且由组培苗生长起来的橡胶树抗风能力强，产量提高10%～30%，生长速度快10%～20%，也就是说橡胶苗定植后5年至6年即可割胶，而芽接苗需要种植7年至8年才能割胶。

目前，由中国热科院培育的橡胶组培苗已在广东农垦和海南农垦的部分农场推广种植。

"随着橡胶自根幼态无性系培育技术的不断完善，橡胶组培苗将成为继实生苗和芽接苗后新一代种植材料。"黄华孙算了一笔账：以我国年产干胶50多万吨、以10%增产、每吨干胶1.5万元计算，橡胶组培育的推广可使我国每年增加干胶产量5万吨，年产值增加7.5亿元以上。

而这个巨大的成就，离不开半个世纪前，王泽云大胆的奇思妙想和他数十年克服种种困难执著的研究。

林雄

CIAT木薯育种专家Kawano博士
和我国木薯专家林雄在基地

> **林雄**（1940—2002），原华南热作"两院"研究员，海南文昌市人，1965 年 7 月毕业于华南农学院农学系作物育种专业，同年分配到原华南热带作物研究院工作，曾任农牧所副所长；1991 年被评为全国农垦系统科研先进个人；1993 年被国务院批准为享受政府特殊津贴专家；1994 年晋升为研究员。
>
> **重要成果**：选育出华南 6068、华南 124、华南 8002、华南 8013 和华南 5 号等木薯新品种；抗寒高产木薯品种华南 124，曾被农业部列为 1990 年百项推广成果之一；主持的"木薯新品华南 124 育成与推广"项目，1992 年获农业部科技进步二等奖和国家科技进步三等奖；1993 年获海南省首届中青年科技奖。

林雄：心系木薯育种与传承

"老师去世快 20 年了，可只要一想到他，我就会想起他说的两句话。"李开绵，中国热带农业科学院副院长、国家木薯产业体系首席科学家，谈及曾经在科研工作中带着他成长的林雄，感佩地说，林雄是个对科研十分执着的人。

林雄的第一句话是："木薯就是我的孩子，看着它们健康生长，心里满是欢喜。"第二句话是林雄临终前问李开绵："现在木薯推广得好不好？面积大不大？"

■ 执著：一生只做一件事

"他是我的楷模，一生只做一件事情，那就是研究木薯。"林雄是中国热科院较早从事木薯科研的人，于李开绵而言，林雄亦师亦友，传授给他许多木薯科研领域的知识和经验。

林雄是海南文昌人，自小是个孤儿，靠家族中叔伯长辈和政府的关怀长大并接受了高等教育。1965 年，林雄从华南农学院农学系毕业，进入原华南热带作物科学研究院（中国热带农业科学院前身）工作，曾从事水稻、玉米、剑麻选育种工作。1978 年以后，他一直从事木薯选育种，直至生命最后一刻。

木薯，世界三大薯类作物之一，是世界上 5 亿多人口赖以生存的粮食，同时也是工业原料和动物饲料的重要原材料。19 世纪初时，木薯传入海南，至民国时期广为种植，尤其是在 20 世纪 50—60 年代，木薯成为南方地区的救命粮，海南的木薯还被作为救济粮，运往广东、广西等省（自治区），拯救了不少饥饿的生命。但是海南当时引进的木薯，氢氰酸含量较高，容易中毒，而在美洲、非洲等地区有许多更适宜食用的木薯品种。

中国热科院对木薯的科研工作开始得较早，从 20 世纪 60 年代就开始了。郑关溢、温健等第一代科研工作者在 1958 年中国热科院南迁到儋州后就开始研究木薯，并在 20 世纪 60 年代中期，选育出第一个食用优良品种华南 6068。华南 6068 薯块肥大，薯肉雪白松粉，是甜种木薯，但是抗风力差，并不适宜常年有台风的海南栽培。

1965 年，林雄毕业进入华南热带作物研究院后，很快也加入了木薯选育种队伍。"木薯科研早期条件较差、设备落后，农业选育种工作周期又长。所以，从事木薯选育种是件很辛苦的工作。"李开绵以林雄为木薯授粉举例：每年 9 月 15 日到 12 月底是木薯花期，是育种最繁忙的时刻。而且木薯开花仅有半天时间，为了给木薯授粉，林雄和同事每天正午顶着烈日授粉，每授完一朵花要马上套袋、写标签，直到把当天开的花授完为止。

授粉只是漫长育种工作中的一小部分。木薯每年育种时间将近一百天，到了翌年 1 月份种子陆续成熟，采收、晒干，当年 8、9 月份开始育苗，第三年通过长势、产量初选，第四、五年再经过试种筛选才能最终确定。

"要经过 4～5 年耐心细致的研究和等待，才知道是否成功培育出优良的木薯品种。"但林雄是个耐得住寂寞的人，他穷尽一生，与课题组成员张伟特、马锦英、李开绵等一起，以他为第一育种者身份，先后培育出"华南 124""华南 8002""华南 8013""华南 5 号"等一系列木薯新品种。

执著，是科学家必须具备的美好品质。林雄正是这样的人。在李开绵记忆中，林雄执著于木薯科研已成心中情结。为了更好地阅读世界各地的木薯研究科研资料，他便努力自学英语，所以，中国热科院早期组织专家与国际热带农业中心交流，就派出了林雄。他走到哪儿，心中都惦着木薯，台风把木薯打倒伏了，或者拦腰折断了，林雄一边抢救木薯苗一边默默流泪；出国考察，他眼中看得最多的是木薯，只要是新品种好的品种，他都会想法偷偷带一些种苗回国；有一次，林雄和李开绵在田野里行走，走着走着林雄突然停下来，盯着一片木薯地发呆，原来，他竟然在一大片看似一模一样的木薯中，发现有一个木薯长了两个叉，两个叉颜色不一样，可能是变异，林雄便欣喜地折回实验室进行研究。

因为对科研的执著，林雄不仅选育出一系列木薯新品种，还获得国家科技进步奖和海南省科技成果转化一等奖。

■ 求实：脚步丈量木薯宜植区

林雄大学专业是作物育种，他参加工作最初几年，并不从事木薯育种研究，而是水稻的育种研究。1974—1976 年，林雄曾参加组织广东农垦农学培训班的教学工作，主授"水稻育种"和"红萍的栽培利用"等课程，并自编相关教材。

后来，林雄在中国热科院"第一代木薯人"温健、郑关溢等老专家的带领下，从 1978 年开始从事木薯选育种工作。20 世纪 70—80 年代，"第二代木薯人"林雄和张伟特等科研人员，在深入整理评价木薯种质资源的基础上，将高产的华南 205、华南 201 和华南 102 木薯品种在我国的南方地区推广种植，高产栽培技术研究取得重大进展。

中国热科院一份资料记录显示，林雄工作态度严谨求实，有能力、有个性，立场比较坚定，工作上容不得半点的马虎和虚假。

林雄是中国热科院最早和国际热带农业中心接触的专家之一。1983 年 11 月 2 日至 27 日，中国热科院派出李发涛、林雄、陈秋波三人到国际热带农业中心考察，并与国际热带农业中心主任 Nickel 博士等国际热带农业中心领导合作会谈，国际热带农业中心同意就木薯、牧草、豆类、稻类与中国热科院进行种质资源交换，同时为我国培训年轻的热作科技人员。此次考察开启了中国热科院、热科院与国际热带农业中心合作的大门，打下了合作的基础。

正因为有国际热带农业中心的支持，中国热科院的木薯课题研究向来科研经费充裕。20 世纪 80 年代末期，林雄接任木薯组组长，组员有张伟特、马锦英，之后李开绵、黄洁等人加入，将木薯研究推上了一个新台阶。

"林雄身上求实的精神，特别值得我学习"，李开绵回忆。他 1987 年大学毕业后，就进入中国热科院木薯中心工作，由林雄带着他做课题研究。李开绵记得，为了提高木薯的产量，摸清我国适宜木薯种植的地区，林雄的脚步几乎走遍了海南、云南、广西、贵州、四川等省（自治区），将近大半个中国，终于和同事一起摸清了中国适宜栽培木薯的地理区域和气候条件，指出中国秦岭淮河一线以南的长江流域地区，年平均气温 16 ℃以上，无霜期 8 个月以上的地区都可栽培木薯。

目前，经过中国热科院木薯专家一代又一代的努力，木薯已在我国北纬26°以内的地区广泛栽培，总栽培面积高达 1 200 万亩。

■ 传承：无私献出毕生研究成果

"木薯推广得好不好？面积大不大？"李开绵清楚地记得老专家林雄临终时这句问他的话。

每当李开绵在科研工作上遇到挫折时，便会想起林雄这句话，他鼻头忍不住酸酸的，但这也无形中给了他无穷的力量，他明白只有踏踏实实地做好工作，把老一辈科研工作者积累的成果一步步推广开来，才不会愧对老同志的一颗热心，才不会愧对热区土地上数十万渴求致富的农民。

在李开绵心中，林雄还是一个很务实的人。林雄经常叮嘱他，农业科研最根本的目的是帮助农民致富，科研课题和科研成果都不能脱离生产一线。因此，林雄非常重视科研成果的推广和传承。推广，是要让更多农民得到科技助力、获得科技进步的实惠；传承是让木薯科研领域后继有人，不断推陈出新。

为了推广木薯优良品种，林雄多次举办"木薯栽培技术培训班"，免费培训热区农民技术员，其间还邀请国际热带农业中心成员、荷兰专家浩勒博士及农牧所有有关专家担任主讲，实现海南热作农业科技推广与国际对接。

秉着这种精神，林雄对课题组新进成员非常关照，耐心带领他们成长。1987 年 7 月，李开绵大学毕业后进入中国热科院木薯课题组工作，此时，林雄也在第一代木薯专家的培养下成长为课题组组长。在林雄毫无保留地传播和引导下，李开绵逐步成长为木薯研究的"第三代"接班人。

为了方便传承，林雄悉心总结多年木薯科研成果，撰写了《中国木薯农学与育种研究进展》《中国木薯科技、生产发展研究》《木薯新品种华南 124 育成》《木薯种质资源性状鉴定评价》等多篇论文，在学术刊物上发表。

"正是因为有老一辈一代代毫无保留地传承，中国热科院的木薯研究才没有出现断层。几十年厚积薄发，使我国的木薯研究从无到有，从小到大，从弱到强"，李开绵自豪地说。如今，中国的木薯科研水平位列国际第三、亚洲第二，建起了世界木薯种质资源核心库，成立了亚洲木薯联盟。

据介绍，林雄退休后，还不舍得放弃木薯科研工作，他继续带领团队成员对木薯杂种育种进行深入研究，建立了木薯选育种的具体可操作的程序和方法，大大加速了木薯的育种进程，木薯科研工作取得了显著成绩。此时国家的支持力度也逐渐加大，促进了我国木薯产业的兴起。

2002 年，林雄去世前，还撑着病体，将他一辈子研究木薯的手稿、实验笔记、调研资料等整理出来，装满了 10 多个文件盒，全部无偿交给木薯中心——他还惦记着木薯科研的传承。

2008 年，国家将木薯列为我国现代农业产业技术体系建设项目之一，体系建设涉及 8 个省（自治区）、16 个单位。木薯体系的启动和基因组蛋白组学技术的深入，使木薯产业发展遇到了前所未有的机遇，木薯已从普通的杂粮作物、饲料作物发展到能源作物，木薯产业成为我国仅次于橡胶的第二大热作产业。

如今，木薯已走出国门，中国热科院第三代、第四代木薯专家前往柬埔寨、刚果等国家，帮助东南亚、非洲等发展中国家种植木薯，在"一带一路"建设中助力中国提高国际影响力。

这其中，林雄等老一辈木薯专家的贡献功不可没。

黎仕聪

黎仕聪 (1936.11—2016.09)，男，汉族，广东省顺德市人，中共党员；橡胶丰产栽培技术领域的专家，提高橡胶干胶产量49.8%～100%，在世界非传统植胶区创造出达到世界先进水平的高产纪录；1988年经国家人事部批准为"国家级有突出贡献中青年专家"；1991年被国务院批准为享受政府特殊津贴专家；2000年荣获首届"何康奖励基金奖"。

任职履历：1959年7月毕业于华南农学院土壤农化系，后分配至中国热带农业科学院橡胶研究所工作；中国热带农业科学院橡胶研究所研究员，中国植物营养与肥料学会理事。

黎仕聪：把橡胶刻进生命里

黎仕聪，中国热带农业科学院橡胶研究所研究员，被誉为攻克橡胶"癌症"的人。

橡胶死皮被称为橡胶"癌症"，橡胶树开割后，新生长出来的树皮会出现干枯甚至死亡的状况，导致胶水产量大幅降低，甚至缩短割胶寿命。防治橡胶树死皮，曾经是一个世界性难题，而这个攻克了橡胶病害防治领域世界性难题的人，留给后世的资料却非常少，网上连他的简介都查不到。

笔者最初拿到黎仕聪的资料时，手里仅有3张他的相片，一张是满头黑发、身材瘦削的黎仕聪，正在悉心指导一位学生用显微镜观察橡胶树皮细胞；一张是50岁上下的黎仕聪，手拿胶刀和钢尺，正在专注地测量割胶刀口；第三张是已经退休、头发花白、脑门谢顶的黎仕聪和家人在一起的全家福。

几十年岁月，从青葱到白头，黎仕聪都无私奉献给了我国的橡胶事业。

妻子黄雪金这样评价他："老黎人品很好，是个思想单纯的人，做什么事情都一心一意，心无旁骛，坚持到底。"

正是因为这份坚持，让黎仕聪在橡胶基地和实验室枯燥的两点一线之间往返数十年，穷尽一生精力，终于攻克了防治橡胶死皮这一世界性难题，他被尊称为攻克橡胶"癌症"的人。

■ 求实创新：大幅度提高橡胶亩产

黎仕聪大学毕业后，进入原华南热带作物科学研究院工作。黎仕聪负责的课题是橡胶丰产。

在那个特殊年代，橡胶是国家重要的战略物资，产量至关重要。

黎仕聪的女儿黎小瑛介绍，父亲自学校毕业参加工作以来，三十多年如一日，一直勤勤恳恳地从事橡胶栽培和热带土壤研究。他先后承担了国家技术开发项目"橡胶树高产综合技术的开发研究"，农业部重点课题"橡胶早高产、高经济效益的综合栽培模式的开发研究"和"橡胶树丰产技术措施及增产机理研究"等多项研究课题，获多项成果，有的达到了国内外先进水平。

其中："成龄橡胶芽接树高产综合栽培措施的开发研究"1987年获农牧渔业部科技进步一等奖，成果列入全国农业丰收计划推广；"橡胶死皮病停割树刨皮施药治疗与恢复采胶的开发研究"，于1990年获海南省科技进步一等奖，1991年获国家科技进步三等奖，列入1995年度国家科技成果重点推广项目……

在女儿黎小瑛记忆中，父亲总是骑着一辆破旧的自行车，在试验地和办公室之间奔忙，很少回家。"父亲的办公室是'移动'办公室，研究院、连队、基地、农场、村委会都可能成为他的办公室，有时候干脆就在胶林里办公。"

对同事林钊沐而言，黎仕聪亦师亦友亦同事。"老黎做事很认真，事事亲力亲为。为了提高橡胶产量，他提出挖沟压青定位施肥，起到保水、保肥、护根、养根的作用。沟要挖60厘米深、2米长，都是老黎自己动手挖。"

另外，黎仕聪提出利用乙烯利刺激割胶。为了验证此方法是否有效，乙烯利该施用多少，黎仕聪需要测量每株橡胶树的干胶产量，他便在四个农场设置了试验基地，每个树位面积约10～15亩，黎仕聪作为一名科研人员，他坚持自己动手割胶、收胶、测产。

"所以，老黎几乎天天都在下基地，他的办公室就是热区宽广的橡胶林。"林钊沐说。黎仕聪的这种求实精神，深深地影响了他，让他在科研工作中处处以黎仕聪为榜样。

正是这种精神，鼓励着整个团队，大家一起齐心协力，为了橡胶增产，寻找更适合胶农、更简便易行的丰产技术。"老黎当时提出橡胶丰产应建立在良种选育、热作栽培、土壤农化、营养实施等基础上，割胶不过是手段。由于老黎大学专业是土壤农化，所以他在土壤管理上，采取了压青覆盖、挖沟培肥，这都是当时世界领先的技术。"

后来，黎仕聪又从一些文献资料中受到启发，提出了乙烯利刺激割胶，通过干胶含量诊断发现，乙烯利的确能刺激橡胶树分泌更多胶水。

根据中国热带农业科学院史志记载：1975—1980 年，在中国工程院院士、我国橡胶专家黄宗道主持下，该院橡胶所陆行正、黎仕聪等在试验场开展橡胶丰产试验，将每公顷年干胶产量从 1 500 公斤提高到 3 000 公斤；随后试验地规模扩大了 10 倍，每公顷产量仍然保持高产，产量达到 2 725.5 公斤，并且持续了 10 多年。

1982—1993 年，橡胶所黎仕聪等与海南农垦卫星、芙蓉田农场及琼山县热作局、冲坡岭热作场合作，进行"RRIM600 开割幼树安全高效生产栽培综合措施研究"，丰产效果明显、经济效益显著。

这项研究成果于 1982—1986 年被国家科委列为开发试验项目。黎仕聪与海南卫星农场、芙蓉田农场和八一农场合作建立试验示范基地，前后共 5 年时间，面积达 867 公顷，产量平均提高 38%，年干胶产量从每公顷 1 200～1 350 公斤提高到 1 860 公斤左右。

这是一个了不起的奇迹，创造了我国橡胶产量的高纪录。1988 年，经国家人事部批准，黎仕聪被评为"国家级有突出贡献中青年专家"，1991 年又被国务院批准为享受政府特殊津贴专家。

黎仕聪的科研技术是服务胶农、服务国家橡胶事业的，有了成果要推广要转化。为了将橡胶综合丰产技术推广到更多农场、胶园，他身体力行，带队到国有农场、地方农场驻地开展橡胶丰产服务。在琼山热作农场，黎仕聪驻点精心指导，热作场的橡胶产量当年就由原来每亩的 37 公斤提高到 100 公斤。这项技术很快在琼山区民营胶园中得到大面积应用，橡胶实生树产量达到 750～900 公斤/公顷，高产芽接树产量达到 1 350～1 800 公斤/公顷，这项成果于 1992 年获得农业部农牧渔业丰收二等奖。

黎仕聪的橡胶综合丰产成果一直在橡胶生产中进行大面积推广与应用，他被誉为"创造橡胶高产奇迹的人"！据统计，黎仕聪提供橡胶丰产技术服务面积 10 余万亩，每年使生产单位增加经济效益近千万元。

除了橡胶，黎仕聪还举一反三，找出热带作物丰产的共性，建立起良种苗圃及热作示范基地 100 亩，研制成功水稻、甘蔗专用复混颗粒肥，比常规施肥增产 15%～30%。

为了将橡胶丰产技术大规模推广，除了建设示范胶园，黎仕聪还撰写了《海南岛西部植胶区亩产干胶 150～200 千克的橡胶丰产栽培技术的研究》《橡胶高产综合技术开发试验十年总结报告》《橡胶高产综合技术开发研究》等文章，分别在《热带作物学报》《热带作物研究》《海南农垦科技》等刊物上发表，为提高我国橡胶栽培的理论和实践做出了显著的贡献！

■ 攻克橡胶"癌症"——死皮

橡胶树死皮是指乳管部分或全部丧失产胶能力的现象，发生率高，有"橡胶树癌症"之称。它是发展橡胶业的大敌，在 20 世纪，世界对橡胶树死皮尚无有效的防治方法。

据统计，我国橡胶树死皮率平均达到 8％以上，最高超过 20％。在 20 世纪七八十年代，全世界每年因死皮损失橡胶产量高达 40 多万吨。这一惊人的损失，令产胶国苦恼，也引起世界橡胶科技界的高度重视。

黎仕聪的研究课题都是生产中接触到的实际问题。多年来，他与生产单位紧密配合，攻克了一个个橡胶生产难题。胶农们很感激他，尊敬而亲切地称他为"教授"。面对胶农的困惑与求助的眼神，看着胶水大幅减产，原本科研工作在橡胶丰产领域的黎仕聪主动承担了这一世界性难题，下决心找出橡胶树死皮的有效防治方法。

找出橡胶树真正死皮的原因，才能对症下"药"。黎仕聪在我国热区橡胶树死皮严重的地方建立多个试验观察点，一株株树去观察橡胶树死皮的原因。为了获得橡胶树死皮原因的第一手资料，他不仅很少坐在办公室里，更很少在家里，孩子们也缺乏父亲的陪伴。

无论春夏秋冬，黎仕聪都扎在试验胶林里，跟工人们一起劳动，一起做研究。他身先士卒，走遍了五指山、琼海、白沙、儋州，以及云南的植胶大区搞调查研究。后来，为了更准确地记录试验结果，黎仕聪干脆带着课题组的同志住进试验胶林。

他观察了上万株橡胶，发现造成橡胶死皮的原因很多。80％橡胶树死皮是因为割胶过度造成的。排胶过度造成橡胶树营养亏损，再导致树皮死亡。非排胶过度引起死皮的占 20％，成因也很多，包括雨水冲胶引起死皮、根病引起死皮、虫害引起死皮等。部分橡胶死皮的位置在开割过后生长出来的树皮处，出现裂缝并从裂缝中流出胶水，过一段时间后树皮干枯至死，刨开死皮看到树干上分布着细细密密的虫眼，所以基本可以推断胶树死皮是因为害虫破坏。

1981 年，经过漫长的观察和试验，黎仕聪所带领的研究团队提出对"死皮树"采用病灶隔离结合复方抗生素疗法，以及病灶浅刨皮结合药物疗法，待死皮处康复后再复割采胶。这一防治方法初步取得了效果。

防治橡胶死皮的曙光出现了，黎仕聪带领课题组人员乘胜追击。俗话说"十年磨一剑"，黎仕聪这一"剑"磨了近三十年，终于在治疗橡胶"癌症"研究方面取得了显著成果。

由黎仕聪研究员等完成的"橡胶死皮病停割树浅刨病灶施复方微量元素治疗和恢复采胶的开发研究"成果，一经在国际会议上宣读，就受到来自马来西亚、泰国、法国、印度和我国橡胶专家的密切关注，认为该项成果是"挽救世界 40 万吨橡胶的希望"。

1982 年，黎仕聪防治橡胶死皮的研究成果开始在海南国营卫星农场 3.1 万株死皮橡胶树上应用，经过长达 12 年的科学实践证明，该研究通过手术和药物处理的方法，基本能控制死皮病灶恶化扩展，利用高部位健康树皮采胶，让原本不能产胶的胶树产胶，而且 7 年后可恢复正常产胶水平，平均每株产胶水 4.04 公斤。

黎仕聪课题组发明的这种令橡胶树"起死回生"的技术，至今还一直在橡胶生产中使用。解决了橡胶"癌症"问题，因此黎仕聪也被人称为攻克橡胶"癌症"的人。

因为有黎仕聪这样老一辈专家在攻克橡胶树死皮方面取得的成果，在前人的基础上，中国热带农业科学院橡胶研究所取得了更上一层楼的成绩。橡胶研究所死皮防控技术研发团队与云南省勐腊县橡胶技术推广站开展合作，连续 4 年在勐腊县进行橡胶树死皮康复综合技术示范与应用，其第一代产品（死皮康）及技术在勐腊镇、磨憨镇等试验点取得良好示范结果，各示范点橡胶树死皮植株平均恢复率超过 60%。

如今，防治橡胶树死皮再也不是难题，操作技术变得更加实用简单。中国热科院橡胶所在黎仕聪等前人研究死皮防治技术的基础上，不断提高、改进，发明了"死皮康复组合制剂"，不用刨皮，只需要胶农用喷雾器向死皮树干及橡胶树根部均匀喷施死皮康复剂，并把新型橡胶树死皮康复缓释颗粒埋在树周，就可帮助橡胶树死皮"起死回生"，重度死皮恢复率达到 40%～50%，轻度死皮恢复率达 90% 以上。

据了解，目前，中国热科院橡胶树死皮防控技术已在全国植胶区进行应用与推广，对提高热区橡胶管理与生产水平、提高橡胶单位面积产量与增加胶农收入有重要意义。

■ 晚年，他双手颤抖着著述

俗话说，"台上三分钟，台下十年功"。

非凡成功的背后，付出总是高于常人很多倍。黎仕聪的同事、妻子、女儿对他的敬业、执著、求实的科学精神景仰不已。

在那个年代，无论农场还是农村，生活条件很差。林钊沐说，虽然条件艰苦，回忆起来却快乐满满。"老黎啊，人瘦瘦小小，却很乐观、很有力量。在临高，住地到试验基地有几十公里，到了胶林，中午就在生产队吃饭，那时候生产队食堂的饭菜五分钱一份，没有油水。大伙儿又年轻，农业科研还是项体力活，很容易饿肚子，老黎就自掏腰包给大家买来罐头，分着吃。他真心地关怀团队每一个人。"

热带胶林里的蚂蟥多，毒蛇也多。团队去橡胶林都是早出晚归，镰刀、胶刀、钢尺等就是防卫工具。瘦小的黎仕聪总是走在队伍前面，拿着镰刀帮大家开路，行走在危险的山路或是没有路的灌木草丛中，被蚂蟥、蚊子叮咬和荆棘刮破皮是常有的事，下山后经常是手脚布满伤疤。

天黑后，大家在乡村的井边打桶井水冲凉，睡在蚊子成群的办公室，硬硬的木质办公桌、长椅就是他们的床。身为研究员，黎仕聪没有一丝一毫专家的架子，他手把手地指导工人们掌握好技术措施。

林钊沐回忆，黎仕聪搞起科研工作来就是"拼命三郎"，没有白天黑夜。有一次，黎仕聪在山顶一处胶林晕倒了，那片胶林不时有蟒蛇出没，幸好割胶的胶工发现了他，否则后果不堪设想。

林钊沐还记得，20世纪90年代，黎仕聪要把他们配制的橡胶丰产肥从卫星农场送到西庆农场去。黎仕聪担心胶农不会施肥，便跟车一起去往西庆，结果由于道路不好走，半夜的时候，车陷在路上。黎仕聪只好摸黑和司机一起走到附近村庄，在村里借宿一夜。当时没有手机，联系不便。课题组的人见老黎出去那么久还没回来，很不放心，又派林钊沐骑着摩托车去找，最后在村办公室找到借宿的黎仕聪。

在那个特殊年代，黎仕聪几乎和所有科学家一样，遭遇重大挫折，他被下放到白沙卫星农场，和广州"上山下乡"来的知青一起，拉大锯伐树。这是项又苦又累的繁重体力活，一年多以后，一个大男人瘦到只有90多斤，让他夫人黄雪金看在眼里疼在心里。

但是，黎仕聪没有任何抱怨。"他是个思想单纯的人，单位叫干啥就干啥，工作起来处处带头，任劳任怨，又很绅士，很有礼貌，是我心中的完美男人"，黄雪金这样说。

在黄雪金印象中，丈夫在家时间很少，不是在胶林，就是在出差。每次回家，放下行李，他就立即伏案整理资料。"一回到家，就马上整理资料，往往通宵不睡。有时候，睡梦中醒来，发现他写累了，长久伏案腰痛了，又站起来走一走，甩甩手、搓搓手，然后坐下来继续写。"

在退休的前几年，黎仕聪患上了帕金森症，但不严重。退休后，黎仕聪又返聘了一年，直到1998年帕金森症发作得厉害，才不得不退出他钟爱的橡胶科研事业。

"其实，他应该更早时间就患病了，只是一心扑在工作上，没有及时发现"，黄雪金说。尽管黎仕聪晚年深受帕金森症折磨，双手止不住地颤抖，他还要坚持写论文。黄雪金拿出一张发黄的黎仕聪手写的草稿，那字迹虽说是一笔一画，却是歪歪扭扭，不易辨识，可见他内心对橡胶科研是多么的执着。

临终前，黎仕聪意识已经模糊，说话也不大方便，可他还惦记着橡胶科研，只要有人和他谈起橡胶，他就来了精神，两眼放光，滔滔不绝。

退休若干年后，鉴于黎仕聪在橡胶和热带作物丰产技术上的突出贡献，2014年，中国植物营养与肥料学会授予他"重大贡献奖"，奖励他为我国天然橡胶的科研和生产做出的贡献。

"岳父事业心强、淡泊名利，心志坚如磐石，只要认准一个科研方向，决不半途而废。他本可利用自己在橡胶高产肥料上的研究成果和企业家合作建肥料厂赚钱，但他毅然放弃了"，周鹏说。他是黎仕聪女婿，中国热科院生物所一名研究员。他说，岳父是他身边的榜样，他对科研事业的执著追求是来自于黎仕聪的影响。

中国热科院橡胶所副所长梁淑云介绍，黎仕聪生命弥留之际，院领导和橡胶所同事去海南省人民医院重症监护室看望他，听到是橡胶所的同事来看他，他眼泪纵横、嘴唇翕动。梁淑云俯耳倾听，只听到他喃喃地念叨着"橡胶"二字。

那是他倾注一生心血的事业，为之奋斗一生的事业，他的生命里镌刻着的一份浓浓的橡胶情。

中国热科院院长王庆煌说，中国热科院老一辈科学家中有很多像黎仕聪这样的科学家，他们热爱祖国、执著钻研、淡泊名利、无私奉献的精神，是中国热科院一笔宝贵的财富，值得一代又一代青年科学家永远传承下去。

毛
祖
舜

毛祖舜（1936.06.13—），男，福建闽清人，培育了我国唯一自行研究的高产椰子品种——文椰78F1，著有《椰子种质资源》《椰子发（催）芽育苗规律探讨》等椰子科普类书籍。

毛祖舜：在三沙种下乡愁的"椰子王"

他是福建闽清人，却成了海南的"椰子王"，和妻子一起为海南椰子产业发展做出了重大贡献，培育出我国唯一自行研究的高产椰子品种——文椰78F1；1982—1992年，每年坚持去三沙种植椰子树，十年间种下一片又一片椰林，在茫茫大海上绵延出浓浓密密的乡愁乡念和爱国之情。

他就是毛祖舜，中国热带农业科学院椰子研究所退休研究员，也是椰子所创始人之一。

■ 创建椰子研究所

在毛祖舜眼里，椰子浑身是宝，可饮用、可食用、可榨油，还可以做器具、做工艺品，他对它万般钟爱。

毛祖舜的家乡并没有椰子树，20世纪60年代初，毕业于福建林学院林学专业的毛祖舜服从国家分配，进入华南热带作物科学研究院工作。当时，热作"两院"正掀起"椰子革命"，起因是20世纪50—60年代，食用油是紧缺物资，而椰子富含可食用的椰子油。1959年，第一批椰子科研人员已经开始行动，他们在文昌东郊镇建华山土地庙建起了建华山样板田，大家经常在儋州和文昌两地跑。

1960年2月，周恩来总理视察热作"两院"，"一个椰子二两油"，周总理听说椰子树还是一种多年生木本高产油料作物，当即提出："椰子的科学研究一定要上马。"

由此，椰子研究应国家战略而生。毛祖舜也因此与椰子结缘。他非常喜欢这种外形高大挺拔、叶形优美颀长的植物，也参与到椰子科研中来。定标、定植、授粉、采摘……毛祖舜从零学起，一步步尝试培育新的高产椰子品种。

1979 年，毛祖舜作为华南热带作物科学研究所椰子试验站（椰子研究所前身）筹建组成员来到文昌，筹建小组 10 个人成为试验站第一批工作人员。

初到文昌，没地方办公，更没有条件开展科研。毛祖舜等一行人只能借宿在当地的土地庙，一住好几年，他与筹建组成员共十余人克服重重困难，在文昌这片土地上，种下一棵棵椰子树。

困难阻挡不了像毛祖舜的执著，为了干好工作，毛祖舜勤思考、善比较、爱钻研，靠持之以恒和专注的精神，扎根一线，一边学习一边做，在生产实践中积累了丰富的经验。

毛祖舜妻子邱维美 1965 年毕业于北京农业大学土壤农化专业，毕业后她主动报名来到祖国边疆海南岛，在热作所（中国热科院品资所前身）从事土壤农化分析。当毛祖舜作为椰子试验站筹建组成员来到文昌后，为了支持丈夫的工作，1984 年底，邱维美毅然离别两个幼子，也调到椰子试验站，和丈夫一道投入到椰子科研事业中，为丈夫的研究提供土壤、植物营养研究和分析的技术支持。

再后来，他们干脆把孩子们转学到文昌，一家四口就住在试验站的一间大办公室里，条件虽艰苦，但其乐融融。

■ 百万亩椰林的梦想

干一行，爱一行。从事椰子科研的毛祖舜自然热爱椰树。他有一个梦想：百万亩椰林的梦想，希望有一天作为椰子主产地的海南能种植上百万亩椰子树。

所以，他努力培育适宜海南种植的高产椰子。他以海南本地高种椰子为父本，以引进的马来西亚黄矮椰子为母本，杂交成功了文椰 78F1，这是我国自行研究的唯一一个高产椰子品种，具有生长快、比本地高种早投产 2~3 年的特性，且椰肉的主要营养成分与优质品种的相似，进入稳产期后每公顷能产椰子 6 090 个。

妻子邱维美则在椰子所筹建了土壤农化分析实验室，主要从事氮磷钾镁肥料实验和椰子叶片、果实、土壤营养诊断，能为椰树科研育种做好强大的技术支撑。为了尽可能多地取样，每年的 4 月、9 月和 10 月，邱维美都要带领团队成员前往全岛主要椰子种植区进行为期至少一星期的采样。科学来不得半点马虎。邱维美回忆起为兴隆华侨农场 16 个椰园做黄矮采样分析的故事，严肃地说："当时有 3 个单位同时为这个椰园做样品分析，我们的数据是最准确的。

那时候还没有电脑，我们就一点点细致记录，尽量多取数，按统计方法除去异常情况，再取平均数来降低误差。"正是凭着这种精益求精的科研精神，邱维美带领的土壤农化分析实验室在当时小有名气，承担了不少对外服务业务。

椰子科研人有了自己的"一亩三分地"，但苦于没有设备。1980 年，毛祖舜听说联合国粮农组织非常支持椰子研究，就尝试着通过国家相关部委递交了申请书，那年 8 月，一笔 25 万美元的科研经费申请成功。毛祖舜用这些钱买了设备，培训了一批科研人，引进了 18 个新品种，我国椰子研究进入第一个黄金年代。

毛祖舜总结多年的椰子科研经验，出版了《椰子种质资源》《椰子发（催）芽育苗规律探讨》等重要的椰子类书籍，为椰子科研的后来者提供参考资料和科学依据。

如今，海南椰子种植有 60 万亩，2020 年 6 月，海南省椰子产业协会成立，这对海南椰子产业发展是大好事。相信不久的将来，毛祖舜的百万椰林一定会梦想成真。

■ 在三沙种了十年椰子树

一片海水，一座孤岛，一株高大的椰子树。

"蓦然在祖国的南海看见了，双眼莫名地被撞击得生疼，不觉流下泪来。这就是乡念与乡愁！"1982 年，当毛祖舜研究员首次登上西沙群岛的金银岛时，岛上仅有一株椰子树。看到这株在海风中孤独招展的椰子树，他想，这是海南渔民对于乡情的记忆与延伸啊！

南海诸岛本没有椰子树。与海南岛不同，西南中沙群岛成陆时间不长，加上海拔低，各岛屿面积很小，植物独立演化条件很差，岛屿野生植物种类不多，有的岛洲甚至没有野生植物。早期，西南中沙群岛的椰子树是开发南海的海南渔民的前辈们带上岛的。

1982 年，驻西沙永兴岛部队一位陈姓政委找到中国热带农业科学院，请求该院派出专家到永兴岛，帮部队种植椰子树。

所以，1982—1992 年，毛祖舜每年都会和同事或者助手到西沙群岛种植椰子树，永兴岛、东岛、中建岛、琛航岛、金银岛、珊瑚岛等 8 个小岛都留下了他的足迹，都生长着他种下的椰子树。

"椰树对三沙有重要的意义，它是一种乡情，也是绿化三沙各岛屿的实际需要。在当年，还有战备的原因"，毛祖舜说。海南渔民在南海各岛屿种植椰子树历史悠久，他们从家乡迢迢地运了椰子树来岛上种植，一可聊解思乡之苦；二可饮椰子水解渴；三可作为开发南海的标志；四是高大的椰子树，在一望无垠的大海上可以作为辨别方位的参照物。

海南渔民在南海岛屿上种植椰子树，有据可考的是19世纪中期的国外记载：19世纪60年代英国编著的《中国海指南》记载："林康岛（东岛），岛之中央一椰树不甚大。"

毛祖舜还记得，当时去三沙市非常难："交通不便，由于船期的问题，我们4人在三亚榆林港整整等待了1个月。但是，能为祖国海疆种椰子树，绿化西南中沙群岛，是我一生中最骄傲的大事！"

当年，毛祖舜上岛调查后发现，部队种植的椰子树都是从文昌清澜港运过去的，是两年生的椰苗，种植时已经很高了。这些椰苗基本上是种一批死一批，头年种下，第二年就死了。

"两年生的椰苗，椰子母果的营养基本被消耗尽了。而西沙群岛日照强，淡水资源少，又是珊瑚沙，缺少土壤，大苗不容易成活。"毛祖舜告诉记者，找到椰子树成活率低的原因后，他们运来刚发芽的小椰苗种植，成活率竟然提高到80％以上。

"小椰苗的母果里，还有很多营养，种在珊瑚沙里，依靠母体原有的营养，容易成活扎根，而且南海降水量很大，可以供应椰树的生长。"毛祖舜告诉记者，20世纪80年代，小椰苗很便宜，几角钱一株，中国热科院每年都会采购两三百株，运到西沙群岛去种植。

"琼崖纵队战士们曾用椰子水作葡萄糖，疗伤治病。"毛祖舜说，驻西沙部队曾委托中国热科院分析椰子水的成分，看看是否真的能替代葡萄糖。检析的结果表明：生长了7～9个月的嫩椰子果汁可以作葡萄糖用，太老的则不行。

在琛航岛，他和同事一起去拜祭了在1974年1月西沙海战中牺牲的18位烈士。"战士们为了保卫祖国边疆，连生命都可以牺牲，我们种点椰子树吃点苦，又算什么！"

晚年的毛祖舜回忆起这段经历，还忍不住喃喃自语："真想回到岛上，再摸摸那些生长在祖国边疆的椰子树啊！"

■ 晚年犹爱家与国

1993年7月17日，在毛祖舜退休前，椰子试验站更名为椰子研究所。经过40年建设，椰子研究所已建成3 000多亩良种良苗繁育和标准化试验示范基地；1 500 多亩种质资源保存基地和种质保存库，保存着来自世界 60 多个国家的 500 多份热带油料和热带棕榈的种质资源。这在以前是完全不敢想象的。

毛祖舜说，他一生都舍不下文昌的那片椰林，那里留下了他的青春和理想，也见证了他和妻子邱维美携手度过的那段艰难岁月。

退休后，毛祖舜和妻子回到海口居住。走进毛祖舜家，最引人注意的是客厅茶几上一叠厚厚的报纸，和报纸上写满的手稿笔记。

"足不出户，也能关心国家大事""一天不看，就觉得要和社会脱轨了"，毛祖舜微笑着说。

原来，随着年纪增长，毛祖舜不仅行动不便，而且记忆衰退，可他又十分关心中国热科院和国家，只能通过报纸、电视来了解，遇上中国热科院和国家取得令他欣喜的成就、发展变化，他便提笔写下感悟，记录祖国的发展与革新。

比如海南有了高铁、中国热科院老楼房装了电梯，等等，"人随着年龄的增长一天天变老，但生活却一天天在变好，这都是十八大以来国家发生的大变化"。

有一年"七一"建党纪念日，毛祖舜受邀回到椰子所给全所党员上一堂特殊的党课，他不顾舟车劳顿，在课上依旧激情盎然。他勉励科研人员要"以身正职"，不能眼高手低，要实在；不能心浮气躁，要坚持；要沉下心来做科研。他鼓励更多的年轻人到基层去走走、看看，为祖国发展椰子科研事业多做贡献。

退休后，毛祖舜还在关心椰子事业。他向椰子所提交了《海南椰子发展生产建议》，从椰子的品种、栽培技术、椰园管理、病虫害防控等方面对在海南发展椰子生产种植业提出了他专业而全面的意见，为海南省文昌市"百万椰林工程"提供了理论支持。

余
卓
桐

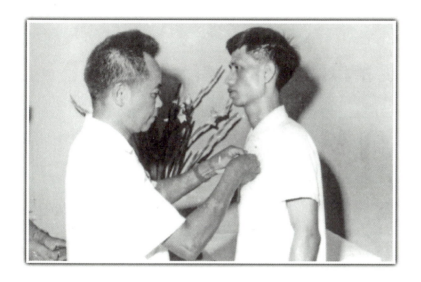

余卓桐（1937—），男，汉族，中国共产党党员，广东郁南人；主要从事橡胶、芒果、香蕉、水稻等热作病害防治研究；在"橡胶白粉病防治决策模型""利用热雾机喷撒粉锈宁油剂防治白粉病"等方面的研究处于领先地位。

任职履历：原华南热带作物研究院植保所副所长、所长、研究员。

余卓桐：卓然不群一梧桐

"凤凰鸣矣，于彼高岗。梧桐生矣，于彼朝阳。"自古以来，梧桐树都象征着高洁美好的品格。

余卓桐，人如其名：卓然不群一梧桐。

他努力奋进，勤于钻研。余卓桐自幼家贫，在祖国的培养下成长为热作病虫害防治领域一位了不起的专家，尤其是在橡胶树白粉病预测与防治方面的研究成果处于领先地位，为我国热作病害的防治做出了重要贡献。

他深爱祖国。在 20 世纪 80 年代前往美国访学，面对导师的热情邀请，高薪的诱惑，余卓桐不乱于心，坚持回到祖国，奉献所学所知。

他热爱人民。为了解热作病害，减少热区人民的经济损失，余卓桐的脚踏遍了热区土地。

他退而不休。晚年，余卓桐尽管身患癌症，却兢兢业业，耗时 6 年，把一生研究成果和收集的热作病害防治资料精心编著成一本巨著，只为给后来人留下一笔宝贵的科研财富。

■ 服从分配　结缘热作

余卓桐是广东郁南人，1937 年出生。

郁南县秦属桂林郡，汉隶苍梧郡，是历史悠久之地。不过，在余卓桐出生时，日军铁蹄已然踏入中华大地。

从余卓桐记事起，就知道日军在郁南烧杀抢掠，尤其是在他 5 岁那年，日军在郁南县连滩镇纵火焚烧商铺 150 多间，大肆枪杀平民、奸淫掳掠妇女，一时间尸横遍野，恐怖笼罩着郁南。

"能活下来，都是命大"，余卓桐说。童年的惨痛屈辱记忆让他从小立志"为中华之崛起而读书"。

可惜，余卓桐 3 岁时就死了父亲，母亲独自拉扯着 4 个儿女艰难度日，根本没有能力供他上学读书。

直到新中国成立，余卓桐才有机会上学。读完中专后，因为学业出色，他被选送华南农学院植保专业学习，主要学习农作物的病虫害防治。

"那时候新中国刚成立不久，国家急需农业人才，我被直接保送考上大学，不仅不收学费，还有奖学金。"余卓桐说，正是这样，他才有机会上大学。

"没有共产党，没有新中国，我们穷孩子不可能有机会读书识字上学堂的。所以，我们夫妻俩都非常爱国，这一生想的就是如何报效祖国，党让去哪儿就去哪儿，国家需要我们干啥就干啥"，余卓桐妻子肖倩莼在一旁帮丈夫表达内心的爱国之情。

正是有这种深厚的情感，1959 年，余卓桐大学毕业后，被分配到刚成立不久的华南热带作物研究所工作。他从广东来到彼时偏僻落后的海南，从此与热作结缘，一生致力于热作病虫害防治与研究工作。

"我大学主要学习农作物病虫害防治，偏偏没有接触过热带作物"，余卓桐说。虽然专业不对口，但那个年代大学生很讲究服从分配，哪里需要去哪里。

余卓桐毕业那年，正是海南橡胶白粉病大流行的时候，整个植胶区干胶损失高达 50％，防治橡胶白粉病成为当务之急。可是，那个年代，植保专业人才还很缺乏，余卓桐正是应时代和国家的需求，来到海南的。

■ 行万里路　查万棵树

我国橡胶白粉病研究始于 1954 年。

1953 年，当时的华南热带林业科学研究所根据调查，认为白粉病是影响橡胶生产的主要病害，故于 1954 年设题开展研究，主要研究白粉病的生物学特性、发病规律和化学防治方法。课题负责人为陆大京、周启昆，龙永棠、张开明参加了研究工作。

1954 年时，橡胶白粉病为害尚不严重，多数试验项目未获明确结果，1956 年后，课题研究中止。但 1954 年的探索却为后来橡胶白粉病的防治打下了一些基础。

1958 年，海南遭遇了一场特大台风，很多橡胶树被台风拦腰摧断，冬天来临时长出大量新叶，产生出大量越冬菌源，后来又遇上 20 多天低温阴雨天气，使新叶长期保持嫩叶状态，加剧了病害发展与流行。因此，1959 年，橡胶白粉病在海南暴发，造成全省橡胶林两次大落叶、种子失收，严重影响橡胶业发展。

由于白粉病给海南橡胶产业带来了巨大损失，当时的农垦部下了死命令，要求联合攻关，马上解决橡胶白粉病的问题。

"王震部长很着急，当年两次到'两院'来，要求立即防治住白粉病，不能再扩散。我毕业分配到海南，加入白粉病防治课题组，这项工作对我来说太困难了，我在来海南之前，甚至连橡胶树都没见过，根本不知道如何去防治"，余卓桐说。

在 1960—1961 年，全国垦区开展橡胶白粉病防治初期，对白粉病的预测、防治都极不完善，只能参照国外按橡胶抽叶数量 30%、每 7 天喷药一次的防治方法。此法虽然有效，但不看病情、盲目防治，防治成本很高，防治效益很低。因此，研究病害预测和防治指标成为经济有效防治我国白粉病的关键。橡胶树是一种热带乔木，长得非常高，可达 20 米以上。据余卓桐介绍，当时防治白粉病，主要是用很粗的硫黄粉，以三用机喷粉，而能喷出硫黄粉的高度最高只有 11.2 米，完全达不到防治要求。

有些农场则在竹竿顶端绑一个纱布袋，将硫黄粉装在袋中不断抖动，粉末就会掉落在橡胶叶上。这种方法效率很低，撒粉高度不够，防治效果低。

从上述我国橡胶白粉病防治初期的情况可以看出，白粉病的防治必须研究解决 3 个问题：病害预测防治指标、喷药机具和硫黄粉细度。

"对白粉病病害预测，最好是用中期预测，提前 1～2 个月准确地预测到白粉病的发生严重度，确定病情是否超过经济危害水平，使白粉病防治更有针对性，并做好防治的准备。短期预测（3～7 天）则是预测防治时间和复核严重度的方法，也是必要的"，余卓桐介绍。当年因为不能及早预测白粉病的发生，导致每个农场不管会不会发生白粉病都提前给所有橡胶林喷施硫黄粉，造成很大的浪费。

"提前预测白粉病的发生，成为白粉病防治最大的难题。如果我们每年都能提前 1～2 个月准确预测白粉病发病强度与时间，根据每年不同的病情采用不同的防治策略，就能更经济有效地防治白粉病，减少垦区橡胶产量损失，降低防治成本，增加经济效益，为国家生产更多橡胶。"

所以，1960—1961 年，余卓桐所在的白粉病防治课题组重点研究白粉病流行规律、施药机具与方法、防治策略、防治措施、测报方法，等等，课题组负责人是周启昆，主要执行人是余卓桐和张元章。吴木和 1961 年开始加入课题组。

要提前预测，就要有大量白粉病流行病学调查基础资料。课题组在海南东、西、南、北、中的农场设置了固定观测点，累积病害发生资料，终于摸清了白粉病的流行规律及影响流行的主要因素，建立了预测模式，并每年进行实际预测，边检验边修改，使预测准确率达 90% 以上。

"一株一株橡胶树去观察、记录，不知道测了多少株橡胶树，跑了多少里路，全是一步步走出来的，至少上万公里。一年到头，老余很少在家，却是家里最费鞋的人，每次回来都要给他买几双新鞋"，肖倩莼笑着说。

经过两年研究，到 1961 年，橡胶白粉病测报防治取得了一定成果。同年 7 月，余卓桐在广东农垦白粉病会上提出了白粉病防治措施和测报方法，重点提出根据白粉病病情指数古铜期 3-5、淡绿期 5-8 开始喷药的防治指标。这些防治措施和测报方法于 1962 年在广东胶区全面推广应用。后来因为工人计算发病指数困难，改用发病率作防治指标。

这是余卓桐在我国橡胶白粉病测报和防治上的首个方案，其基本方法至今仍在全国胶区应用，其中根据病情指标指导防治，是国内外橡胶白粉病防治的创新。

1959—1993 年，我国对橡胶树病虫害开展了 2 次大规模调查，余卓桐都参加了。这 2 次大调查摸清了我国橡胶病虫害的主要害虫、病害，积累了扎实的科学本底。

"他啊，全海南岛、全国热区调研，往往到大年三十晚上才回来。过年时，排队买菜、买肉，都是我带着孩子们去。"谈起往事，肖倩莼对丈夫并没有半句埋怨，更多的是欣赏和理解。

■ 苦心钻研　成果累累

十年磨一剑，到 1969 年，橡胶白粉病防治已取得初步成果。余卓桐也从当初那个对热作病害一无所知的大学毕业生，成长为经验丰富、在专业领域有一定建树的专家。

十年里，课题组和上海机械研究所合作，制造出丰收-30 喷粉机，可以喷出 22 米高度的硫黄粉，覆盖整株橡胶树。这种喷粉机至今仍在使用。

硫黄粉也更细腻，过去使用 120 筛目的硫黄粉，不能很好地覆盖和吸附在橡胶树叶面，防效不高。课题组与山西长治硫黄厂合作，精制出 320 筛目的硫黄粉，解决了这个问题，大大提高了防治效果。

防治方法也有了改进，之前，100 株橡胶树中有 30 株发新叶就开始喷硫黄粉，改为按不同物候期的叶片、不同的白粉病发病率开始喷药的方法，使防治更经济有效。

1970—1995 年，在橡胶白粉病防治领域已取得相当成就的余卓桐，成长为白粉病防治的课题负责人。针对当时橡胶生产上出现的几个主要问题，在深入研究病原生物学、病害流行学预测预报、综合治理和品系抗病组织学、生物化学机制的基础上，小组重点研发推广了以下三项技术。

一是总发病率短期预测方法的研究推广。此成果于 1982 年获国家科委、农委科技推广奖，1985 年获广东省科技进步三等奖。1980 年后在全国郊区推广，取得了提高预测准确率和防治效果，以及降低防治成本、节省用工等良好效果，现在还在胶区普遍使用。

二是橡胶白粉病综合治理体系的研发推广。此成果在 1991 年作为白粉病综合治理研究的主要内容，获国家星火三等奖，1991—1992 年在全国胶区 19 个农场 178 万亩推广，获得良好的效果与经济效益，挽回干胶损失 1.1 万吨。据反映，目前许多生产部门都在应用此综合治理、防治指标和预测方法。

三是在生产上推广使用了粉锈宁油剂等农药。粉锈宁研究成果与总发病率短期预测法一起，作为橡胶白粉病预测预报与防治项目成果的主要内容，于 1985 年获广东省科技进步三等奖。

除上述成果以外，1986 年，余卓桐为农业部农垦局《橡胶植保规程》制定了白粉病的防治要求，在全国胶区推广应用，并沿用至今。1991—1996 年，余卓桐主持研究构建的白粉病系统管理和防治决策模型在海南中期预测和多个农场防治上得以应用，预测准确率达 90％以上，提高防治效果 15％，增加经济效益 22％。此研究成果在国内外橡胶病害研究中属首创，为我国橡胶白粉病防治提供了更为现代化的途径。此研究成果于 1998 年获得农业部科技进步三等奖。

1970 年，粤西地区炭疽病大面积暴发流行，1977 年，根据前期研究成果，余卓桐为广东农垦总局撰写《橡胶炭疽病预测预报方法》《橡胶炭疽病防治措施》两个文件，在广东胶区推广应用。这两项成果，至今仍是炭疽病预测预报和防治的基本依据。

但是，这些成果对余卓桐来说，不是终点，仅仅是研究的起点。

"最好的防治是综合管理，不是单病防治，发生白粉病就治白粉病、发生炭疽病就治炭疽病，往往是事倍功半。正确的做法应该从橡胶病害系统出发，对橡胶病害系统进行协调的治理",余卓桐说,他一生致力于热作病害的防治,就是希望达到综合协调防治热作病害的目的。

因此,在余卓桐的努力下,1996年,华南热带作物科学研究院植保所设立了橡胶病害综合治理课题,首次提出橡胶病害综合治理体系。它后来成为农业部"九五"重点课题成果,应用病害系统分析和电算模拟技术建立起橡胶病害预测模式和防治决策模型,并于1998—2005年在海南大面积示范推广。累计推广应用面积13.5万公顷,综合治理挽回干胶损失1.88万吨,增加经济效益1.25亿元,比常规防治方法增加了21.3%。此成果于2006年获海南省科技进步二等奖。

1989—1997年,余卓桐和同事继续测定热带作物新种质的抗病性,共鉴定了500个新种质,选出12个高抗新种质、6个中抗新种质和3个避病新种质。

上述研究为橡胶白粉病抗病育种提供了新抗源和新的抗病性鉴定方法。其成果与攻关专题其他成果一起报奖,1990年,获国家科技进步三等奖,1998年,获国家科技进步二等奖。

余卓桐任职期间,主持项目获得国家科技奖1项,中央科委、农委科技推广奖2项,省部科技奖8项;参加项目获国家科技奖2项,省部科技奖2项;编著6本,参编6本图书;发表论文85篇,调研58篇;1992年获国务院特殊津贴,2019年获中共中央、国务院、中央军委颁发的"庆祝中华人民共和国成立70周年"纪念章。

■ 身在国外　心系家国

"余先生,很高兴在美国与您一起共事,希望近期您有机会再回来。"这是余卓桐1983年在美国访学期间,他的导师Rush给他留的临别赠言。

2021年7月,在海南炎热的夏季,笔者走进中国热带农业科学院退休老教授余卓桐的家,84岁的老先生身体硬朗,他捧出一本上了年代的发黄相册,扉页上用英文写着上述一段话。

这本相册,是余卓桐结束美国访学,临别时Rush送给他的。

1981—1982年,余卓桐作为访问学者,来到美国路易斯安那大学植病系开展合作研究,进修专业课程。主要研究水稻病害防治。

这是中美建交后全国第一批"中美交换学者",全国共招收20名,农业方面3名,余卓桐是经农业部考试选录的其中一名。

Rush 非常喜欢这个来自中国的科研人员，他勤奋、朴实、善于钻研，又非常严谨。他们一起共事，开展水稻纹枯病的经济阈值和防治指标研究，成果写进路易斯安那州水稻病害防治指南里。

访学结束时，Rush 一再邀请余卓桐留在美国继续开展水稻病害防治研究，并表示他为余卓桐的妻子肖倩纯也找好了工作。

当时，尚在国内的肖倩纯正患眼疾，如果有机会去美国，就可以得到更好的治疗，而且余卓桐那时月工资 87 元，如果留在美国，他每月工资则是3 000 美金。

1983 年，1 美元可以兑换将近 2 元人民币，也就是说，年收入至少会增加近 70 倍。

余卓桐却毫不犹豫地拒绝了。

"国家送我出国学习，我应该回来为我国热作事业贡献力量"，余卓桐说，祖国是他的根，植保所是他的家，他不能做无根无家之人。

因为在热作病害防治领域的科研成就，20 世纪 70 年代，余卓桐还两次参加农业部专家组出国援外。

1974 年，农牧渔业部向广州军区生产建设兵团下达了援助越南建立热带作物研究院和两个试验站的任务，兵团立即组织援越专家组，余卓桐便是其中一员。援助结束后，余卓桐和同事的工作得到越方赞扬，1975 年 7 月回国前，越南总理范文同签署证书并给他们颁发了越南友谊勋章。

"无论走到哪里，魂里梦里都是中国。"这是余卓桐的爱国情愫。梧桐树是天地知者的象征，是智慧之树，知秋润秋。余卓桐也是智者，将自己的命运与祖国紧紧相依，为祖国一步步走向繁荣富强贡献出了绵薄之力，也让自己获得成长，实现了个人价值。

■ 夫妻恩爱　桑榆更美

"为了调查橡胶病害，他这一生跑遍了热区胶林"，肖倩纯说。余卓桐在没有退休之前很少在家，经常在外面出差。

夫妻俩夫唱妻随，相互支持对方的事业，恩恩爱爱，将热作科研进行到底。

1965 年，余卓桐和肖倩纯结婚了。

1978 年，肖倩纯进入华南热带作物学院植保系工作。

"我教书，培养热作植保人才；他搞科研，解决热作病害防治中的技术难题。他出差时，我就帮他做课题研究；我出差时，他就帮我上课。我的学生是他课题组的实习生或者助手，我们的工作刚好能互帮互促。"肖倩莼是广东人，特别快言快语，夫妻俩从满头青丝相伴到白头，一生恩爱，共同致力于热作病害防治。

最典型的例子就是橡胶树炭疽病的防治，夫妻俩亲密合作，很像牛郎织女的"你耕田来我织布"。

比如说，余卓桐在 20 世纪 70 年代发现了橡胶炭疽病的预测和防治方法，肖倩莼便利用丈夫的研究成果，在 1984—1988 年，与余卓桐合作，针对我国 34 个主要橡胶品系对炭疽病的抗病性进行鉴定。她还研究橡胶树对炭疽病抗病性的早期鉴定方法，发现人工接种离体叶蓬的病害潜育期、病情指数与抗病力高度相关。根据它们之间的回归关系，提出了利用室内人工接种离体叶蓬鉴定品系抗病力的二元回归模式，经 3 年验证，准确率达 90%。这一研究为我国抗橡胶炭疽病育种提供了初步的方法和抗源，并为不同炭疽病发生地区推广品系提供了参考。

两人退休后，却退而不休，桑榆晚霞红满天。

肖倩莼协助丈夫余卓桐整理过去几十年的热作病害调查资料、研究资料。

"足足整理出 8 个小推车的资料，全部送到中国热科院档案室存档保管。"对肖倩莼来说，那是丈夫几十年的心血，要珍之惜之，更能为后来的研究者提供宝贵的本底资料和参考依据。

2000 年，应海南省农业厅、教育厅、科协等单位的聘请，余卓桐和罗永明编著了《香蕉、西瓜、菠萝病虫害防治》《芒果、荔枝、龙眼、杨桃病虫害防治》两本书，作为海南省各县、市、厅、局领导学习班的教材，以及技术人员的参考书。两本书已于 2003 年出版，并获全国科普图书奖。

2019 年底，中国热带农业科学院环境与植物保持研究所老专家余卓桐编著的《中国热带农业科学院环境与植物保护研究所科研论文与成果选编——主要热带作物病害研究》由中国农业科学技术出版社正式出版。

退休后的余卓桐，在肖倩莼的帮助下发挥余热，克服病后体弱、生活不便等诸多因素，呕心沥血，耗费 6 年时间将毕生心血和研究成果精心编著出来，为后人留下了宝贵财富，真正展现了一名老党员离岗不离党、退休不褪色的高尚情操。

2010 年，余卓桐不幸患上膀胱癌，手术两年后复发，不得不再次手术。两次手术后的余卓桐身体大不如前。

2013 年，中国热科院环植所黄贵修研究员和他的团队找到余卓桐，希望他能将一生的研究成果整理成书，为他们及所里后辈们的研究工作提供帮助，可以让年轻的科研工作者少走弯路。

考虑到余卓桐的身体条件，肖倩莼和孩子们都有顾虑，劝余卓桐多考虑身体健康，可是余卓桐爽快地答应了，因为他觉得自己一辈子的研究能为后来人提供帮助，是件非常有意义的事。

余卓桐这一生都在和热作病害作斗争，现在老了还在继续和病魔作斗争，让人感叹的是，余卓桐从来没有放弃过！

图书在版编目（CIP）数据

热土之子：中国热带农业科学院专家访谈录 / 朱安红，刘倩主编 . —北京：中国农业出版社，2022.9
ISBN 978-7-109-29977-1

Ⅰ. ①热… Ⅱ. ①朱…②刘… Ⅲ. ①农学家-访问记-中国-现代 Ⅳ. ①K826.3

中国版本图书馆 CIP 数据核字（2022）第 166563 号

中国农业出版社出版
地址：北京市朝阳区麦子店街 18 号楼
邮编：100125
责任编辑：李 蕊 王黎黎 黄 宇
版式设计：杨 婧 责任校对：吴丽婷
印刷：北京中科印刷有限公司
版次：2022 年 9 月第 1 版
印次：2022 年 9 月北京第 1 次印刷
发行：新华书店北京发行所
开本：700mm×1000mm 1/16
印张：13.25
字数：237 千字
定价：80.00 元
